現代臨床政治学
シリーズ
7

ティーパーティー運動

現代米国政治分析

藤本一美・末次俊之

東信堂

はじめに——米国の"リベラル"と"保守"

　周知のように、現代の米国は、1930年代のニューディール時代に端を発する。それまで米国では、いわゆる「夜警国家」に代表される消極的国家観が支配的だった。しかし、F・ルーズベルトが率いる民主党は大きな政府を主体とする積極的「行政国家」を促進し、そのイデオロギー的基盤は明らかに"リベラル"そのものであった。だが、ルーズベルトの後を継いだトルーマンは米ソ冷戦が進行する中で次第に"保守化"の様相を呈し、共和党のアイゼンハワー時代まで米国は事実上、「反共」を基調とする保守的時代だった。

　1960年代には、米国は再びリベラルな時代を迎え、それを担ったのが、J・F・ケネディ―L・B・ジョンソンが率いる民主党に他ならず、"偉大な社会"に代表される「福祉国家」が完成した。だが、1960年代後半の米国は状況が一転する。すなわち、国外ではベトナム戦争への介入・エスカレーション、国内では黒人暴動や学生運動を契機に中産階級による「社会的反乱」が生じ、その結果、ニクソン・レーガンと連なる"保守革命"＝「新保守主義」の時代をむかえ、米国政治は小さな政府を基調とすることになった。その後の、クリントン―ブッシュ Jr.の時代も基本的には、この小さな政府に依拠する保守色が濃厚だった。

　しかしながら、2008年の大統領選挙で勝利した黒人オバマの出現

は、米国に新たな"リベラルの時代"が再来したのではないかと思われた。だが実際にはそうではなく、本論で詳しく論じるように、政権発足後間もなくして、「保守派」が頭をもたげ、現状を見る限りでは、米国社会は依然として底流では「保守的勢力」が頑強に根を張っている。その潮流を代表しているのが、「ティーパーティー運動」に他ならない。米国における保守とリベラルの対立は今後も持続すると見られており、その意味で、米国の統合は誰にとっても容易でことではない。

　本書においては、米国のリベラルとは、大きな政府を柱とする社会・福祉的公正主義、人種・宗教・文化的多元主義、および国際的協調主義を特色とするものであり、一方、米国の保守とは、小さな安上がりの政府、すなわち、連邦政府の役割・規模の縮小、社会的争点での保守的立場、経済生活の支配者として市場原理に対する信頼、軍事増強、および伝統的な価値と宗教的価値の是認を柱とするところに特色があるもの、と理解している。

　本書では、以上の認識を踏まえて、いわゆる"ポピュリズム"の系譜に連なると見られる、新たな保守的右派の草の根運動＝ティーパーティー運動の台頭を米国社会の実態と絡ませて論じる。

2011年9月1日

藤本　一美

目次／ティーパーティー運動

はじめに——米国の"リベラル"と"保守" ……………………… i

序　章——"米国政治の新方向？" …………………………… 3

第2章　ティーパーティー運動の起源・組織・理念 ……… 7
1. はじめに—問題の所在　　7
2. ティーパーティー運動とは何か　　10
3. ティーパーティー運動の起源　　14
4. ティーパーティー運動の組織　　18
5. ティーパーティー運動の理念　　29
6. ティーパーティー運動の実像　　35
7. おわりに——課題と展望　　43

第3章　「中間選挙」とティーパーティー運動 …………… 53
1. はじめに——問題の所在　　53
2. オバマ政権の業績と支持率低下の背景　　55
3. 民主党後退の要因と選挙戦の特色　　59
4. おわりに　　81
　　—— オバマ大統領の対応とティーパーティー運動の目標

第4章　ティーパーティー運動の"光と影" …………………… 91
1. はじめに——問題の所在　　91
2. ティーパーティー運動の光　　92
3. ティーパーティー運動の影　　107
4. おわりに——ティーパーティー運動の行方　　119

終　章——大統領選挙と「ティーパーティー運動」 ………… 127
〈補　遺〉　　131

資　料　『ティーパーティー・ナショナリズム』(抄訳) ………… 133

　序　文　133
　はじめに　136
　1　ティーパーティーの起源　142
　2　フリーダムワークス・ティーパーティー　147
　3　1776ティーパーティー　152
　4　レジストネット・ティーパーティー　157
　5　ティーパーティー・ネーション　163
　6　ティーパーティー・パトリオッツ　172
　7　ティーパーティー・エクスプレス　181
　8　人種差別主義、反ユダヤ主義、および極右武装組織の影響　193
　9　「米国人とは誰のことか」：ティーパーティー、排外主義、
　　　およびバーザーズ　210

あとがき……………………………………………………………… 223

ティーパーティー運動
──現代米国政治分析──

英本国に対する抵抗の意味を有していた"ガズデン旗"。今日ではティーパーティー支持者がオバマ政権に異議を申し立てる反乱のシンボルとなっている。

序　章——"米国政治の新方向？"

　2009年1月、アメリカ合衆国(以下、米国と略す)においてリベラルな民主党政権が新たに発足した。しかし、バラク・オバマ(Barack Obama)大統領が、医療保険改革法案や大型の景気対策法案に取り組むや、これに反対する保守的な右派による草の根の社会運動[1]＝「ティーパーティー運動(Tea Party Movement)」が台頭して瞬く間に膨張を遂げ、それは米国政治の一大政治勢力として無視できなくなってきた。とくに、2010年11月の中間選挙では、共和党保守派進出の原動力として、ティーパーティー運動の全国団体や地方組織が大活躍した。当然のことながら、来るべき2012年の大統領選挙でもティーパーティー運動の動向は、無視することはできず、いわば「台風の目」として選挙運動の中軸を担う可能性が高い[2]。

　周知のように、米国史をひもとけば、この国では各種の草の根的な社会運動＝大衆運動が台頭しては消滅してきた。このような米国の大衆運動は、一般に「ポピュリズム(Populism)」の名称で呼ばれることが少なくない。それは、時の政府および特殊利益に対して一般大衆が反乱を起こし、改革を求めて新しい政治的・経済的要求を突きつける運動に他ならない。その場合、この運動には二つの類型が見られる。一つはリベラル左派によるポピュリズム運動であり、今一つは保守的右派によるポピュリズム運動である。19世紀から20世

紀中葉にかけては、グレンジャー運動、米国人民党、および革新主義運動などの例に代表されるように、「ポピュリズム左派」の運動が幅をきかせていた。それに対して、第二次世界大戦以降は、例えば、ヒューイ・ロングの富の共有運動、マッカーシズム、およびより最近ではロス・ペロー旋風などの例に代表されるように、「ポピュリズム右派」の運動が見られる。そして、2009年以降、米国では新たな保守的右派の大衆運動＝ティーパーティー運動が生じ、それは草の根による抗議運動の形態をとり、しだいに膨張している。この運動は基本的には保守的右派によるポピュリズムの運動であると考えられ、政府の支出制限、低課税、および連邦予算の赤字削減を主張、また連邦憲法の忠実な解釈を求めている[3]。

ティーパーティーという名称は、独立革命時代のボストン茶会事件にちなんだもので、事件は独立革命時の1773年、英本国の課税に反対し、港に停泊していた船舶から紅茶を投げ捨てることで植民地側の強い態度を表明した抗議運動である。ただ、「もうこれ以上の税金はたくさんだ(Taxed Enough Already)」の頭文字でもわかるように、現在のティーパーティー運動の実態は、ボストン茶会事件とは異なり、課税反対は象徴的意味しか有せず、政府の税金の無駄遣いをなど批判する一種の「小さな政府」を促進する運動である。

現在進行中のティーパーティー運動の特色を挙げれば、それはいかなる類の中心的な指導者ももたず、それ自体の理念と協議事項を決定する全国および地方集団の緩やかな連合体として存続していることである。政治組織論の視点から見て興味深いのは、ティーパーティー運動が単に民主党の大きな政府に反対するだけでなく、批判の矛先を共和党の穏健派にも向けており、民主党および共和党などの既成政党を分断する形で、新しい「政治的再編成」の芽となる可能

性もあることだ。いずれにせよ、ティーパーティー運動は、戦後米国政治における"保守主義"の潮流のひとつとして注目を集めているのは、確かである[4]。

　本書の主要な目的は、最初に、米国で新たに台頭してきた保守的右派の草の根大衆運動＝ティーパーティー運動の起源、組織、および活動などの実態を解明し、次いで、中間選挙での共和党の大勝利を踏まえて、選挙結果の模様を紹介することである。その上で、同運動のいわば光と影の部分に焦点を定め、ティーパーティー運動の活動の源泉と限界点をさぐる。そして最後に、来るべき2012年の大統領選挙戦を睨んで、ティーパーティー運動の影響力を検討する。これらの作業を通じて、ティーパーティー運動が現代米国政治に突きつけている課題を分析していきたい。なお、読者の参考に供するため巻末に、2010年8月に公表された『ティーパーティー・ナショリズム』を抄訳しておいた。

〈注〉
(1)　一般に社会運動とは、社会を構成する個人による何らかの目的を実現するための集合的行為をいう。社会運動は、その目的を実現するため、政府や大企業などの意思決定過程に影響を及ぼそうとし、影響力を与えるためデモ行進、集会、マスコミを用いたキャンペーン、当事者との交渉、ストライキなどによる圧力行使など多様な手段を用いる。社会運動は、新たに浮上した問題を前にして、その解決を目指した人々が集合することで開始されるものの、しかし、それは一時的現象として消散する場合もある。ただ、運動が恒常化してくると、参加者は運動を効果的なものにするため、組織を結成、組織は一度形成されるや、存続自体が目的となり、組織化された社会運動は新たな問題を見出して持続するのが一般的である（『現代政治学事典』［ブレーン出版社、1991年］、419頁参照）。
(2)　「ティーパーティーの正体」『ニューズウィーク（日本語版）』、2010年9月29日号、30頁。本書で対象としているティーパーティー運動を、米国のいわ

ゆる「保守主義」ないし「共和党史」の流れの中で位置づけるとすれば、ティーパーティー運動は、保守本流＝右派による穏健派から共和党の指導権を奪回するという意味合いが大きく、それは1960年前半の「ゴールドウォーター運動」を想起させる(John B. Martin, "Election of 1964", in Arthur M. Schlesinger, Jr., ed., *History of American Election*, Vol.VI(Chelsea Hous, Pnb, 1971), pp.3573-3578)、藤本一美編著『ジョンソン大統領とアメリカ政治』[つなん出版、2004年]、90-92頁)。
(3) 「ティーパーティーの妄想が国家を殺す」『ニューズウィーク(日本語版)』、2010年10月27日号、22-26頁。
(4) 保守とリベラルを対立軸とする米国において、二つの思想的潮流の一翼を担う保守主義が思想として体系化されたのは、第二次世界大戦以降のことだ。古い保守派は、いわゆる進化論裁判での失墜と大恐慌に対する無策によって国民の信頼を失い、F・ルーズベルト大統領とその政策を支持する「ニューディール連合」によりリベラルの時代が米国に到来した。米国の政治、経済、および社会に広く浸透したリベラル勢力に対して危機感を抱いた保守主義者はリベラルの思想に向き合い、保守主義思想の体系化を進めた。このように、保守主義は本来リベラルに対抗する反動として成立した経緯がある(佐々木毅『アメリカの保守とリベラル』[講談社、1993年]参照)。

一般に、米国の保守主義の基本的発想は以下の八つに要約できるといわれている。すなわち、①伝統的、宗教的価値観を重視すること、②人間の善意、理性、完全性を信用しないこと、③中央政府を信用しないこと、④州政府、地方政府の方が中央政府よりも明確な自己意識を持っていると考えること、⑤愛国心を持っていること、⑥個人の権利よりも義務を重視すること、⑦資本主義と自由主義市場を信頼すること、⑧既存の制度内での緩やかな変化を通して経済的、政治的、宗教的な安定性の維持に努めること(中岡望『アメリカ保守革命』[中央公論新社、2004年]、27-28頁参照)。

第2章　ティーパーティー運動の起源・組織・理念

1　はじめに――問題の所在

　2010年11月2日、米国において中間選挙(Midterm Election)が行われた。中間選挙は「不満の投票」といわれる。なぜなら、新しい大統領が就任して2年が経過し、政権運営の「欠点」が目につくようになるからである。今回の中間選挙は、バラク・オバマ大統領が率いる民主党政権にとって、有権者による国政レベルでの初の審判の場となった。この2010年中間選挙戦を通じての最大の特色が、保守的右派の大衆運動＝"ティーパーティー運動"による活動である[1]。

　中間選挙では、草の根の大衆運動であるティーパーティーの支援を受けて、野党の共和党が大躍進した一方、与党の民主党は大敗を喫した。投開票の結果、民主党は定数100名の三分の一が改選された連邦上院では何とか過半数の53議席を維持したものの、しかし定数435名で全員改選の連邦下院では60以上の議席を失い、193議席に留まった。これに対して、共和党は上院で47議席と善戦、また下院で242議席を獲得し、共和党は下院では4年ぶりに多数党に帰り咲いた。また、知事選挙でも共和党が躍進した。なお、投票率は41.5％であった。

　米国では、長引く景気低迷と9.6％という失業率の高止まりを背

景に、オバマ民主党の経済政策などに対する市民の不満と失望が一気に噴出する格好となり、それが中間選挙の結果に反映された、といってよい。その際、選挙運動の大きなエネルギー源となりかつ重要な役割を担ったのがティーパーティー運動に他ならない。実際、ティーパーティー運動が擁立ないし支援した上・下両院候補者は139人に上り、上院では共和党候補者の9人中5人が、下院では129人中39人が、また知事選では6人中3人が当選して大きな威力を発揮し、連邦議会選挙や州知事選における共和党の勢力増大の原動力となった[2]。

すでに述べたように、ティーパーティー運動はオバマ政権発足直後から始まった草の根の大衆運動で、それは、米国が独立する前に植民地を統治していた英本国の茶箱を海に投げ捨てた「ボストン茶会事件」(1773年)と「Taxed Enough Already」(もう税金はたくさんだ)の頭文字にちなんでいる。ティーパーティー運動は政党ではない。それは「小さな政府」を志向し自由な米国への回帰運動といった特色を持ち、オバマ大統領の経済政策や医療保険制度改革への批判を通じて全米に急速に広がっていった。この草の根の大衆運動は僅か一年半で、何と全米に2,700の傘下団体を持つまでに、大きく成長を遂げたのである。

一般的に、ティーパーティー運動の支持者は年配の白人中間層が中心で、仕事を持っているが経済的には厳しい状態にあり、オバマ政権の現状に怒りと不安を感じていた。支持者の内訳を見ると、政党では共和党支持者が54％、暮らしぶりでは中産階級が50％、教育レベルでは大学卒(26％)と大学教育履修者(33％)が56％を占めている。2010年10月の『ワシントン・ポスト』紙の世論調査によれば、ティーパーティー運動を「強く支持する」(22％)、「ある程度支

持する」(15％)と、支持派が37％まで上昇した。オバマ大統領は当初、この草の根の大衆運動を無視していた。だが、その後「ティーパーティーは批判するだけで具体的な政策・提案がない」と反論している。

興味深いのは、ティーパーティー運動の支持者たちが、オバマ大統領が推進した医療保険制度改革や大型景気対策に強く反対し、民主党の敵対勢力として活動するだけでなく、他方で、オバマ大統領の政策に一定の理解を示した共和党の穏健派に対しても批判の矛先を向けていることである。このようないわば「党内右派」勢力による活動は共和党の今後の方向と力学を変容させ、米国政治の新しい動向を示す大衆運動の一環として注目してよい[3]。

本章の主たる課題は、米国で新たに登場してきたティーパーティー運動の実態を紹介するものである。その際、分析視角として、この運動を単に"保守派の運動"としてではなく、広くポピュリズム="大衆の反乱"として捉えたい。米国では歴史上、周期的にポピュリズム運動が生じており、政治の方向を変えてきた。それは、一言でいえば、米国のエリート統治と特殊利益に反対し、基本的および世代的変化を代表するものであり、既述のように、二つの類型がある。一つはポピュリズム右派であり、もう一つはポピュリズム左派である。前者は、政府そのものが問題であり、解決の手段とならないと考える。一方、後者は、政府が経済に介入して解決を図るべきだ、と考えている[4]。現在のティーパーティー運動は、ポピュリズム右派による大衆反乱の側面を多々持っている、と考えられる。

以下では、こうした点に留意しながら、ティーパーティー運動の起源、組織、理念、および実像について分析し、最後にティーパーティー運動の展望と課題を検討する(なお、ティーパーティーは

わが国ではマスコミなどで「茶会」と訳されている場合がある。ただ、茶会は独立革命運動を想起させるので、ティーパーティーと称した。また、ムーブメントを「運動」と訳したのは、草の根的な"大衆反乱"のニュアンスを残したいからである)。

2 ティーパーティー運動とは何か

(1) 米国のポピュリズム

　近年、世界各国で大衆扇動的な政治を批判する言葉として、「ポピュリズム」という用語が使用される場合が少なくない。だが、本来の狭い意味でのポピュリズムは、19世紀末から20世紀初頭の米国における人民党指導による大衆運動を指し、指導者はウィリアム・ジュニングス・ブライアン(William Jennings Bryan)であり、彼は社会の平等化や公正性を志向する政策を実施した。米国では、その類の大衆運動は現在に至るまで、連邦政府への中央集権化を阻止し、小規模社会の自治を基盤とし、そして個人的努力により経済的成功を実現させる「アメリカン・ドリーム」を賞賛する流れに連なっている。

　本論でティーパーティー運動をポピュリズム＝大衆運動の一環として把握するのは、後述するように、この運動が単に米国の「保守主義」の一潮流として理解できない広がりと深みを持っている、と考えるからである。一般にポピュリズムの特色として、第一に、大衆(コモン・マン)の欲求と怨嗟を原動力としている点があり、第二に、指導者との直接的な結合を目指すという点があり、そして第三に、単純な善悪二元論および敵と目されるものや異質なものを排除するという発想がある、といわれている[5]。

　既述のように今日、米国で展開されているティーパーティー運動

は、オバマ大統領と民主党の政権運営に対する大衆の欲求と怨嗟を原動力としているし、また、2008年に共和党の副大統領候補者だったサラ・ペイリン(Sarah Palin)らの著名人を表看板として担ぎ出し、さらに一種の人種差別的・反移民的姿勢に象徴されるように、異質な者を排除している点などにおいて、まさにポピュリズムそのものの特色を備えている、といってよいだろう。

進行中のティーパーティー運動の特筆すべき点は、それが民主党はもとより共和党の穏健派も批判する、いわば従来の保守とリベラルを横断した運動であって、政治エリート同士による保守とリベラルの政治的対立が"みせかけ"にすぎず、"真"の解決策を提供しないことを告発する、いわゆる「否定の政治」を核心にしていることである[6]。

現在、ティーパーティー運動と呼ばれる保守的右派から新たな草の根の大衆運動が生じ、それが次第に全国的に拡大しつつある。先に紹介したように、ポピュリズムには二つの流れがある。一つは左派のポピュリズムであり、もう一方は右派のポピュリズムである。すべてのポピュリズムはそのイデオロギーに関係なく、政府が十分に対応せず、特殊利益によって支配されている、という点では同意をしている。しかしながら、両者の間にはまた以下のような大きな相違も存在している。

すなわち、現在進行中のポピュリズム右派は、大きな政府と特殊利益政治への反動から生じ、オバマ政権が左派のイデオロギーに毒されており、リベラルな労働組合によって支配されている、と考えている。彼らは、大きな政府による財政支出の増大に大きな危機感を抱き、政府は市民から税金を収奪する以外に何も与えない異質な勢力だと見ている。

一方、現在のポピュリズム左派は民主党内部に潜在的に存在し、崩壊した制度を安定させる唯一の救済策が経済と一般の市民の生活へのより大きな国家的介入にあると信じ、彼らは米国の伝統的な資本主義体制の変更を望み、政府に大きな権限を与え、これまで見られなかった方法で金融市場や私的企業を管理しようとしている。労働組合がポピュリズム左派の典型であるのは、いうまでもない[7]。

(2)　ティーパーティー運動の輪郭

　『全国黒人地位向上協会(NAACP)』が「人権調査・教育研究所(IREHR)」の協力を得て、2010年8月24日に公表した"ティーパーティー・ナショナリズム"と題するティーパーティー運動の実態に関する調査報告書によれば、「全体として見れば、ティーパーティー運動は、営利法人、無党派の非営利組織、および政治活動委員会を含めた数百万ドルの資金で運営される複合体である」という。「概して彼らは、民主党がかつてインターネットによる資金集めとウェブに基づいた動員の分野で享受した利点を活用している」。そして「彼らはアメリカ人の政治生活の超保守的党派閥を蘇生させ、共和党陣営内で世論の強い支柱を作り出し、さらに彼らは連邦レベルのみならず、地方および州の両方において、公共利益のために綿密な政策決定について圧倒的な影響力を保持している」[8]、と記している。

　同報告書ではまた、「ティーパーティー運動は、自分たちの地域や国をとりあげられたと信じて怒っている、中産階級の(圧倒的に)白人によるいまだ初期段階の政治的運動が発露したもので、彼らは自分たちの立場を取り返そうとしている」という。その上で、ティーパーティー運動の現象が三つの段階の合意と関与の中で生じている、と指摘している。すなわち、「いくつかの全国レベルの世論調査では、

第2章　ティーパーティー運動の起源・組織・理念　13

成人人口の約16％から18％に及ぶ人々がティーパーティーを継続して支持し、これに1000万人の多数が賛同している。それは支持者の最も外側に位置している。次の段階は、2〜300万人のかなり大きいが詳細を明確にできない活動集団で、彼らは集会に参画し、チラシを購入し、そして多くの地方的および全国的抗議運動に参加している人々である。その中心はこの運動の核を成しており、六つの全国的団体のウェブサイトに登録している50州すべてに存在する25万人におよぶ会員である」[9]。

　2010年10月24日、『ワシントン・ポスト』紙は「アメリカにおけるティーパーティー運動の規模測定」と題する、ティーパーティー運動に関する大規模な実態調査の結果を公表した。同紙の報道によれば、ティーパーティーの可能性のある1,400団体と連絡を取ったところ、その中で確認できたのは647団体のみであった。このような草の根集団の70％が、どのような類の政治的運動にも参加していなかった、と述べており、彼らはいかなる公式の候補者名簿も持たず、何らかの全国的指導者の背後に結集もせず、手には全く金銭をもたず、そして一般に彼らの目標および政治活動についてためらいをいだいていた、という。注意すべきは、地方の指導者の86％は、彼らの会員の大多数が政治活動の新参者であるものの、だが、彼らが2012年（大統領）選挙において先頭に立って、有力な草の根的勢力に変化する可能性を、示唆していた点である。ただ実際には、地方の各団体は、各々対照的な立場を表明しており、その考え方も異なり、ティーパーティーの標識を求める全国的団体とは、一線を置いているように見える。もちろん後述するように、これらの団体の多くは、フリーダムワークスやティーパーティー・エクスプレスなどティーパーティー関連の全国団体の活動家による援助で長い期間指

導を受けており、彼らはその組織を活用して選挙時に候補者を援助する術を心得ている、といわれる[10]。

これらの団体の間で最も共通している点は、国の財政赤字に対する強い懸念と政府の規模の制限要求である。聞き取り調査によれば、すべての団体の会員は経済的関心で結ばれており、事実、多くの会員はオバマ大統領および民主党の経済政策に強い反対を表明、また共和党指導部の政治的対応に対する不満も多数散見される。

面談した団体の多くは、数百名の会員を抱えていると主張し、またある団体は数千名の会員を自慢していた。だが実際には、大多数の団体は会員数が50名以下で、その多くは家族や友人に限定されているようである。

調査結果で留意すべき点は、ティーパーティー運動が勢力を膨張させていることは間違いない一方、地方の団体は総じて政治的関心が薄く、彼らは今後、経済状況が大きく好転したならば、消滅しかねないことである。だから、上坂昇が指摘するように、「総じて、ティーパーティー運動が実態よりも大げさに報道されている」ことは否めない[11]。

しかしながら、2010年、中間選挙の年に、ティーパーティー運動が手にした最大の成果は、少数のゆるぎないティーパーティー系の全国団体が地方の団体の支持を動員しながら、急激に膨張を遂げて、多数の共和党議員を当選させた事実にある[12]。

3 ティーパーティー運動の起源

2009年1月、オバマ政権が発足して以来、大企業の救済を含む政府の巨額の財政支出および政府の経済活動への過度の介入などに

危機感を抱く市民が著しく増大、これに抗議する草の根運動＝"大衆反乱"が各地で自然発生的に生じた。それはやがて、ティーパーティー運動に結実するようになっていく。

　ティーパーティー運動は、元々自然発生的に生じた運動である。そのため、発足ないし起源についても様々な指摘がなされ、定かではない。実際、ティーパーティー運動の源といえる動きは多様で、そのいくつかは、元来草の根的存在にすぎず、ワシントンD.C.の政治とは一切関係を持たない外部で発展し、保守のリバタリアン（＝反国家統制主義者）的反対勢力が出現したより遠い地方で生じた。もう一方の動きは、共和党組織の内部分子から直接的に発生したもので、いわば党自身の代理人として始まった、といわれている[13]。

　ところで、最初に「ティーパーティー」という歴史的用語を蘇らせたのは、共和党連邦下院議員のロン・ポール（Ron Paul）である。それは2007年12月16日にさかのぼる。彼はボストン茶会事件232周年を祝う集会を開催し、翌年の共和党大統領予備選挙の資金集めのため"TeaParty07.com"というウェブサイトを開設し、募金活動を始めた。ポールは元来リバタリアンで熱心に小さな政府論を主張し、当時のブッシュ政権の方針にも反対していた。彼のティーパーティーは今も活動しており、インターネットを活用した草の根運動として、現在進行中のティーパーティー運動の雛形でもある[14]。

　2009年1月24日、ニューヨーク州において「自由を求める青年アメリカ人（The Young Americans for Liberty）」の議長トレボア・リーチ（Trevor Leach）は、ニューヨーク州知事のデビット・パターソン（David Paterson）が提案した増税に反対し、「肥満税（Obesity Taxes）」に対応する形で、"ティーパーティー抗議"を組織した。抗議者は英国の課税に怒りを表明するため、ボストン港湾に紅茶を投げた植民

地人の一隊のようにネイティブ・アメリカンの頭飾りをかぶっていた。彼らの一部は、2008年の緊急経済安定法、2009年のアメリカ再生および再投資法、並びに医療保険改革法に強く抗議していた。このティーパーティー抗議運動がマス・メディアに登場した最初である、といわれている(15)。

一方、『ニューヨーク・タイムズ』紙のケイト・ゼリニク(Kate Zernike)記者は、ティーパーティーの指導者として、2009年1月に最初のティーパーティーを組織した人物について、シアトルの数学教師で30歳の女性、保守的活動家のケリ・カレンダー(Keli Carender)を挙げている。その他の有力雑誌でも、カレンダーが"最初のティーパーティー組織者の1人"として引用され、彼女が"最も初期のティーパーティー型の抗議者"を組織した、と指摘している(16)。

カレンダーは2月16日、シアトル市において"ポーキュラス・プロテスト"と命名したものを最初に組織した。その日は、オバマ大統領がアメリカ再生および再投資法案に署名する前日であった。彼女は、自分でそれを外部の支持者や市の役人の協力なしに行った、と述べた。カレンダーはその後、保守的な著者で、フォックス・ニュースへの投稿者でもあるミッチェル・マルケン(Michelle Malkin)と連絡を取り合い、彼女にブログでオバマ政権を批判する抗議集会の公表を依頼した。2月17日、デンバー市で第2回目の抗議集会が開催され、互いに全く面識のなかった120名の"大衆"がこれに参加し、カレンダーは「我々は今回出席者を倍増させた」と報告した(17)。

一方、2009年2月19日、シカゴ株式取引所の現場からの生放送でCNBC企業ニュースの論説委員リック・サンティリー(Rick Santelli)が、住宅ローンに再投資を行うオバマ大統領の住宅貸付救済法案を

批判した。当該法案は前日に公表されていた。サンティリーはこの法案が「負債者の住宅ローンに補助金を支給する間違った行動」を促進するものだ、と述べた。彼は7月1日の独立記念日に集会を設け、シカゴの湖に金融派生製品を投げ捨てるため株取引業者に"シカゴ・ティーパーティー"を開催することを示唆した。彼を囲んでいた現場の株取引業者の多くは、スタジオの中の司会者サンティリーのやり取りに応じ、彼の提案に拍手喝采を送った。

サンティリーの要請に答えて、"Chicago TeaParty.com"というウェブサイトが12時間以内に立ち上がり、このウェブサイトには独立記念日に予定されていたティーパーティー抗議への協力申し込み者が殺到し、3月4日までに1万1,000人の接続者が報告された[18]。

『ニューヨーク・タイムズ』紙の記者ケイト・ゼリニクなどは、これは抗議運動が"ティーパーティー"という集団の旗の下で一体化したことを最初に宣言したものである、と述べている。間もなく"全国シカゴ・ティーパーティー抗議"は2009年2月27日、40の異なった都市を横断して協力し、こうして最初の全国レベルの現代版ティーパーティー団体が形成されたのである。この草の根の大衆運動は、12名の著名人および彼らと連合した多くの団体により全米で支持されたのである。

その後、各地でティーパーティー団体が続々と組織され、4月15日の「タックスディー(確定申告締め切り日)」に全米各地で一斉に抗議集会を企画し、750以上の大小のティーパーティー団体が全国各地で抗議集会を開催するに至り、ティーパーティー運動の広がりは驚きの目を持って報道された。オバマ大統領の政策に不満を持つ一般の市民たちが一斉に立ち上がったのである。抗議集会には、一説では、全国750都市で50万人以上が参加したといわれている[19]。

ティーパーティー抗議運動はその後、加速度的に拡大の様相を呈してきた。3月13日、フォックス・テレビの番組司会者で右翼の論客グレン・ベック（Glenn Beck）が「9・12プロジェクト」と銘打った、首都ワシントンD.C.での抗議集会を目指す企画を番組の中で紹介した。9月12日、首都ワシントンD.C.での大集会では、7万人規模の市民が参加し、オバマ政権に対する市民の抗議運動を加速させた。なお、9月12日の抗議集会では、黄色地にとぐろを巻いたガラガラ蛇の旗が目についた。蛇の下には「私を踏みつけるな」と文字が記されていた。これは"ガズデン旗"といわれ、本来、英本国に対する抵抗の意味を有している。だが、今日ではティーパーティー支持者がオバマ政権に異議を申し立てる反乱のシンボルとなっている[20]。

4 ティーパーティー運動の組織

すでに述べたように、『ワシントン・ポスト』紙の2010年10月24日の調査によれば、全米でティーパーティー運動の関連団体として確認できたものは647団体で、その中で全国的組織として、統制された下部組織は352団体（共和党系の20団体を含む）を数え、またいかなる組織にも属さない独立系の団体が272存在する。ティーパーティー団体の実態は、その51％が50名以下の会員で活動する少数人の集団であり、1,000名以上の会員が登録されていたのは39団体のみで、全体では6％しか存在していない[21]。

総じて、各団体の規模は小さく、800ドル程度の開設資金で運動を開始し、その後は地元有力者の個人献金に95％が依存している。それに対して、全米レベルの団体は豊富な資金に恵まれ、ティーパーティー系の候補者に使用する選挙資金の額は全米でも上位に位

置している。ここで注意すべきは、ティーパーティー運動のすべての団体が共和党を全面的に支援しているわけでないことである。共和党を支持するのは半数以下の42％で、民主・共和の党派を問わず、ティーパーティーの主張に合う候補を応援するというのが31％もあった。また共和党のみを支持するという団体でも、無条件に共和党候補を応援するのは11％のみで、他の87％は政策の合う候補者だけを応援すると注文をつけており、ティーパーティーの各団体は予備選挙の段階から候補者の選別を行っている、ことが確認できよう[22]。

次に全国レベルの主要なティーパーティー団体を紹介しておきたい。

①フリーダムワークス・ティーパーティー(Freedom Works・Tea Party)

フリーダムワークス・ティーパーティー(以下、フリーダムワークスと略す)は、その他の全国団体よりも会員登録数は少ないものの(2011年4月28日現在、およそ100万人)、25の下部組織を抱え地方のティーパーティー組織を強力に支援している保守的な非営利組織である。2011年4月28日現在、オンライン会員数は、60万名である。フリーダムワークスという名称は、第41代大統領ジョージ・H・W・ブッシュによる1991年1月29日の一般教書演説における"Freedom Work(自由は機能する)"に由来する。会員は、東北部、とくにボストン市からニューヨーク市、およびワシントンD.C.に通じる鉄道路線沿いに集中している。

本部はワシントンD.C.に置かれ、代表は、前共和党連邦下院議員のディック・アーミー(Dick Armey)が務め、会長はマット・キブ(Matt Kibbe)である。アーミー代表は「失意したアメリカ人が不満を抱えて街頭に繰り出し、ティーパーティー運動が生まれたのだ。最

初のボストン・ティーパーティーが高圧的な政府に反対する草の根の反乱であったように、ティーパーティー参加者は巨大化した政府に反発している」と、述べている。

フリーダムワークスは、2004年、「健全な経済を求める市民（CSE）」として知られる保守系シンクタンク内の意見の対立から組織内分派として生まれた。その他の分派は、「繁栄を求めるアメリカ人」(Americans for Prosperity)を形成した。CSEに残った会員が「エンパワー・アメリカ」と呼ばれる団体と統合する過程で、フリーダムワークスが創設されたのである[23]。

フリーダムワークスは13名の専門家スタッフを擁立し、2008年、同団体の収支報告書は400万ドルを計上、総収入は300万ドルもある。ちなみに、代表のアーミーは団体から30万ドルの年俸、さらに関連団体から25万ドルを得ていた。フリーダムワークスの資金は主として個人献金で賄われ、豊富な財源に支えられて以下の運動を支援してきた。例えば、社会保障の民営化、富裕階層への減税、訴訟時の賠償上限設定、規制緩和および自由貿易などである。設立の当初より、フリーダムワークスは重要な役割を担い、すべての米国人に個人的所有権と経済的機会という大きな理念を提供することを目的とし、新しいティーパーティー組織の育成や技術的支援を提供してきただけでなく、各地域の間のティーパーティー団体の調整も積極的に行ってきた。とりわけ、フリーダムワークスは、地方団体を組織する方法や、集会を開催する方法、および市庁舎での集会で抗議を行う方法についてオンラインと電話による相談に応じている。フリーダムワークスはまた、ティーパーティー運動内部での連絡を促進し、全国各地の活動家と一緒に、毎週実施されるティーパーティー大会を支援している[24]。

2009年8月18日には、フリーダムワークスは、ティーパーティー・エクスプレスが企画し、6団体が後援した16日間に及ぶ全国ティーパーティー・バスツアーにも参加し、そのツアーはカリフォルニア州のサクラメント市を8月28日に出発、9月12日のワシントンD.C.の集会で終えた。フリーダムワークスは特に、ティーパーティー運動の別の全国団体である「ティーパーティー・パトリオッツ」と緊密な協同関係にある。同団体とはウェブサイト、研究会、および集会などで共同活動を行っている。なお、ティーパーティーの各団体は2010年1月に会議を開き、「ティーパーティー独立宣言」を公表し、民主党および共和党穏健派への戦いを宣言、その宣言の中で結束に関して「財政的責任、連邦憲法で制限された政府、および自由市場」の三点を挙げ、「この三つの目的は、ティーパーティー運動における我々の結束の源である」と公表している[25]。

②ティーパーティー・パトリオッツ(Tea Party・Patriots)

すべてのティーパーティー団体の中にあって、ティーパーティー・パトリオッツ(以下、パトリオッツと略す)は、全米最大の草の根的非営利団体である。形成されたのは2009年で、パトリオッツは208の下部組織を抱え、ティーパーティー運動の公的組織であると称している。本部はジョージア州のアトランタ市に設けられ、2010年8月1日現在、ウェブサイトには2,000の地方パトリオッツ支部を掲載、その数は他の全国団体のそれを大きく上回っている。主要ウェブサイト上には、11万5,311名の会員が、また7万4,779名がソーシャルネットワーキング・ウェブサイトに登録、そのためパトリオッツ所属のオンライン会員は全米のあらゆる地域に存在している[26]。

ただ、パトリオッツはその規模が全米で最大であるにもかかわら

ず、運営費はフリーダムワークス、エクスプレス、およびレジストネットなど他の全国的ティーパーティー団体に比べると少額である。予算や献金源は公開しておらず、2010年5月31日付けの会計報告書によれば、寄付金の総額が53万8,009ドル、総支出が44万596ドルで、その内訳は、企画運営費34万2,559ドル、組織運営費5万8,037ドルを計上している。なお、パトリオッツ本部は、2010年9月に100万ドルの匿名の寄付があったことを公表した。

　パトリオッツの共同責任者は、ジェニー・ベス・マーティン(Jenny Beth Martin)、マーク・メクラー(Mark Meckler)、およびエイミー・クレマー(Amy Kremer)の3人である。マーティンはジョージア州アトランタ出身で元共和党の政治コンサルタントを務め、パトリオッツの最高責任者として月6,000ドルの報酬を得ている。メクラーは企業家でカリフォルニア州の南部に住み、地方のティーパーティー組織のまとめ役である。クレマーはジョージア州のロズウェル出身で、組織委員長を務めている。パトリオッツの標語は、「財政責任、憲法上制限された政府、および自由市場」の三点である[27]。

　パトリオッツは2009年9月のワシントンD.C.での行進で、他のティーパーティー団体との連携を成立させたものの、しかしその後深刻な組織上の対立を経験した。まず、第一に、団体の責任者の1人であるクレマーが「ティーパーティー・エクスプレス」に参画したからである(10月15日、彼女は理事会で解任された)。第二に、2010年2月、「ティーパーティー・ネーション」との間で対立が生じた。ナッシュビルで開催されたティーパーティー・ネーション全国大会(参加費550ドル)での運動資金の調達と主導権をめぐる争いである。

　このような状況の中で、パトリオッツは2010年5月、テネシー州のガトリンバークで「テネシー・ティーパーティー連合大会」を開催

（参加費35ドル）し、広範な地域的イベントを行い組織拡大に貢献した。実際、パトリオッツを支えているのは、連携する州および地方のティーパーティー支部からなるネットワーク組織に他ならない。このような地方支部がパトリオッツの最強の基盤となっている。問題は、団体の指導的立場にある人々の中に、民兵会員や人種差別主義者、およびその支持者たちが多数存在することであり、そのような体質はパトリオッツが活動をするにあたって最大の政治的弱点となっている[28]。

③ティーパーティー・エクスプレス(Tea Party・Express)

　ティーパーティー・エクスプレス(以下、エクスプレスと略す)は、2009年、すでに存在していた保守派の活動組織、「よりよい国に値する政治活動委員会(Our Country Deserves Better Political Action Committee：OCDB)」を基に創設された。エクスプレスは共和党候補を支援するため政治献金活動と並んで、全米を駆けめぐる政治宣伝のバスツアーを行ったことでわが国でもよく知れている。本部はカリフォルニア州のサクラメント市にある。

　エクスプレスの特色は、他のティーパーティー団体のように、会員登録しておらず、地方組織を積極的に創設したり支援もしていないことである。また、オンライン上のソーシャル・ネットワークも存在しない。このように登録のみを行うことのできる会員が存在しないことは、他の団体との比較を困難にしている。エクスプレスとその母体組織であるOCDBは多額の政治資金を集め、2010年6月の段階で、連邦選挙委員会に1,508人の献金者を報告している。本拠地はカリフォルニア州で、同州とテキサス州に多数の献金者がいる。下部組織は11を数える[29]。

　エクスプレスの初期の代表者はマーク・ウィリアムズ(Mark

Williams)で、彼はOCDBの当初の副委員長で、また「全国ラジオ番組ホスト協会」の前責任者であった。彼は、ティーパーティーが「米国を信じ、連邦憲法を詳細に理解していないが、その精神をよく鍛えられている人々の集まりで、彼らは米国を取り戻すため一つのティーパーティーへと結集している」と述べた後、オバマ大統領に対する人種差別発言を行った。6月19日にその責任をとって、エクスプレスの代表の座を解任された。代わって代表に就任したのが、前述したパトリオッツの元スタッフであったエイミー・クレマーである。そのため、パトリオッツ側はクレマーを訴えるなど、両団体は一時険悪な関係にあった[30]。

　エクスプレスの名を知らしめるようになった全国バスツアーは、OCDBによる2008年「ストップ・オバマ・バスツアー」を衣替えしたもので、それは、民主党大統領候補のオバマに打撃を与え、共和党の副大統領候補サラ・ペイリン(Sarah Palin)への支持を促進するためのものであった。今回のバスツアーでは、ペイリンはその御礼を兼ねて、エクスプレスの4回にわたるバスツアーで2回も講演してイベントの"看板役"を務めた。

　最初のバスツアーは2009年8月28日、サクラメント市から開始された。それは全国を駆けめぐり33都市を訪問、9月11日に終わり、ワシントンD.C.での9月12日の行進に合流した。この間、中西部や中南部の様々な場所でイベントを開催し、それらの集会は、OCDB政治活動委員会への新たな献金者を発掘すると同時に、地方の多くの市民をティーパーティー運動の支持者として結集させることに貢献した。次いで、2回目のバスツアーは「ティーパーティー・エクスプレスⅡ：審判日へのカウントダウン」と命名され、10月25日サンデイゴ市で始まり、38都市を訪問し、最後はフロリダ州のオークラ

ンドで終了した。その直後、エクスプレスの主たる関心は、民主党の連邦上院議員テッド・ケネディ死去で空席となったマサチューセッツ州の連邦上院特別選挙に向けられ、共和党州上院議員スコット・ブラウン(Scott Brown)の勝利に一役買い、エクスプレスの功績が全国的に認められる契機となった。そして3回目のツアーは3月27日、ネバタ州のサーチライト市での大規模集会で始まり、43都市を訪問し、4月15日「税の日ティーパーティー抗議」運動とあわせる形で再びワシントンD.C.に集結して終了した。この間、エクスプレスは進行中の中間選挙運動でリベラル派候補へのネガティブ・キャンペーンや共和党保守派候補への活発な支援を行った。なお、4回目は、10月18日から開始され、32都市を訪問し、11月1日の選挙前日まで活動が行われた。

　エクスプレスは、その他の大きなティーパーティー運動と同じく、いくつかの連邦法、すなわち、2008年の緊急経済安定法、2009年の米国再生および再投資法、および一連の健康保険改革法に強く反対している[31]。

④ティーパーティー・ネーション(Tea Party・Nation)

　ティーパーティー・ネーション(以下、ネーションと略す)は、2009年、テネシー州のナッシュビル市の弁護士ジュドソン・フィリップス(Judson Phllips)と妻シェリー・フィリップス(Sherry Phillips)により組織された。夫のフィリップスは共和党の地元活動家で、前地方検事である。現在、彼は弁護士として飲酒運転や身体障害者に関する訴訟を専門としている。ネーションは自らを、「建国の父祖が記した、我々の神から与えられた個人的自由を望む同士からなる参加者主体の団体である。我々は、制限された政府、表現の自由、連邦憲法修正第2条、米国の軍隊、国家の確固たる国境が重要だと信じ

ている」と、説明している(32)。

　今日、ネーションはティーパーティーのネットワークとして三番目に大きな全国的団体で、2010年8月1日現在、オンライン会員数は3万1,402名を数える。地理的に会員が最も集中しているのは、組織の本部があるテネシー州で、九つの下部組織をもっている。だが、ネーションは運動資金、共和党組織との関係、および運動面などで内部対立や論争を繰り返している。当初、団体は非営利団体として運営されていたのに、代表のフィリップスは会員に何らはからず、2009年4月21日、突然ネーションを営利法人としてテネシー州に申請登録を行った。この行動は組織内部で大きな衝突を生み、会員の間から脱退者が多数でた。また、フィリップスとネーションが2010年の秋、翌年開催されるナッシュビルのティーパーティー大会を計画した際に、550ドルの登録料を提案し、そのため、会員の間からこれに反対の声があがり、多数の支持者が団体から離れた。その際、後援団体や共和党関連組織も大会への不参加を表明した。

　ナッシュビルでの大会は多くの困難に見舞われたものの、大会そのものは大成功に終わった。だが、大会会場で基調講演をしたペイリン女史に10万ドルの講演料が支払われたとのうわさが流れたり、キリスト教保守主義＝キリスト教ナショナリズムが強調されたりして、会員の間で物議をかもした(33)。

⑤1776ティーパーティー（1776 Tea Party）

　1776ティーパーティー（以下、1776と略す）は、TeaParty.orgとしてよく知れている。1776は、いわゆる民兵計画や反移民運動に最も直接関与している全国団体の一つで、本部はテキサス州ヒューストン市地区の北部にある。当地において2009年2月、1776はテキサス州から非営利団体として認可を受けた。1776はその目的を以下のよう

に記している。「あらゆる政党、特に民主党および共和党との間の橋渡しを行う、キリスト教徒の政治組織である。神により、政府を合理化し、連邦憲法で述べられた憲法上の権利を堅固に守ることを望んでいる、すべての人々とイデオロギー的視点を歓迎する」[(34)]。

1776は2010年8月1日現在、6,987名のオンライン会員を抱え、ティーパーティー全国団体の中で最も規模が小さい組織である。会員は全米各地に広く分散し、どの都市にも30名以上の会員は存在しない。組織を創設した代表者は、海兵隊の指揮官で元海軍少将のデール・ロバートソン(Dale Robertson)で、彼が率いる1776は意図的に既成政党に対して挑戦的姿勢をとっている。組織の指導者は「他のTP(ティーパーティー)組織の大多数は、確固として立場をとることを恐れている、我々は信念を持っていることを宣伝しているのだ。我々は人々の気分を害するのではなく、締め上げるのだ」と述べている。2009年2月27日、代表のロバートソンは、ヒューストン市で開催されたティーパーティーの集会に「連邦議会＝奴隷所有者、納税者＝ニガー」と書いた看板を持って出席して参加者を驚かせた[(35)]。

1776団体の発起人ロバートソンによるこのような派手な姿勢は、組織にとって大きなマイナスとなっただけでなく、他の団体との関係も悪化させた。事実、フリーダムワークスやパトリオッツなどは、ロバートソンに対して絶縁声明を出している。1776団体と立場が近く、一時期最も緊密な行動をとったのが、次に紹介する、レジストネット・ティーパーティーである。

⑥レジストネット・ティーパーティー(ResistNet・Tea Party)

レジストネット・ティーパーティー(以下、レジストネットと略す)は、スィテーブ・エリオット(Steve Elliott)によって個人的に運営されており、それは営利を目的とするインターネット事業サービス団

体の草の根行動の一部門、すなわち、グラスファイアー・ネーション（Grassfire Nation）の営利事業部門である。

グラスファイアーはアイオワ州に本部があり、2008年の総収入は141万5,677ドルで、代表のエリオットは1週間に29時間勤務し、年に6万1,000ドルの報酬を得ている。グラスファイアーはインターネット上で多くの署名運動を展開して、規模を拡大してきた。

グラスファイアーの営利部門であるレジストネットは全米34州に142の地方ティーパーティー支部を置き、次第にすべての全国レベルのティーパーティー団体と協力するようになった。2010年8月1日現在、レジストネットはティーパーティー全国団体として二番目に大きな組織で、オンライン会員は8万1,248名存在する。会員たちは全米各地に散らばっている。レジストネットの特色は、組織指導者がすべて女性であることだ[36]。

レジストネットの問題点は、オバマ大統領への激しい人種差別的非難と並んで、例えばイスラム教信者たちに偏見を持っている人々が集会する場になっていることである。また、州および地方の反移民団体の多くの指導者もレジストネットと活動をともにし、Resistnet.comには、極右の組織からなる大きなネットワークにつながる可能性のあるリンク先と「パートナー」部門が掲載されている[37]。

以上において、ティーパーティー全国団体の主要なものを紹介してきた。留意すべきは、これらの団体の中で、フリーダムワークス以外の団体に、オバマ大統領の米国生まれを疑う指導者がいたり、また米国を取り戻す、オバマは本当の米国人でない、といった主張が共通して散見されることである。その他に、移民排斥による人種差別的用語や行動を展開するなど、極右の白人優越主義者として知

られている人物が所属している団体も存在する[38]。本節では、比較的穏健でリベラル(?)な団体からより保守的で極右の人種差別主義的な団体の順に取り上げたつもりである。なお、より詳しい内容については巻末の資料"ティーパーティー・ナショナリズム"を参照されたい。

5 ティーパーティー運動の理念

それでは、ティーパーティー運動に参画している草の根の指導者たちは、いかなる理念ないしイデオロギーを持っているのであろうか? 本節ではティーパーティー運動をささえる理念の面を検討する。

ティーパーティーの理念については、「アメリカからの誓約(Contract From America)」という10カ条の綱領が有名である。それは、テキサス州ヒューストンの弁護士、ライアン・ヒッカー(Ryan Hecker)のアイディアで、彼は2009年4月15日の「タックス・ディー・ティーパーティー」集会に先立って、改革を求める草の根の要求を実現するため次のような構想を提示した。

①あらゆる新しい法令の合憲性確認、②排出権取引の拒否、③均衡した連邦財政の要求、④課税制度の簡素化、⑤無駄と合憲性のため連邦政府機関の検査、⑥連邦歳出の年間増大の制限、⑦2010年3月23日成立の医療保険法の廃止、⑧特別に高いエネルギー政策の消滅、⑨指定の限定、⑩課税の査定[39]。

一見してわかるように、この誓約には経済政策への提言のみで、一部のティーパーティー運動が有する政治分野の主張は含まれておらず、提言自体が具体性を欠いている。一般に、ティーパーティー

運動の中で、最も多い要求は「小さな政府の実現(45%)」であり、次に「雇用創出(9%)」、「減税(6%)」が続く。ティーパーティーは、雇用創出のための大規模な財政支出を"政府による過剰な介入である"、と批判し、不況や雇用情勢悪化の渦中でも過度な政府介入を避け、民間の自主性を尊重する"小さな政府の実現"を目指しており、思想的にはいわゆる「リバタリアニズム」の系譜に近い[40]。

おそらく、ティーパーティー運動の理念を最も明確な形で展開しているのは、フリーダムワークスの代表ディック・アーミーとマット・キブ(Matt Kibbe)との共著『われらに自由を与えよ―ティーパーティーの公約(*Give Us Liberty―A Tea Party Manifesto*)』(Harper, 2010)であろう。この著作の中の第4章「我々が代表しているもの」の下りでは、以下のように理念が展開されている。

いわく、ティーパーティー運動の会員たちは、人間が他人なしに生存できないので、個人の自由と経済の自由を擁護することに焦点を当てている。活動家たちの圧倒的多数派は彼らが大事に考えていることを擁護するため市民に正しい責任を負っている。すなわち、憲法上制限された政府である。これは、党派的激しさから生じたのではなく、党派が政府はあまりに大きくなりすぎ、あまりにカネを使いすぎ、そして自由に介入しすぎていると、考えたものへの反動として、行動した一つの運動に他ならない。あなたが活動家たちと話した時、彼らの中に見出したいかなる問題といえども、次の四つの繰り返された主題が必然的に明らかにされていくであろう[41]。

①憲法は良い政府の青写真である。

なによりもまず、ティーパーティー運動は、政府における憲法上の権利を回復することに関係している。わが国は、自由という理念を抱いており、生命や自由の追求、並びに特殊利益団体や集団では

なく、個人の幸福の追求という譲り渡すことのできない権利を保護することに専念してきた。わが国の憲法の驚異は、制限された政府を維持し、個人の自由を保護することのみに専念する、という単純な特質にある。

我々の建国の父祖たちが立案した憲法体制は、横暴な連邦政府から個人を保護するため、私有財産および法の支配に依拠していることである。米国人の自由は、我々の創造主により授けられた個人の権利に基づいており、その権利は、憲法で保証されている。これの中には、家族のために用意され、我々自身の幸福を追求することを認めた経済的自由もある。200年以上にわたって、米国の市民たちは、彼らの自由を追求し、家族のために提供された個人的および経済的自由を活用してきた。その道に沿って、我々は繁栄する国家を築いてきたのだ。米国人の富は、偶然の所産ではなく、我々が有する自由の直接的成果なのである。

だが、大きな政府の擁護者たちは、このことを理解していない。彼らは、我々の自由と繁栄を正しく評価していない。最近、我々は私有財産を政府が家族から取り上げ、収容権の乱用を通じて、それを宅地開発業者に与えていたことを目撃した。医療保険立法が2010年に通過した際、政府はすべての個人が、望もうと望まないにかかわらず、政府が承認した医療保険に加入しなければならない旨を、義務づけた。政府は私たちの身体でなく、私たちの自由を保護することに専念すべきである。

建国の父祖たちは、権利と必要なもの両方のみを遂行する政府を立案した。だから残りは、州と個人に委ねたのである。それは、これまで形成されてきた社会を運用する最良の組織的海図といえる。しかしながら、この労働分業は、市民が自身の仕事に従事したとき

のみうまく機能する。問題なのは、政治家と官僚たちが、しばしば自らの限界をわきまえず、自身の仕事を認識しないことである。

ティーパーティー運動は、単に我々に残されたものだけを要求しているのだ。連邦政府は、我々市民が憲法を通じて委任された権限のみを行使すべきである[42]。

②自由な社会においては、行動が結果をもたらす。

ティーパーティー運動を通じて遂行する第二の主要な主題は、個人的責任を要求することである。建国の文書(憲法)は、個人が自身の夢を追求し、自身の成功と失敗に責任を帰する制度を設けた。ティーパーティーは、結果の平等ではなく、機会の平等を大切にする。我々にとって、集団以上に個人の権利がすべてである。

このような自由と自発的な取り扱いは、我々の社会の中心となっている。しかし、我々が自身の行動に注意をせず保護された時、我々は愚かな行動をとる傾向がある。それは、仕事と個人の両者にもあてはまる。

オーストリアの経済学者ジョセフ・シュンペーターは、破産が市場経済を機能させる重要な一部である、と述べた。彼は、資産が最も高い価値を定期的に再配列するように、それを"創造的破壊である"、と記した。破産なくして、あなたは刷新を手にすることができない。刷新なしには、我々の生活水準は沈滞するのだ。

数年間にわたって、我々は市民がクレジットカードで借金し、彼らの財産を超える価値を有する住宅を購入したことを観察した。それと同時に、企業もまた彼らの能力を超える借金をして活動してきた。銀行は不均衡なまでに大きな危険を犯し、三大自動車製造会社は彼らが負担できない非現実的な従業員利益について組合の要求に同意した。

景気後退の中で費用を負担する時期が到来したとき、我々は相次ぐ救済措置を見てきた。個人と企業がその行動の結果の故に、政府から保護を受けるや、制度は崩壊してしまった。

自分を抑制し、出費を抑え、そして譲歩した人たちは自分たちの税金が別のことに使用されるべきだ、と訴えている。さらに、ちょうど今税金を払っている人だけでなく、多額の負債を抱えている人たちも、同じように考えている。だから、借金は将来の収益のために行われるべきである[43]。

③連邦政府は支出中毒になっている。

事実上、すべてのティーパーティーの集会で見られる第三の主題は、政府があまりに多くを支出する一方、我々の子供と子孫にその勘定を押し付けようとする不公平な期待が生じる確信である。

ティーパーティーの活動家たちは、市場の見えざる手の前に立ちはだかっているのが政府の見えざる足であることを理解している。政府が支出したすべてのドルは、民間部門から吸い上げたものだ。19世紀のフランスの哲学者フリデリック・バステートはこれを"見えるものと見えざるもの"と呼び、政府はすべての物事を税金集めの形で示すように、同じカネで民間部門が創設したものを議論しようとはしない。

経済学者のミルトン・フリードマン (Milton Friedman) は、課税の正しい比率とは政府の支出である、と我々に警告した。数年間に見積もられた数兆ドルの赤字を抱えて、我々は管理できない赤字支出により我々の自由と生活様式が最も大きな脅威にさらされるのを恐れる。確かに、政府が我々の通貨を縮小させるかまたは破滅的に高い税を課すかは自由である。

問題は、今日の支出が明日の課税につながることだ。だから、

ティーパーティーが支出に抗議するときはいつでも、長期的視点に立っており、将来の課税に抗議しているのである。高い課税は我々の生活水準を低下させ、市民にほとんど選択と夢を残さない[44]。

④我々の肥大した官僚制度は、あまりにも大きくなりすぎて、今後継続できない。

　ティーパーティーの活動家たちに共通して存在している第四の主要な主題は、政府があまりに大きくかつ侵略的に成長をとげたことを理解することである。政府はそれ自身の境界を管理したり、郵便局を運営したり、銀行や自動車会社を単独で管理することができない。

　民間部門と政府との間の関係は、馬と騎手との関係に似ている。上手な組み合わせにより、鋭敏でかつ軽便な騎手を乗せた強力で素早い馬となる。騎手があまりに大きくなりすぎて、馬が突進した時、事実上、馬は騎手の重みでつぶれてしまう。膨張した公的部門は、多くの必要な資本投資を行った民間部門から(利益を)奪いとってしまう。資本は肥料のようなものである。すなわち、それが民間部門に浸透した時には経済を成長させ、それが政府へと注ぎ込まれた時にはより大きい政府を生み出すのである。

　官僚による中央集権化の促進者たちはまた、勤労所得対非勤労所得のように、彼らの政策を支持するため新たな術語を捏造している。政府のみが社会保障費にあなたの給料のほぼ15％以上をつぎ込むよう仕向けることができ、その時、米国人は十分救済されていないと、不平をもらすのである。

　問題は、政府がより大きな政府を生みだしていることだ。現実の世界では、個々人は彼らの決定の結果に従って生活しなければならない(もし彼らが財政的援助を受けないのであれば)が、政府はそうでな

い。常に課税者から多くのカネを得ることができるのだ。だから、政府拡大への唯一の抑制は、一般市民からの怒りである。政府はまた、苦労を知らない人々で成りたっている。彼らは結局、安定した仕事に就いている。政府の計画が失敗した時、大きな政府の促進者は必ず、それは財源不足だから失敗したといい、それが悪い計画であったからだとは、決していわない[45]。

　大きな政府は、二つの大胆な行動で突き進んできた。すなわち、(1)市民は物を言わず彼らにとって何がよいのかを知らないという仮定。(2)市民は堕落し不正直である。それ故、政府がカネを取り扱い、それを市民のために使用することが義務づけられる。他方、ティーパーティーは決定を行うにあたり、責任を持つ米市民の実践的な才能を信頼している。

　すでに述べたように、ティーパーティー運動の指導者たちは様々な地方で異なった背景をもっており、従って彼らの理念も多種多様である。ただ、彼らに共通している原則ないし理念を挙げるとすれば、それは個人の自由と経済の自由をまもること、それと併せて、連邦憲法に合致した制限された政府を維持することである。彼らにとって大事なことは、政府は小さければ小さいほどよくて、それは一種の「政府性悪説」の立場に依拠している、といえよう[46]。

6　ティーパーティー運動の実像

　ティーパーティー運動が米国社会で大きな草の根の保守的右派の大衆運動として展開するようになるにつれて、多数の市民が次第にこの運動に関心を持つようになってきた。それでは、米国人はティーパーティー運動をどのように認識しているのであろう

か。ティーパーティーに関する世論調査はたくさんあるが、本章では、2010年3月11日から21日にかけて成人2,500人を対象として実施し、4月18日に公表された、『ピュー・リサーチ・センター(The Pew Research Center)』の世論調査の結果を紹介しながら、ティーパーティー運動の多面的な実像を抽出する。本来この調査は、政府に対する市民の不満や怒りについての調査である。しかし、その第6章では、ティーパーティー運動に関する市民の詳細なデータが明らかにされている。

①「ティーパーティー運動に同意しているのは誰か」

まず、上記の世論調査によれば、米国人の過半数(68％)は、過去数年の間に米国で生じたティーパーティー抗議者について聞くか読んでいる、という。その中で、26％は多く聞いており、42％は少ししか聞いていない。30％(10人のうち3人)は、これらの抗議者に関して全く聞いていない。多数の共和党(33％)と無党派(28％)は、民主党(21％)よりもティーパーティー抗議者について多く聞いている。また、共和党に好意的な共和党保守派(39％)と無党派は抗議者について多く聞いている傾向がある。

全体として見れば、米国人の24％がティーパーティー運動について共感を示しており、その中で、9％は強く共感し14％は運動に共感していない、と回答している。30％は意見なしで、31％はティーパーティー運動について全く聞いていない、と回答している。

次に、ティーパーティー運動自体については、強力な党派的およびイデオロギー的相違が見てとれる。すなわち、共和党支持者の約半数(45％)がティーパーティー運動に共感している。それに比べて無党派は26％、民主党支持者は僅か6％にすぎない。一方、共和党保守派の半数以上(53％)と共和党に好意的である無党派(53％)は

ティーパーティー運動に共感している、と回答しており、共和党穏健派の27％とは対照的である。その他の党派的およびイデオロギー集団の中で、この運動に共感している者は極めて少ない。

年齢別では、30歳以下の過半数(54％)は、ティーパーティー抗議者について聞いておらず、30歳から40歳の年齢の31％と50代以上の21％と比較されたい。一般に若い人々は、ティーパーティー運動に共感する傾向が極めて少ない。運動に共感しているのは30歳以下では僅かに9％で、30歳から49歳の23％および50歳以上の32％と比べて対照的である[47]。

②「どの集団が、あなたの見解をより正しく反映していると思うか」

市民は現在、どの集団が貴方の見解をより正しく反映していると思うか、という別の質問をした時、31％は民主党が現在自分の見解を最も正しく反映し、共和党が17％で、ティーパーティーが14％である、と回答している。緑の党(4％)およびその他の集団(3％)は極めて僅かしか反映していない。さらに、四分の一以上(28％)は自分たちの見解が全く代弁されていない、と回答している。

共和党支持者の約半数(49％)は、共和党が現在彼らの見解を最もよく代弁し、しかも28％がティーパーティーを引用している。すべての無党派の多数(42％)は、彼らの見解を最近誰も反映してない、と回答している一方で、17％は民主党、16％はティーパーティー、そして12％は共和党である、と回答を寄せている。共和党に好意的な無党派は分裂している。その多くは、ティーパーティー(30％)が現在、彼らの意見を最もよく反映しているとし、共和党(29％)、および28％は誰も彼らの意見を反映していない、と回答している。

一方、民主党に好意的な無党派の間では、47％は民主党が彼らの意見を最も反映し、35％は誰も意見を反映していない、と回答して

いる。さらに、共和党または民主党のいずれにも好意を寄せていない無党派の約三分の二(65%)がこれらの政党のいずれも彼らの見解を代表していない、と回答している。民主党の圧倒的多数(71%)は民主党が彼らの意見を最もよく反映しており、14%はこの政党が意見を反映していない、と回答している[48]。

③「ティーパーティー支持者の人口統計学的横顔」

ここで、ティーパーティー運動に共感している市民の24%を調べると、彼らは党派的支持態度では明らかに共和党であり、一般の市民よりも保守的である。それに加えて、ティーパーティーに共感している人々は、男性で、白人で、富裕であり、彼らは週に1回は教会の礼拝に出席し、そして全国的ニュースを極めて熱心に追いかける傾向がある。

注意すべきは、ティーパーティー支持者の10人のうち8人以上(82%)は、共和党と同一視するか(53%)または共和党に好意的である無党派(29%)である、と回答していることだ。それとは対照的に、一般市民の場合、彼らの41%が共和党と同一視し(28%)、共和党に好意的であるのは18%にすぎない。さらに、一般市民の約半数(46%)は民主党員であるかもしくは民主党に好意的な無党派である一方、ティーパーティー運動に共感している人々の僅かに13%のみが自分は民主党員であるとかまたは民主党に好意的である無党派である、と回答している。

ティーパーティー支持者のほぼ四分の三(72%)は、自分の政治的見解が保守的であると述べていることである。それとは対照的に、一般市民の場合、41%が自分の見解を保守的である、と回答している。さらに、ティーパーティー運動に共感している市民の過半数が自分たちは保守的な共和党員である、と回答している。

また、ティーパーティー支持者の過半数強(56%)は男性である。一般市民の場合、男性は40%である。さらに、一般の市民の場合、若者の支持者は21%であるのに、ティーパーティーに共感している人々で30歳以下は8%に過ぎない。10人のうち約8人(81%)はヒスパニックス以外の白人であり、これも、一般市民の場合の69%とは対照的である。

　ティーパーティー運動に共感している人々の18%は3万ドル以下の家族収入しか得ておらず、一般市民の場合の31%と比較されたい。ティーパーティーへの共鳴者のほぼ10人のうち4人(38%)は、高等学校以下の教育しか受けておらず、一般市民の場合の47%とは対照的である。ただ、雇用上の地位という点では、一般市民とティーパーティー支持者との間に大きな相違は見られない。

　ティーパーティーに共感している人々の半数以上(55%)は全国的ニュースを極めて熱心に追いかけている、と回答している。一般市民の場合には、約10人の3人(31%)が同様な傾向を示している。また、ティーパーティーに共感している10人のほぼ9人(87%)は投票するための登録をしており、一般市民の場合は76%であり、これも対照的である。ティーパーティー支持者の約半数(51%)は、自分を大多数の人々よりも愛国的である、と回答している一方、一般の国民の場合、33%のみが自分は大多数の人々よりも愛国的である、と回答している。なお、ティーパーティー支持者の四分の三(75%)は、自宅、会社または自動車に国旗を掲載している。一般市民の場合、全体として58%であり、これも対照的である。

　また、ティーパーティーに共感している人々の約半数(49%)は少なくとも週に1回、教会かその他の宗教的行事に参加しているという。一般市民の場合、その割合は38%である。さらにティーパー

ティー支持者の約半数(47％)は自宅に、銃、ライフルまたはピストルを所持しており、一般市民の場合、その割合は33％である[49]。
④「大きな政府へのティーパーティーの批判」

　世論調査の結果によれば、ティーパーティーの支持者は、一般の市民に比べて政府に対してより否定的見解を抱いているようである。実際、ティーパーティーに共感している人々の48％は、連邦政府に怒りを感じており、一般市民の場合21％で、これも対照的である。強く共感している人々の間では、61％は政府に怒りを感じている、という。同様に、ティーパーティー運動に共感している人々の24％は何か正しいことを行う点で、ワシントンの政府を全く信用できない、と答えている(この中には、ティーパーティー運動に強く共感している34％も含む)。一般市民の場合11％が同じ答えをしているにすぎない。

　それに加えて、ティーパーティー支持者の73％は連邦政府が支持者の個人的権利および自由を脅かしている、と述べており、その中には、何と政府こそ主要な脅威である、答えている人が57％もいる。運動に強く共感している人々の間では、86％は連邦政府が個人の権利および自由を脅かし、しかも73％が政府は主要な脅威である、と述べている。それに比べると、一般市民は意見が分裂している。およそ半数(48％)は、政府が人々の個人的権利および自由を脅かしている、と述べており、その中には政府こそ主要な脅威であると答えている30％の人々も含む。一方、50％の人々は政府が人々の権利および自由を脅かしていない、と述べている。

　ティーパーティーに共感している人々の75％は、連邦政府が大きな改革をする必要がある、と答えており、これも一般市民の53％と比較されたい。ティーパーティー運動に共感している人々は、連邦

政府の大きさと規模について特に批判的である。すなわち、ティーパーティー支持者の過半数(59%)は政府が優先事項を誤っており、それはより大きな問題であると考えている。一方、32%は政府が正しい優先事項を示しているものの、しかし計画を非効率に進められている、と述べている。それとは対照的に、一般市民の場合、38%は政府が誤った優先事項を示しており、半数(50%)は政府が正しい優先事項を示しており、物事を非効率に進めている、と述べている。

　ティーパーティー支持者の大多数(76%)は、政府の計画が政府の権力を縮小するために大いに削減されるべきであると考える一方、23%のみが政府の計画は重要な問題に対応するため維持されるべきだ、と回答している。一般市民は、その見解が大きく分裂している。すなわち、47%は計画が政府の権力を縮小するため削減させるべきで、50%は計画が維持されるべきだ、と回答している。さらにティーパーティーに共感している人々の88%は、不経済で非効率な連邦政府が主要な問題であると考えているのに対して、一般市民の場合、70%が同じように考えている。ティーパーティー支持者の10人のうち約8人(82%)はあまりに大きく強力な政府が主要な問題であると考えており、一般市民の場合52%で、これもまた極めて対照的である。

　注意すべきは、ティーパーティー運動に共感している人々の75%は、政府が国民生活にあまりに多く介入している点こそ主要な問題であると述べ、一般市民の場合46%が同じ回答をしているにすぎない点である。なお、10人のうち約7人(71%)は連邦政府が我々の日常生活にマイナス効果しかもたらしていないと述べており、一般市民の場合の43%と比較されたい。ティーパーティー支持者はまた連邦政府が州および地方の事項にあまりにも多く介入している点に同

意する傾向が多く、83％がこれを支持している。一方、一般市民の場合、58％が連邦政府はあまりに多く介入している、と考えている。同様に、ティーパーティーへの共感者の87％は政府があまりに企業を規制し自由企業体制に介入しすぎている点に同意し、一般市民の場合には、58％が同意しており、この点も対照的である[50]。

⑤「ティーパーティー支持者と一般国民の仕事の最優先順位」

一般的にいって、ティーパーティー支持者および一般市民は全体的に両者とも、政府の優先順位のリストの上部に仕事の状態を置いている。実際、ティーパーティー運動に共感している人々のおよそ過半数(54％)は、仕事の状態を最も高い優先順位にすべきであると回答している。それに対して一般市民の場合、49％がこれに同意している。しかし、ティーパーティー支持者は、財政赤字が最優先されるべきという回答が一般の市民に比べて多い傾向にある。つまり32％がそのように答え、一般市民は19％で対照的である。

ティーパーティー運動に共感している人々は、連邦政府、連邦議会、オバマ政権および多くの他の機関が今日、この国の進むべき方法にマイナス効果しか持たない、と回答する傾向が多い。実際、ティーパーティー運動に共感している人々の何と90％は連邦政府がマイナス効果しかないと答えており、一般市民の場合の65％とは対照的である。ティーパーティー運動に共感している人々はまた、労働組合、政府機関、ニュース・メディアおよび娯楽企業が今日、国にとってマイナス効果しかもたらさないと回答する比率が一般市民に比べて高い傾向にある。また、一般市民およびティーパーティーの支持者たちは、銀行および金融制度並びに大企業が今日国に関してマイナス効果しかもたらさないという点に同意している。さらに、ティーパーティー運動に共感している人々の過半数(56％)が主要な

金融会社の業務をより厳格に規制することは政府にとって悪い考えである、と回答している。一般市民の過半数(61%)もこれと同じ意見である、と考えている。全般的に見て、一般市民(47%)よりもティーパーティーの支持者のほうが若干多く(56%)は自分たちが連邦税をより公平に支払っている、と回答している。より多くの割合の回答者(47%対39%)が州税について同じ回答をしている[51]。

以上のデータをやや断定的に要約すれば、次のようにいえるであろう。すなわち、ティーパーティー運動の支持者の性別では、56%対44%で男性に多く、人種別では、白人が81%と圧倒的である。世帯所得別で一番多いのは、7万5,000ドル以上で、36%である。3万ドル以下は18%しかいない。政府の権限に関しては、76%の多数が、権限を縮小させるためには、行政サービスを大幅にカットすべきだ、と回答している。また、政府は自分たちの個人的権利と自由を脅かしている、と答えた市民が73%にも達していることなどが、確認できる[52]。

7 おわりに——課題と展望

現在、米国で展開されているティーパーティー運動の課題は、第一に各地方に分散するティーパーティー団体を結集する政治的指導者が存在しないこと、第二に団体組織間の横のつながりが不十分なようであること、そして第三に、一部の組織を除いて、排他的極右の体質がつきまとっていることである。

政治分析で定評のあるディック・モリス(Dick Morris)は、ティーパーティー運動がいかなる全国的指導者も持たない草の根運動である、と述べ、そして"その行動に携わっている市民は、実際の権力

が存在する地方の単なる同格者であると指摘して、あらゆる問題が草の根に支配された運動である"と喝破している[53]。

確かに、全国に散在する647のティーパーティー組織団体に関する2010年10月の『ワシントン・ポスト』紙による調査、つまり「あなたの集団を代表する人物は誰ですか、次の質問に答えて下さい」の結果では、34％が誰もいない、14％がサラ・ペイリン、7％がグレン・ベック、6％がジム・デミント、6％がロン・ポール、および4％がミッチェル・ブキャナンであった[54]。

周知のように、ペイリンは前回の大統領選挙では共和党の副大統領候補であり、保守主義者の間では、最も人気のある政治家である。ただ一方で、彼女の指導者としての資質に問題があるとの批判の声も少なくない。また、ベックにしても保守派の中では知名度は抜群であるものの、しかし彼の場合、あまりにも超保守的言動が問題視されている。ティーパーティー運動は指導者を必要としていない、とよくいわれる。中心となる政治的指導者が存在しないことは、ある意味で"弱点"というよりもむしろ"長所"なのかもしれない。なぜなら、ティーパーティー運動が確固たる指導者を擁立していないのは、先頭に立つと直ちにマスコミなどの攻撃対象にさらされるので、早急に消滅することを忌避できると考えているのかもしれない。

次に、ティーパーティー団体の組織的統合の問題である。確かに、多様な団体の統合は極めて困難である。興味深いのは、一見すると、ティーパーティー運動は中央組織を持たない一貫性と統一性に欠けた草の根の大衆運動であるかように見える。しかしながら実際には、表舞台での対立や分裂とは裏腹に、地方では団体同士の役割分担が見られる。従って、ティーパーティー運動は、今後"裏舞台"で話し合いをもち、「極めて組織化された運動」として発展していく可能性

も十分にある⁽⁵⁵⁾。

　最後に、ティーパーティー運動は、間違いなく共和党の支持基盤である右派の活動を活性化させた。しかしその過程で、過激派、愛国主義者、および極右主義勢力を巻き込むことになった。ティーパーティー自体が純然たる"強固な保守主義"的主張を掲げれば掲げるほど、無党派や共和党穏健派を遠ざける結果となり、来るべき大統領選を迎えた時に、連邦レベルでの多数派獲得をめぐる「戦略」が当然問題となるものと思われる。

　それでは、ティーパーティー運動は今後どのように展開されていくのであろうか？　米国では、この運動の行方について大きく二つの見解が存在する。一つは、この草の根の保守的な右派の大衆運動は一過性のものにすぎず、米国政治に大きな変化を生み出すこともなくやがて消滅していく運命にあるという意見である。その代表格は、例えば、リベラルな経済学者のポール・クルーグマン（Paul Krugman）らで、2010年4月12日付けの『ニューヨーク・タイムズ』紙上で、ティーパーティーは自然発生的な大衆感情が発揮された結果ではないと主張し、彼によれば、ティーパーティー運動は、いわば「人工芝」であり、共和党の戦略担当をする面々によって、創設されたものでいずれ消滅するだろうと、述べている[56]。

　一方、ラスムッセンとシェーンらは、ティーパーティー運動は一種のポピュリズム右派の"大衆反乱"であり、米国政治の大きな潮流の一つとして注目すべき新しい動向を示すものであるとこれを評価し、今後とも大きな政治運動として発展し、その活力を失わないであろう、と述べている[57]。

　総じて、民主党やリベラル派のメディアなどは、ティーパーティー運動を、共和党右派が指導する一過性の現象に過ぎず、それ

は人種差別主義や右翼の党派主義に凝り固まった点を強調し、超右翼運動の過激派と関連付ける傾向にある。

それではわが国ではどうであろうか。米国と同じく、ティーパーティー運動について、それは一過性のものでいずれ消滅ないし既存政党に吸収される、という見解と、米国政治の新しい方向を示すもので持続されていく、とする見解が存在する。前者を代表するのは、中山俊宏らで、彼は「この現象を従来的な意味での"政治運動"と形容することができるのだろうか」と疑問を呈し、組織論としてはともかく、どれだけ「耐久力(staying power)」を有しているだろうか、と運動の将来性にやや否定的である(58)。

これに対して、上坂昇らはティーパーティー運動の行方に関して比較的楽観的で、今後の議会選挙、知事選挙、および大統領選挙でも、ティーパーティー支持者が共和党支持にまわることはまず間違いないとした上で、「いずれにせよ、アメリカ政治に大きな影響を与えることは必至だ」と述べている(59)。

私自身は、ティーパーティー運動は今後ともしばらく持続し、米国政治にとって無視できない新たな"ポピュリズム右派の大衆運動"として膨張していくものと予測している。その根拠は、これまでにないティーパーティー運動の広がりと深さ(＝支援体制の整備など)にある。ただその際、注意すべきは、政治を理性的に判断する"市民"よりも、情緒や感情によって態度を決める"大衆"を重視し、支持勢力を求める方法もしくはそうした大衆の基盤に立脚した運動を、ポピュリズムの一方の特色であるとするならば、今回の米国のティーパーティー運動は諸刃の剣になりかねないことである。なぜなら、一般市民の要求不満や不安をあおって、政治的指導者への支持の源泉とする手法が乱用されれば、それはいわゆる「衆愚政治」に堕落し、

その結果、市民のエネルギーが自由を破壊してしまい、集団的熱狂に陥る可能性もなしとしないからである。その事実は、正しく米国史(特に第二次世界大戦後)の教えるところである、これまで、ポピュリズムといえば、左派のお家芸であった。しかし、今回の場合、それは"保守的右派"によるポピュリズム運動であるところに最大の特色がある。

最後に、来るべき2012年の大統領選挙との関連で、ティーパーティー運動を検討して結びとしたい。オバマ大統領は5月1日、ホワイトハウスで記者発表し、米軍情報部がオサマ・ビン・ラディンをパキスタンで発見し、これを射殺したと述べた。それも、パキスタン側への連絡もなく、主権国家としての権利を無視し正式の裁判にかけることもなしに、である。そこには、オバマ大統領の「単独的外交・軍事行動」が垣間見られる。この行動によりオバマの支持率は46％から57％へと11ポイントも上昇したという[60]。すでにオバマは中間選挙後、共和党右派の保守的政策に転換し、再選を目指しているのである。そのため今後は、単に内政・経済面だけでなく、外交・軍事面でも一段と右寄りの保守的路線を促進していくと思われる。その時、ティーパーティー運動側はいかなる対応をとるのであろうか。その意味で、次回の大統領選挙は、ティーパーティー運動の将来を占う"試金石"となるであろう。

〈注〉
(1) 細野豊樹「2010年中間選挙の結果とアメリカ政治の行方」『国際問題』No.599 (2011年3月)、11頁。
(2) *The New York Times*, Nov, 4, 2010.
(3) 藤本一美「"米中間選挙"とオバマ政権」『公明』(2011年1月号)。
(4) Scott Rasmussen and Doug Schoen, *Mad as Hell－How Tea Party Movement is Fundamentally Remaking Our Two-Party System* (Harper, 2010), pp.19-23.

(5) 「ポピュリズムと民主政治についての考察」『TBS調査情報』(2010年5月〜6月号)参照。
(6) 吉田徹『ポピュリズムを考える―民主主義への再入門』(NHKブックス、2011年)、68頁。
(7) Rasmussen and Schoen, *op.cit., Mad as Hell*, pp.19-23.
(8) Institute for Research & Education on Human Rights, eds., *Tea Party Nationalism: A Critical Examination of the Tea Party Movement and the Size, and Focus of its National Factions*, 'Aug. 24, 2010'.
(9) *Ibid.*
(10) *The Washington Post*, Dec. 24, 2010.
(11) 上坂昇『オバマの誤算―「チェンジ」は成功したか』(角川書店、2010年)、135頁。
(12) *op.cit., The Washington Post.*
(13) *op.cit., Tea Party Nationalism.*
(14) *Ibid.* ロン・ポールはテキサス州出身の共和党下院議員で産婦人科医でもある。1978年に連邦下院議員に初当選、その後共和党を離れ、1988年には、リバタリアン党(リバタリアニズムについては注(44)を参照)の大統領候補者として立候し、落選。1996年、再び共和党の下院議員に返り咲き、下院議員として6期勤めている。ポールは2008年の大統領選挙では、共和党の予備選挙に出馬するも敗退した。

ポールの立場は、次の通りである。彼はブッシュ政権の軍事的強行主義、ことにイラク戦争には強く反対し、また愛国法案は、個人の権利を侵害するとして反対している。彼はまた、ブッシュ政権の「新保守主義」が本来の保守主義から逸脱していると、主張している。他国への非介入こそ米国の本来の伝統であって、共和党政権はその伝統から逸脱しているいうのが彼の基本的立場である。そして「立憲主義」、「小さな政府」を主張し、共和党は「小さな政府」を推進する立場にいながら、「大きな政府」を推進した、と批判している。

ポールは経済的には、古典的自由主義の立場をとり、公共投資や増税に一貫して反対し、連邦準備制度(FRB)も抑制なく膨張した貨幣供給を政府は実行するのを許可したとして、段階的廃止を主張している(Ron Paul, *The Revolution―A Manifesto* [Grand Central Pub.2008]、参照)。
(15) http://en.wikipedia.org/wiki/Tea-party-movement.
(16) *Ibid.*
(17) *Ibid.*
(18) *Ibid.*

(19) 上坂、前掲書、『オバマの誤算』、109頁。上坂は、ティーパーティー運動への参加者増大を踏まえて、「オバマ大統領の支持率低下と反比例するかのように、ティーパーティー運動に対する好感度と認知は高まっている様相を示してきた」と、記している（同上、111頁）。

(20) この旗は、独立戦争時の軍人であるクルストファー・ガズデン（Gadsden）将軍がデザインし、植民地時代の1775年に米海軍がはじめて使用した。

(21) *op. cit.*, http://en.wikipedia.org/wiki/Tea-party-movement.

(22) *Ibid.*

(23) *op. cit.*, *Tea Party Nationalism*.

(24) 会長のマット・キブは、「ティーパーティー運動が地方に根付き、様々な政策課題に取り組んでいる。それはもはや、単なる抵抗運動ではなくなった」と語り、運動が中枢へと展開している点を示唆している（「米保守革命①：ティーパーティーの実像」『毎日新聞』[2011年8月18日]）。

(25) *op. cit.*, *Tea Party Nationalism*.

(26) *Ibid.*

(27) http://en.wikipedia.org/wiki/Tea-Party-Patriots.

(28) *op. cit.*, *Tea Party Nationalism*.

(29) *Ibid.*

(30) http://en.wikipedia.org/wiki/Tea-Party-Express.

(31) *Ibid.*

(32) http://en.wikipedia.org/wiki/Tea-Party-Nation.

(33) *Ibid.*

(34) *op. cit.*, *Tea Party Nationalism*.

(35) *Ibid.*

(36) *Ibid.*

(37) *Ibid.*

(38) 上坂、前掲書、『オバマの誤算』、143−144頁。

(39) *op. cit.*, http://en.wikipedia.org/wiki/Tea-party-movement.

(40) リバタリアニズムは、政治や経済の分野で、自由主義思想の中でも特に個人主義的な自由を重視する思想であり、他者の権利を侵害しない限り、各人の自由を最大限尊重すべきだと考えている。米国のリバタリアン党はリバタリアニズムを奉じる政党で、1971年に形成され、1972年の大統領選挙では獲得票がわずか3,674票に留まったものの、例えば、2004年には39万6,888票、そして2008年には52万4,524票と獲得数を伸ばしている。米国のリバタリアニズムないしリバタリアン党については、さしあたり菅野淳「米国政治におけるリバタリアニズム」岡野加穂留・大六野耕作編『比較政治学と

デモクラシーの限界』(東信堂、2003年)を参照されたい。なお、思想的には、リバタリアンとティーパーティー運動は連続している面が少なくない、と考えれられる(砂田一郎「オバマのブーメラン―改革がアメリカに分裂をもたらした」『世界』、2010年11号、参照)。

(41) Dick Armey & Matt Kibbe, *Give Us Liberty—A Tea Party Manifesto* (Harper, 2010), p.66.
(42) *Ibid.*, pp.66-67.
(43) *Ibid.*, pp.67-68.
(44) *Ibid.*, p.69.
(45) *Ibid.*, pp.69-70.
(46) *Ibid.*, p.70, John M. O'Hara, *A New American Tea Party: The Counterrevolution Against Bailouts, Handouts, Reckless Spending, and More Taxes* (Wiley, 2010), pp.207-208, 上坂、前掲書、『オバマの誤算』、123、127—128頁。
(47) "The People and their Government—Distrust, Discontent, Anger and Partisan Rancor", April 18, 2010, *The Pew Research Center for The people & the Press*. pp.66-67, なお、ティーパーティー運動に関する世論調査を中心とした分析については、石川葉菜「ティー・パーティ運動を理解するためのフレームワーク―世論調査の横断的な評価―」〔東京財団、政策研究・提言〕(http://www.tkfd.or.jp/research/project/news.php?id=764)を参照。
(48) *Ibid.*, pp.67-68.
(49) *Ibid.*, pp.68-69.
(50) *Ibid.*, pp.70-71.
(51) *Ibid.*, p.72.
(52) 上坂、前掲書、『オバマの誤算』、132頁。これらのデーターを踏まえて上坂は、「オバマ大統領が国民のためにと思って実施している政策が、ティーパーティー支持者からすべて社会主義的と見なされるのも、これらの数字からすると当然というべきであろう」と、指摘している(同上、133頁)。
(53) Dick Morris, "The New Republican Right" (http://www.relcearpolitcs.com/articles/2010/10/20/the-newrepublican-riight-107653.html), TheHill.com October 19, 2010.
(54) *op. cit.*, http://en.wikipedia.org/wiki/Tea-party-movement.
(55) 中岡望「米中間選挙分析(2)：無視できなくなったティーパーティー運動の影響力」(http://www.redcruise.com/nakaoka/?p=333)、渡辺将人は気になる点として「(運動が)きわめてよく組織化されているという印象を拭えないことだ」と述べ、その上で「運動は自発的な参加であっても、その過程でロジステックやインフラを支援するメカニズムが機能していることが窺え

る」と指摘している(渡辺将人「中間選挙とティーパーティー運動再考」:2010年の話題書で読み解くアメリカ(4)『アメリカNOW』第60号(http://www.tkfd.or.jp/research/project/news.php?id=658)。
(56) Paul Krugman, "Tea Parties Forever"(http//www.nytimes.com/2009/04/13/poinion/13krugman.html),『フィナンシャル・タイムズ』のM・リンド(Michael Lind)もティーパーティーは米国を変えることはできない、として、運動の行方に悲観的で共和党に飲みこまれる運命にある、と述べている(*Financial Times*, Oct. 20. 2010)。
(57) Rasmussen and Schoen, *op.cit.*, Mad as Hell, pp.295-299.
(58) 中山俊宏「共和党とティーパーティー運動-米保守主義をめぐる新しい動向」『国際問題』No.599(2011年3月)、22頁。なお、中山によれば、米国の保守主義には三つの潮流があるという。「一つは伝統主義、二つ目は対外的に"強いアメリカ"を目指す対外強行論、そして最後にとにかく連邦政府の役割、機能、存在を極小化すべきだと考えるリバタリアン的潮流がある。……ティーパーティー運動というのは、保守主義の三つの潮流の中でも特に三番目の潮流が極端にまで純化された現象であるとみるべきでないか」と指摘し、ティーパーティー運動とリバタリアンとの関係を重視している(中山俊宏「米中間選挙とティーパーティー運動」[http://www.tkfd.or.jp/research/project/news.php?id=659])。
(59) 上坂、前掲書、『オバマの誤算』、134頁。
(60) 『東京新聞』、2011年5月9日。

第3章 「中間選挙」とティーパーティー運動

---

1 はじめに──問題の所在

　周知のように、米国においては、2年ごとに国政選挙が行われる。4年ごとの大統領選挙の年以外に行われる選挙はすべて「中間選挙（Midterm Election）」と呼ばれ、それは大統領選挙をはさむ4年間の間に行われるすべての連邦議会選挙および地方選挙のことを指している。ただ、本論で主たる対象としているのは、大統領選挙後の2年目に行われる連邦上・下両院議員、および州知事選挙である。中間選挙では、任期2年の連邦下院議員の全員、任期6年の連邦上院議員の三分の一が改選され、同時に州知事や、多くの州議会選挙、および住民投票なども行われる。

　中間選挙は、現職大統領と与党の過去2年間にわたる政策へのいわば国民投票的な"信任投票"の色彩が強い。一般に、大統領が所属する与党の議席は減少し、野党の議席が増加する傾向にある。中間選挙では、対外的な問題や全国的問題が争点となることは少なく、各地方の固有の身近な問題や経済問題が争点となる。米国の中間選挙は、大統領の選挙が「希望の投票」と呼ばれているのに対して、「不満の投票」といわれる。というのも、大統領が就任してから2年間が過ぎ、現政権の内政・外交上の「アラ」が著しく目につくようになる時期だからだ[1]。

2010年の中間選挙では、バラク・オバマ大統領が実施した経済・雇用政策と医療保険改革が主要な争点となった。2008年の大統領選挙で「変革(Change)」を掲げて当選したオバマ大統領に対して、2010年は9.6％と10％近くに達する高い失業率をはじめ、一向に経済・雇用の改善が見られない状況、また巨額の財政赤字を懸念する有権者たちの不満を解消することができず、その不満が、草の根の保守的右派の「ティーパーティー運動」に吸収される形となり、共和党が大躍進する源となった。

　11月2日に実施された中間選挙では、連邦議会で下院の435全議席、上院で100議席のうち37議席が改選された。結果は、下院では民主党が64議席を失う歴史的大敗を喫し、新たな配置図は、民主党193議席、共和党が242議席となった。一方、上院では、民主党が13議席、共和党が24議席を獲得、新たな配置図は民主党53議席、共和党47議席となり、民主党は上院でかろうじて多数派を維持した。また、同時に行われた州知事選挙では、改選数37州のうち共和党が23州、民主党が13州、無所属が1州となり、新たな配置図は共和党29州、民主党20州、無所属1州となった。なお、投票率の方は41.4％に留まった。

　本章の目的は、2010年11月2日に実施された中間選挙での民主党敗北の背景とティーパーティー運動の台頭および活動の実態を考察することにある。論述は最初に、オバマ政権第一期目＝2年間の内政・外交政策を概観する。その上でオバマ大統領の残した実績が、経済不況の中で景気回復の実感を伴わないと有権者から拒否され、その結果、支持率が急低下した背景を検討する。次いで、2010年中間選挙の結果を出口調査などにより分析、「ティーパーティー運動」の実態および選挙活動に触れ、そして最後に、来るべき2012年大統

領選挙でのオバマ再選の可能性をさぐる。

2 オバマ政権の業績と支持率低下の背景

 2011年1月でもってオバマが大統領に就任してから2年以上が経過した。この間、オバマ大統領は、ブッシュ前政権時代からの深刻な経済不況の対応策を引き継ぎ、史上最大規模の約8,000億ドルの景気対策法を成立させ、また金融監督・規制改革法を実施して金融危機の更なる悪化を食い止め、自らが最重要課題と位置づけた医療保険制度改革法を成立させた。オバマ政権がその任期の半ばで積み上げた実績は必ずしも小さくない[2]。

 オバマ大統領は就任当時、60％台の高い支持率を維持、2009年2月には大規模な景気対策法を連邦議会で成立させ、そして4月には「プラハ演説」で国際社会に「核兵器なき世界」を訴えた。しかし、オバマに対する支持率は、それ以降低下していく。オバマ政権が医療保険制度改革に乗り出した時と軌を同じくして、支持率は下降していったのである。その背景には、次のような事情があった。すなわち6月、自動車大手GMの破産法申請と救済を行い、10月にはノーベル平和賞を受賞、そして12月にはアフガニスタンへの3万人増派と11年7月の撤退を示したアフガニスタン新戦略を発表する一方、2010年3月には、オバマは医療保険制度改革法を成立させ、続いて4月にはメキシコ湾での原油流出事故の発生に対応した。だがこの間、5月にはアフガニスタン駐留米軍の戦死者数が1,000人を突破、そして、7月の金融規制改革法の成立並びに8月のイラク駐留米軍戦闘部隊の完全撤退が行われた直後には、ついにオバマの支持率が不支持を下回るまでになった（CNNの9月24日の調査では、支持が

42％、不支持が56％である）。

　オバマ大統領に対する支持率が明確に低下したのは2009年夏のことである。この時期にはまた、民主党の連邦議員たちが医療制度改革の説明のため各選挙区の市庁舎で集会を行った時期と重なりあっている。有権者たちは医療制度改革を保険料の値上げと受け止め、集会で説明を行う民主党議員たちを突き上げ、その姿は主要メディアによって報道された。有権者たちによれば、失業状態が何ら改善なされていないのに、「ワシントン政界」は医療制度改革や炭素排出量取引に重点を置いていると考え、雇用対策や景気回復がなおざりにされていると受け止めたのである。

　具体的に有権者の行動を述べるなら、過剰な政府支出について草の根集団による激しい怒りが結実して、それは医療保険改革法案自体に向けられた。8月に入り、連邦議会の休暇中に選挙区民を訪問していた民主党や共和党の連邦議員たちは、市庁舎の集会で医療保険法案について多くの有権者たちの怒りに満ちた声を聞くはめになった。例えば、連邦下院議員のブリアン・バード(Brian Baird)［民主党―ワイオミング州］は、有権者たちの怒りの強さに面くらい、彼は市庁舎の集会への参加を取りやめ、集会における参加者と抗議者の"極右団体の戦術"の間での"リンチ・暴動状態"を公然と非難した。とくにバードの事務所は市庁舎の前にあり、破壊の恐怖にさらされた。そこで彼は急遽、有権者たちが意見を述べることのできる協議会に切り替えたのである。

　その後も、医療保険改革法案に対する有権者の抗議行動を無視することが次第に困難となり、民主党議員総会の主要メンバーたちは抗議集会を展開した「ティーパーティー運動」に注目するようになった。12月に入り、バード連邦下院議員は、次期選挙で再選を求めな

いという方針を発表せざるを得ない状況に追い込まれた。その後、困難な再選の戦いに直面していた多くの著名な民主党議員たちもそれに従った。例えば、それらの政治家の中には、インディアナ州のエバン・バイ(Evan Bayh)およびノースダコタ州のバイロン・ドガン(Byron Dorgan)両連邦上院議員、並びにウィスコンシン州のデビット・オベイ(David Obey)下院歳出委員長なども含まれている[3]。

実際、オバマ大統領が最重要課題として掲げた医療保険改革は、共和党保守派にとって医療の「社会主義化」の象徴と映り、また、総額8,000億ドルもの大型景気対策についても雇用増大に結びつかない税金の無駄使いであるとし、その不満は「小さな政府」を標榜する「ティーパーティー運動」に吸収されていき、オバマ政権と連邦議会の民主党を大きく揺さぶった。一方、民主党リベラル派にとって、2010年3月に成立した医療保険制度改革法は、連邦政府運営による公的保険が削除され、この点について急速に失望感が広がっていったのである。

オバマ大統領はまた、約8,000億ドルの大型の景気対策、金融安定化法に基づいて7,000億ドルを金融機関と自動車業界につぎ込んだ。だが、いったん米国内の景気が回復に向かう兆候を見せると、オバマは、民間企業の活動を規制、負担増となる医療保険改革や金融規制を打ち出した。企業経営者が設備投資や新規雇用を躊躇するような政策を採用するや、オバマ政権の経済運営に対する経済界の不満も最高潮に達したのである[4]。

確かに、オバマ大統領は、第二次世界大戦後最長となる景気後退をとりあえず克服した、といえる。しかし、その一方で、連邦政府の財政赤字は一層膨らみ、雇用も失業率は高止まりしたまま好転しなかった。当初、オバマ政権は1990年代のクリントン政権と同様に

「中道路線」を継承すると見られていた。だが実際に行ったことは、規制強化と補助金の投入を志向する「大きな政府」を目指したのである。問題なのは、それらの政策によっても、失業率が9.6％（若者層の間では17.1％）に達するなど、雇用情勢はまったく改善する気配がなかったことだ。加えて、貧困層の増加数は過去30年間で最悪となり、国民の7人に1人の割合で貧しい状態にあえいでいたのである[5]。

他方、外交・軍事面では、政権発足早々、オバマ大統領は一連の核廃絶宣言を行い、これが評価されて「ノーベル平和賞」を受賞、リベラルな外交政策を促進する政権であると国内外に印象づけた。また、懸案であったイラク駐留米軍の撤退を一部実施、アフガニスタンからの米軍撤退の予定表も示した。しかし、その一方で、アフガニスタン現地の軍司令官を更迭し、米軍増派を決定、国民はアフガニスタン復興の行方に懐疑的な眼を向けざるを得なかった。また、2010年9月には、オバマ大統領は「臨界前核実験」を実施、ノーベル平和賞の趣旨と反する行動をとるなど、国民が期待する核兵器廃絶運動に水を差し、オバマ大統領が掲げたいわゆる「先制的平和外交」は足踏みの状態であった[6]。

こうした状況下でオバマ政権は、2010年11月の中間選挙を控えて、主要スタッフの交代を発表した。まず、政権内での経済運営の要であるローレンス・サマーズ(Lawrence Summers)国家経済会議(NEC)委員長の年内退任が決まり、前職のハーバード大学に戻ることになった(2011年1月7日、後任には、ジーン・スパーリング財務省顧問が決定)。7月には、行政管理局長のピーター・オルザグ(Peter Orszag)が、9月には大統領経済諮問委員会(CEA)委員長のクリスティーナ・ローマー(Christina Romer)が相次いで退任し、後任にはCEA委員のオースタン・グールズビー(Austan Goolsbee)が昇格した。さら

に、ロバート・ゲーツ（Robert Gates）国防長官も2011年中の辞任を表明した。また、医療保険改革の推進を担当したラーム・エマニュエル（Rahm Emanuel）首席補佐官が、2011年に行われるシカゴ市長選挙への出馬を理由に辞任を表明した[7]。その後、新たな大統領首席補佐官として、2011年1月6日に至り、クリントン政権下で商務長官を務めたウィリアム・デイリー（William Daily）の就任が発表されるなど、オバマ大統領は任期の中間時点で人事を大幅に入れ替え、政権の建て直しを図ったのである。

3　民主党後退の要因と選挙戦の特色

(1)　民主党後退の要因

こうした状況の中で、オバマ大統領に対する有権者の目も微妙に変化するなど、厳しい世論調査の結果が次々と公表された。例えば、8月の『キニピアック大学』の調査では、「今日、下院選が行われた場合、共和党候補と民主党候補ではどちらに投票するか」との質問について、「共和党候補」と答えた有権者は43％、民主党候補と答えた有権者の39％を4ポイント上回った。また、9月24日のCNNの世論調査では、オバマの仕事ぶりへの支持率が42％と急激に下落、大統領就任以来最低となった。加えて、大統領としてのオバマが「期待はずれ」とする回答も56％で、これもまた最高となった。続いて、10月21日の『ギャラップ社』による世論調査では、2012年大統領選挙でオバマが再選されるべきだと回答した有権者の割合が39％に低下、再選されるべきでないとの回答は54％に達した。そして、中間選挙直前の10月31日に行われた同社の世論調査では、有権者登録をした人の投票先については、共和党48％、民主党44％で、4ポイントの

差があった。だが、「実際に投票する」と回答した有権者だけで見ると、共和党には55％、民主党には40％と、その差が15％と大きく開いていた[8]。また、『ピュー・リサーチ・センター』が行った調査によると、2008年の大統領選挙でオバマ勝利の原動力ともなった無党派層の有権者のうちで、共和党に投票すると回答した者は45％で、民主党の32％を13％も上回っていた[9]。このように、各種の世論調査結果を一瞥すると、オバマ大統領にとっていずれも極めて厳しいものばかりであったことが理解できる。

　こうした世論調査の結果は、11月2日の中間選挙にもろに反映し、連邦下院では民主党は60議席以上を失い、下院での多数派を共和党に譲り渡すことになった。この大敗は、第二次世界大戦後、1946年のトルーマン民主党政権下での中間選挙の敗北を上回るものであった。連邦上院では民主党はかろうじて多数派を維持したものの、しかし、2008年の連邦議会選挙での多数派を大幅に縮小させた。また、知事選挙でも改選州の半分以上で共和党候補が当選した。

　ところで、米CBSなどによれば、中間選挙で投票をした若者の数は、2008年大統領選挙の18％から9％に半減、また黒人の投票率も低下したという。つまり、08年大統領選挙でオバマを当選に押し上げた層が、今回の中間選挙では、民主党から離反してしまったのである。下院議員選挙に投票した1万7千人から回答を得た出口調査では、共和党支持層は白人に多く、65歳以上の老人で、年収20万ドル以上、また、ティーパーティー運動を強く支持していることが判明し、オバマ大統領に経済不況の大きな責任がある、と回答している。08年大統領選挙と比べると、民主党は白人、黒人の間で5％も支持率を下落させたのである[10]。

　この点をもう少し詳しく見てみると、CNNの調査によれば、

2008年にオバマ候補に投票した無党派層、中高年層の多くが今回、共和党支持に回り、ことに18〜29歳の若年層は、今回の中間選挙で過半数が民主党支持であったものの、08年と比べると10ポイント減の56％であった。30歳以上については共和党支持が上回り、特に65歳以上の高齢者は58％が共和党、40％が民主党へ投票した。男女別では、男女ともにオバマ候補支持が上回っていた08年と比べると、今回男性の55％が共和党支持にまわり、女性は民主党49％、共和党48％と拮抗している。無党派層では、2008年にオバマに投票した有権者が55％であったのに、今回52％が共和党に投票した。なお、注目された「ティーパーティー運動」を支持する有権者は40％で、不支持は31％に留まった[11]。

次に、選挙結果の特色を見てみると、2008年の連邦議員選挙で初当選した民主党の「オバマ系」下院議員のうち30名が再選を目指したものの、その三分の一は落選、特に、失業率の高かったオハイオ州で、民主党の現職3名全員がそろって落選したのが目をひいた[12]。

なお今回共和党は、フロリダ州およびサウスカロライナ州から2名の黒人の連邦下院議員候補を当選させ、2003年に辞職したオクラホマ州選出のJ・C・ワッツ (J.C.Watts) 議員以来、7年ぶりに連邦議会で黒人が議席を得ることになった。当選者はいずれも、保守派の間で人気の高い共和党前副大統領候補サラ・ペイリン (Sarah Palin) やティーパーティー運動の支持者から支援を受けていた[13]。

後述するように、知事選挙では、サウスカロライナ州で、共和党のニッキー・ヘイリー (Nikki Haley) 候補が当選、全米初のインド系女性知事が誕生した。また、ニューメキシコ州の知事選ではスサナ・マルチネス (Susana Martinez) 候補が勝利、ヒスパニック系女性知事として全米初となった[14]。

今回の中間選挙ではまた、上下両院で女性の候補者数が過去最多となり話題となった。米ラトガース大の「女性と政治センター」の調査によれば、予備選挙段階で連邦上院候補に36名、連邦下院候補に262名と史上最多の女性候補が出馬、とくに共和党の新人が増加した。だが実際には、女性現職を多く擁する民主党が大敗した結果、上下両院の女性議員数は1978年以来減少に転じた[15]。

なお、カリフォルニア州で上院選挙に立候補したコンピューター大手ヒューレット・パッカード社元最高経営責任者のカーリー・フィオリナ(Carly Fiorina)、また、同州の知事選挙に出馬したインターネット最大手イーベイ社出身のメグ・ホイットマン(Meg Whitman)の共和党女性候補はいずれも落選している。フィオリナ候補は、民主党が強いカリフォルニア州で、テレビ広告を積極的に展開したものの、相手候補の批判を繰り広げる手法＝ネガティブ・キャンペーンが批判の対象となった。また、高い失業率の同州では、フィオリナ候補の会社の経営責任者時代の経験も結局支持の拡大につながらず、現職の民主党上院議員バーバラ・ボクサー(Barbara Boxer)候補に惜敗した。一方、ホイットマン候補も、米選挙史上最高となる1億7,500万ドルの私財を投じて選挙運動を展開した。だが、長年雇っていた家政婦が不法移民と判明した後に解雇した問題に批判が集まってヒスパニック系有権者からの離反を招き、元州知事のジェリー・ブラウン(Jerry Brown)州司法長官の前に敗れた[16]。コネティカット州連邦上院選挙に出馬したプロレス団体代表のリンダ・マクマホン(Linda McMahon)候補、デラウエア州連邦上院選挙に立候補し「魔女」発言で物議をかもしたクリスティン・オドネル(Christine O'Donnell)候補らはいずれも落選の憂き目をみている。

今回注目を集めた州の選挙戦を概観すると、まず全米で最も高い

14％という失業率を示し、住宅の差し押さえ率も最悪の数字を示していたネバダ州では、事前調査で苦戦が伝えられていたハリー・リード（Harry Reid）民主党上院多数派院内総務が、ティーパーティー運動の支援を得た共和党新人のシャロン・アングル（Sharron Angle）候補の猛追を振り切って辛くも勝利を手にし、重鎮としての面目を保った。

 2010年6月8日、ネバタ州で、共和党の連邦上院予備選挙が実施され、ティーパーティー・エクスプレスの推薦を受けていたアングル候補は、保守派のラジオ司会者マーク・レヴィンの支持もあり、対立する8人の候補を破って指名を得た。後述するように、ティーパーティー側は同州選出の連邦上院議員で民主党の重鎮である多数派院内総務のリードを目の敵にしており、ネバタ州の連邦上院選挙はいわば「最重点選挙区」であった。当初、地元世論調査の結果では、アングル候補が2ポイントリードしやや優位であった。しかし、11月の本選挙が近づくや、アングル候補が「社会保障の廃止」「一部政府機関の廃止」など極端な主張をするようになり、それが世論の反発を招き、低迷していたリード議員の支持率が急上昇し、逆転を許す結果となった。これは、選挙直前の極端な保守急進寄りの発言が逆に無党派を遠ざけてしまった事例である[17]。

 次に、オバマ大統領の地元であるイリノイ州では、共和党連邦下院議員であるマーク・S・カーク（Mark Steven Kirk）上院議員候補が民主党のアレクシ・ジャヌリアス（Alexi Giannoulias）候補を破った。その結果、オバマが得ていた連邦上院議員の議席を失うはめとなった。共和党の集会場にいた有権者たちは、「オバマ大統領は最優先するべき失業対策を無視し、金融改革や医療保険改革とか、国民が望んでいないことばかりを重ねてきた」と批判した。一方、共和党

系の現職上院議員と同党の新人の対決となったアラスカ州では、共和党の予備選挙で、共和党系の現職上院議員であるリサ・マカウスキー(Lisa Murkowski)候補がティーパーティーとサラ・ペイリンが支援する同党の新人ジョー・ミラー(Joe Miller)候補の前に敗れた。その後、マカウスキーは無所属で本選挙に出馬した。結果は、投票用紙への記入に不利な無所属候補であったものの、大接戦の末、マカウスキー候補が勝利を収めた。アラスカ州では、いわゆる「保守分裂選挙」となり、共和党票が割れた事例である。

州知事選挙では、共和党は37の改選州のうち23州で勝利、そのうち10州を民主党から奪還した。民主党が共和党知事であった州を獲得したのは、カリフォルニア、バーモント、およびハワイの3州だけで、合計13州を獲得したのみである(ロードアイランド州は無所属のリンカン・チェーフィー(Lincoln Chafee)候補が勝利)。

ここで重要なことは、今回の知事選挙の結果が2011年に実施される選挙区割りの見直しに少なからず影響を与えることである。例えば、オハイオ州およびペンシルバニア州では、共和党が両州で知事選挙に勝利、また、州議会の下院でも多数派を占めることになった[18]。この州では、選挙区の区画改定が実施された場合、共和党に有利な区画改定が行われることが予想される。

共和党はまた、2008年に民主党支持が多数を占めた中西部州において、州知事選挙で勝利を収めた。すなわち、アイオワ、ミシガン、オハイオ、ウィスコンシン、およびペンシルバニアの各州は、08年大統領選で民主党支持の州であった。なお、今回、民主党とオバマを拒否した白人労働者階級の有権者が多数存在したことも見逃せない。例えば、ペンシルバニア州知事選では、高卒の白人有権者のうち63%が共和党候補者トム・コルベット(Tom Corbett)を支持、また、

ウィスコンシン州では、全有権者数の55％を占める白人労働者階級の有権者中58％が共和党候補のスコット・ウォーカー（Scott Walker）を支持した。実際、これらの州の有権者は、厳しい経済不況に直面し、苦しい生活を余儀なくされており、オバマ大統領と民主党への強い不満を示したもの、と見られている[19]。総じていえば、中間選挙では、民主党支持層のオバマ政権に対する失望感が浮き彫りにされた形で、それがやがてティーパーティー運動の台頭と結びつき民主党の後退をもたらした面は無視できない。

　実際、『ワシントン・ポスト』紙の出口調査でも、民主党後退の理由が如実に示され、停滞する経済、米国の進むべき方向、新たに成立した医療保険制度改革法に対する有権者たちの不満の大きさが窺われる。つまり「米国が直面する最も重要な争点」についての有権者の回答は、62％が「経済」を最重要争点と見ており、「医療保険改革」の18％、「非合法移民」の8％、「アフガニスタン」の8％を大きく上回った。「来年の経済の行く末」についての回答は、「非常に不安（50％）」、「やや不安（36％）」をあわせると86％にも達した。また、「米国で物事が正しい方向へ向かっているか否か」への回答として、35％が「正しい方向に向かっている」と回答したものの、一方で「間違った方向に向かっている」と答えた有権者は61％も存在した。「連邦議会が成立した医療保険制度改革法について何をなすべきか」への回答として、48％の有権者が「撤廃すべき」と回答している。だが、「現状維持（16％）」と「拡大すべき（31％）」と応えた有権者の割合をあわせると47％となり、有権者の間で意見が分裂している点が見てとれる[20]。

(2) ティーパーティー運動の影響

　既に述べたように、今回の中間選挙で多くの有権者たちの注目を

集めたのが、草の根の「ティーパーティー運動」である。ティーパーティーが支援する多数の新人が上下両院で議席を獲得、共和党勝利の立役者となった。ティーパーティーは、"小さな政府"を志向、オバマ大統領への反発を強める保守的右派による草の根運動である。彼らは「ワシントン政治」を嫌い、その反発は共和党指導部や現職議員にも向けられた。ティーパーティーの名称は英本国の重税に反発して植民地独立への道を開いた1773年の「ボストン茶会事件」と、「Taxed Enough Already（税金はもうたくさんだ）」の頭文字にちなむ。彼らは、オバマ大統領が促進した巨額の景気対策や医療保険改革を強く批判、今回の中間選挙では、自分たちの主張に沿った多くの共和党候補者を支援した。なお、ティーパーティー運動の特徴として、参加者は特定の指導者や明確な組織を持っていないことが挙げられ、もうひとつの特徴は、運動への参加者の多くが実は共和党主流派にも失望している点である。事実、ティーパーティー組織に所属している有権者たちは、ブッシュ政権が本来の「保守主義」の原則を破り、共和党主流派が自分たちを見捨てたと考えている。ティーパーティー運動の促進者たちは、保守主義という大きな目的では一致しているものの、既存の共和党組織とは明確に一線を置いているのも、大きな特徴の一つである。

ところで、2009年2月、オバマ政権が発表した住宅差し押さえに窮する人々の救済措置に対し、CNBCのコメンテーターのリック・サンテリ（Rick Santelli）が、デリバティブをシカゴの湖に投げ込んでシカゴの「ティーパーティー」を開催しようと叫んだことをきっかけに、それがケーブルテレビやインターネットで伝えられ、全国に派生した反対運動グループが「ティーパーティー」を名乗って活動するようになったのは、記憶に新しい[21]。

前章でも指摘したように、ティーパーティー運動の実態は、"小さな政府"を志向し、自由な米国に戻る保守的右派の一種の抗議運動であり、オバマ大統領の経済政策や医療保険制度改革への批判を通じて全国へ急速に広がり、わずか1年半の間に全国に2,700の傘下組織を持つまでになった。運動の指導者たちは、「中間選挙を現状の政治を変え、オバマ大統領の再選阻止を目ざすための重要な選挙である」と位置づけ、全米各地で活発な選挙運動を展開、今回、連邦議会選挙や知事選挙での共和党の大躍進を導く原動力となった。

ティーパーティー運動を支持する中心的な層は、仕事についている白人中間層が多く、彼らは極めて厳しい経済状況にさらされ、オバマ政権の現状に怒りと不安を感じていた。その内訳は、支持政党については共和党支持が54％、教育レベルでは大卒者（26％）と大学教育履修者（33％）が59％を占めていた。2010年10月に行われた世論調査では、ティーパーティー運動に対する有権者の間での支持率が37％にまで達した。

2009年春以降、ティーパーティー運動は、オバマ大統領と民主党が試みた医療保険改革に強く抗議、これに反対する参加者を増やし、09年4月15日には「反税行動の日」として全国各地でデモや集会を開催した。参加者数は一部では全国で約50万人に達したと報道された。過激な発言で知られるフォックス・ニュースの番組ホストのグレン・ベック（Glenn Beck）や、2008年共和党副大統領候補であったペイリン女史などは、ティーパーティーが開催する全国的イベントで基調演説を行い、そのメッセージが主要メディアを通じて全国へ報道された[22]。4月20日の『ラスムッセン世論調査』によれば、51％の回答者がティーパーティー運動に好意的であり、そのうちの32％までもが「きわめて好意的」であると回答している。オバマ大統領へ

の支持率が低下するのと軸を一つにする形で、ティーパーティー運動に対する有権者たちの認知度や好意度は高まっていった、といえる[23]。

実際、ティーパーティー運動の旋風の波に乗って当選した共和党候補者たちの言葉の中に、今回の選挙の勝因が示されている。例えば、1988年にリバタリアン党の大統領候補となったロン・ポール(Ron Paul)連邦下院議員を父親にもつ、ケンタッキー州で連邦上院選挙に当選したランド・ポール(Rand Paul)候補は、「米国は自由な国だ。それは自由を奉じるからこそだ。政府が雇用を創造するのではない。企業家が、個々人が雇用を創るのだ」と述べた[24]。後述するように、息子のポールも父親と同じく自由至上主義者で、「小さな政府」を掲げるリバタリアニズムを信奉、民主党候補を大差で破った。また、フロリダ州で上院選に勝利したマルコ・ルビオ(Marco Rubio)候補は、「米国は史上類を見ない偉大な国家だ。勤勉でルールさえ守ればいかなる夢も実現できる。その米国が誤った方向に向かっている」、と主張した。

ケンタッキー、フロリダ、サウスカロライナ、およびウィスコンシン各州でも、ティーパーティー運動が支持する候補者が当選し、最後までティーパーティー運動の勢いが衰えなかったことを裏付ける結果となった。『ニューヨーク・タイムズ』紙の調査では、ティーパーティー組織が擁立ないし支援した上下両院候補者は139名にのぼり、共和党候補者は上院選で9名のうち5名、下院選で129名のうち39名、知事選では6名のうち2名が当選を果たしたという。ティーパーティー運動は共和党が前進する際の大きな原動力となったことを裏付ける結果となった[25]。

ただ、先に紹介したように、一方で、ネバダ州の連邦上院選挙で、

「増税反対」を掲げ連邦教育機関の廃止や国連脱退を主張したシャロン・アングル候補が、接戦の末、民主党の大物議員であるハリー・リード院内総務に破れたし、また、デラウエア州で「オドネル旋風」をまきおこした新人のクリスティン・オドネル（Christine O'Donnell）候補は、問題発言などで資質を疑問視され選挙戦中盤以降急速に支持を失い、民主党候補のクリストファー・クーンズ（Christopher Coons）に敗れるなど、ティーパーティー運動の活動が実際にはうまく機能しなかった選挙区もある。

　保守的右派の草の根運動であるティーパーティー運動は、ウェブサイトやオンライン、ユーチューブなどを活用した。実は、それは2008年にオバマ候補が用いた戦略であり、これまでリベラル派が主に用いていた手法を真似たものである。こうした手法は「米国政治の現実を変える可能性」を秘めていると見られている[26]。ただ一方で、ティーパーティー旋風は、主要メディアからは「反対はするものの代案がない」と批評されるなど、ムード先行であることは否めず、具体的な政策展開の点では限界点も多々見られる。ただ、現状を見る限り、今後ともティーパーティー運動の組織と勢力は決して小さくなるとは思えない[27]。

(3) ティーパーティー運動の成果

　以上見てきたように、中間選挙の結果は、前の大統領選挙で吹き荒れた「オバマ旋風」がわずか2年の間に逆風に変化する、という状況となった。オバマが率いる与党民主党は、下院で多数党の座を追われただけでない。上院でも大きく議席を減らし、また、知事選でも後退した。野党共和党を躍進させる原動力となったのが、各種のティーパーティー運動の支援に他ならない。

既述のように、『ニューヨーク・タイムズ』紙の報道によれば、中間選挙でティーパーティー運動の支持を受けた共和党候補者は連邦上院選挙で10人のうち5人が、また、州知事選挙では6人のうち3人が、さらに129人が出馬した下院選挙では39人が、勝利を手にしたという[28]。

　「小さな政府」を主張するティーパーティー運動は、オバマ政権が促進してきた大企業救済のための公的資金の投入や医療保険制度改革に強く反対してきた経緯があり、共和党指導部は、中間選挙の結果を見て、今後ティーパーティー運動の支援を受けて当選したきた議員たちの動きに、一定の配慮を示せざるを得なくなると思われる[29]。次に、中間選挙でティーパーティー運動の支援を受けて予備・本選挙で勝利したと思われる、主要な連邦上院議員、知事、および連邦下院議員の活動を中心に、彼らの当選の経緯および横顔を紹介する（なお、2010年9月に実施されたマサチューセッツ州の上院選結果とその意義については、次章で扱う）。

①ティーパーティー運動と連邦上院議員選挙

　共和党が支配する西部の保守王国ユタ州では、弁護士出身のマイク・リー（Mike Lee）が、2010年5月8日、共和党の上院予備選挙（党大会）で立候補が確定していた共和党連邦上院議員のボブ・ベネット（Bob Bennett）を接戦の末退けた。ベネットの敗退はティーパーティー運動の勝利と見られ、同運動の支持者たちは、ベネットの高齢と穏健な政治姿勢に異議を唱え、世代交代を求めて出馬に強く反対していた[30]。

　共和党現職のボブ・ベネット上院議員は77歳、地元利益誘導型のベテラン政治家で、ブッシュ政権時の利益誘導や超党派の立場でオ

バマ大統領の景気刺激策に協力してきた経緯がある。四期目を狙うベネット議員の指名を阻止したのが、ティーパーティー運動であった。挑戦者のリーは立候補時38歳、第三投票での劣勢を跳ね返し、ティーパーティーの全国団体であるフリーダムワークスやティーパーティー活動家のロン・ポールなどの支援を受けて、最終的に6月22日の決戦投票では僅差で指名権を獲得した。この予備選挙は、ティーパーティー運動の資金力と動員力をまざまざと見せつけた選挙戦であった(31)。

続く11月2日の本選挙でも、リー候補は民主党および憲法党の候補者を破り、晴れて連邦上院議員に当選した。リーは1971年生まれの39歳で上院議員では最も若い。彼はアリゾナ州出身で、ブリガム・ヤング大学卒業後、リベンクラーク・ロースクールを出て、弁護士となった。ティーパーティー運動の支持者としてリーは、任期の制限、均衡した財政修正、および連邦支出の大幅な削減の促進を強く訴え、また自分自身を「立憲的保守派(Constitutional Conservative)」と称している(32)。

中西部のケンタッキー州では、共和党の上院予備選挙において、ランド・ポール(Rand Paul)がティーパーティー全国団体フリーダムワークスの強力な支持を得て投票の60％を獲得、共和党主流派の候補者として確定し有利な立場のトレイ・グレイソン(Trey Grayson)を退けて勝利した。当選したランドは次のように述べた。「ティーパーティー運動は、山のような債務から我が国を救うのである」と。続く11月2日の本選挙でもランドは民主党候補を下し、晴れて連邦上院議員の席を手にした(33)。

ランドはテキサス州選出の連邦下院議員ロン・ポールの二男で眼科医でもある。ランド自身、ティーパーティー運動と提携して熱烈

な支援を得ており、それが今回の地すべり的勝利につながった。ランドは父親と同じく、リバタリアンが主張する小さな政府論者である。インテリ層にも高い人気を得て、本選挙戦でも民主党候補に対して世論調査では圧倒的に優位な位置にあった。選挙戦の過程では、対立候補のネガティブ・キャンペーンに苦しめられたが、中間選挙の結果はランドに大勝利に終わり、ティーパーティー運動の威力を有権者たち見せつける結果となった。ランドは勝利の会見で、「(我々は)政府をこの手に取り戻しに来た」と述べて、凱歌を上げた[34]。

ランドは、1963年、ペンシルベニア州に生まれ現在47歳、ケイリー夫人との間に3人の子供がいる。ベルロアー大学卒業後、デューク医科大学で医学博士号を取得、2007年、眼科医としてクリニックを開業した。ランドは、連邦上院議員となるや、同僚議員たちと、「上院ティーパーティー議員総会(the Senate Tea Party Caucus)」を形成するなど、共和党内で保守派寄りの政策を提言している[35]。

南部の最南端フロリダ州では、共和党の上院予備選挙で同州下院議長のマルコ・ルビオ(Marco Rubio)がティーパーティー運動の大きな支援を受けて、無所属の現職知事チャーリー・クリスト(Charlie Crist)を退けた。また、11月2日の本選挙でも、ルビオはクリストや民主党候補のケンドリック・ミーク(Kendrick Meek)を下して、連邦上院議員の議席を手にした。

2010年8月24日、フロリダ州で共和党上院予備選挙が行われた。当初、共和党穏健派のチャーリー・クリストの楽勝と思われていた。しかし、キューバからの移民のマルコ・ルビオが、ティーパーティー運動の熱烈な支持を得て浮上してきた。また世論調査での有利な結果を受けてルビオは投票において勝利をおさめた[36]。

実はクリスト知事は、2008年の大統領選でも共和党の大統領候補

の1人と目されていた。だが、共和党に所属しながらオバマ大統領の景気刺激策に賛成するなど、保守派の強い批判を浴びていた。ルビオ候補の優勢に対し、最終的に、クリストは無所属候補として上院選挙に出馬することになり、フロリダ州は共和党が強い基盤を持ちながら、いわゆる「保守分裂選挙」となった。

ハンサムなルビオは「共和党のオバマ」、「共和党のプリンス」と称され、共和党の次世代スター候補の1人として注目され、妊娠中絶反対や小さな政府を主張する「保守派」である。11月2日の本選挙では、ティーパーティー運動の絶大な支持を得て、新人候補としては異例ともいえる圧勝で、人気の高さを示した。ちなみに、投票の割合は、ルビオ48.9％、クリスト29.7％、民主党のミーク20.1％であった[37]。

晴れて連邦上院議員となったルビオは、キューバからの移民の子であり、1971年フロリダ州マイアミ市生まれの39歳。フロリダ大学で政治学修士号を取得、マイアミ大学ロースクールを出て弁護士となった。2001年から2009年までフロリダ州下院議員を務め、議長にもなっている。ジャネット夫人との間に4人の子供がいる[38]。

②ティーパーティー運動と知事選挙

深南部のサウスカロライナ州で、2010年6月22日、共和党州知事予備選挙が行われた。インド系米国人のニッキー・ヘイリー(Nikki Haley)が、ミット・ロムニー前マサチューセッツ州知事、サラ・ペイリンおよびティーパーティー運動の支持を受け、チェイニー前副大統領らが支持した共和党主流派の連邦下院議員グレシャム・バレット(Gresham Barrett)を決戦投票で退け指名を獲得した。ヘイリーは11月2日の本選挙でも、民主党のビンセント・シェヘン(Vincent Sheheen)候補を下して当選、2人目のインド系知事となった。彼女

はシーク教から改宗したメソジストで、人種差別の疑惑が付きまとうティーパーティー系では異色の候補者である[39]。

　ヘイリーはサウスカロライナ州のバンバーグ市で1972年に生まれ、現在39歳、夫マイケルとの間に2人の子供がいる。両親はインドからの移民である。ヘイリーはクレメンソン大学を卒業後企業に勤め、2004年、州下院議員に当選、2006年および2008年にも再選された。ヘイリーの政策綱領は、教育の重視と並んで、反課税および財政保守主義の立場である。ヘイリーはこれまで、ティーパーティー運動側に立って活動してきた[40]。

　東北部地域の東海岸北端に位置するメイン州において、2010年6月8日、共和党の州知事予備選挙が行われた。ウォータービル市長のポール・ルパージュ(Paul LePage)候補が、ティーパーティー運動の草の根的支持を得て、6人の対立候補を破って指名を獲得した。11月2日の本選挙では、独立系のエリオット・カトラー(Eliot Cutler)に猛攻されたものの、しかし、最終的にルパージュが勝利を手にした[41]。

　ルパージュは、1948年、メイン州のレヴィストン市に生まれで、現在62歳。メイン大学を卒業後、企業界に入りカナダの建材会社に勤務し、1979年、メイン州に戻ってきた。ルパージュは2003年、ウォータービルの市長に当選、そして2010年には、共和党の知事予備選挙に出馬した。ルパージュは投票の38％を獲得、カトラーの36％に約1万票差をつけて逃げ切った。ルパージュは初めて選挙で選ばれたフランス系米国人知事である。フランス語が堪能で、アニ夫人との間に4人の子供がいる。ルパージュは勝利宣言の中で、政府の縮小、低い課税、企業規制の緩和を訴え、「メイン州民は政治の先頭に立つ」と約束した[42]。

保守的な南部地域のニューメキシコ州で、2010年6月1日、共和党の州知事予備選挙が行われた。結果は、地方検事のスサナ・マルチネス(Susana Martinez)がサラ・ペイリンらの支持を得て、多くの候補者を制して指名を得た。本選挙では、民主党の指名候補者で副知事のダイアン・デニッシュ(Diane Denish)と女性同士の対決となった。マルチネスは投票の53％を獲得、一方デニッシュは47％で、4万1,000票の差でマルチネスが勝利を手にし、彼女はヒスパニック系女性としては初の知事となった[43]。

　マルチネスは1954年、テキサス州のエルパソ生まれの56歳、1980年代中葉にニューメキシコに移ってきた。エルパソ大学とオクラホマ大学ロースクールを卒業、1996年、地方検事に選出された。マルチネスは、均衡予算および低い政府支出を支持し、また、妊娠中絶合法化と選択的妊娠中絶に反対、同性結婚にも反対する真の共和党「保守派」である。夫は弁護士で、2人の間には子供が1人いる[44]。

③ティーパーティー運動と連邦下院議員選挙

　南部のサウスカロライナ州では、第一連邦選挙区の共和党予備選挙で、ティーパーティー運動が支援するテム・スコット(Tim Scott)が、共和党の政治家として長い家系を誇る2人の確定していた共和党候補を打ち破った。すなわち、前サウスカロライナ州選出の連邦上院議員ストローム・サーモンド(Strom Thurmond)の息子で共和党主流派が支持したポール・サーモンド(Paul Thurmond)と、前のサウスカロライナ州知事キャロル・A・キャンベル・ジュニア(Carroll A. Campbell Jr.)の息子キャロル・キャンベルである。スコットは企業人で、2008年サウスカロライナ州下院議員に当選し、これを一期務めた。11月2日の本選挙では、スコットは民主党のベン・フライザー

(Ben Frasier)候補に大きな票差(65.37％対28.67％)をつけて破り、連邦下院議員に当選した。スコットは、114年の同州の歴史で最初のアフリカ系米国人の共和党下院議員である[45]。

なお、サウスカロライナ第一連邦選挙区では、リバタリアン党のキース・ブランドフォード候補が、ボストン・ティーパーティー全国委員会という2006年に創設された最も古いティーパーティー集団から公認を得て立候補していた。同選挙区では、いわばティーパーティー運動の候補者同士「分裂選挙」となったものの、しかし、本選挙の結果はスコットの圧勝に終わった。なお、第三候補のブランドフォードは記入候補であったので、ほとんど票を獲得できなかった[46]。

スコットは1965年サウスカロライナ州チャールストン生まれの45歳、チャールストン・サウザン大学を卒業後、企業勤務、州下院議員を経て、連邦下院議員に選出された。両親は彼が7歳の時に離婚、母親は病院の看護婦助手をして働き、子供たちを育てた。兄は軍人で、スコットは保険代理業で生計を立てていた[47]。

中西部のサウスダコタ州において、2010年6月8日、全州代表の共和党の連邦下院予備選挙で、ティーパーティー運動の熱心な支持を受けたクリスティ・A・ノエム(Kristi A. Noem)候補が州務長官のクリス・ネルソン(Chris Nelson)など3人の候補を破って指名を獲得した。ノエムはサラ・ペイリンと同様に、「生命を尊ぶフェミニスト(FFL)」という団体に属するプロライフを支持する妊娠中絶反対の"保守派"である。ノエムはまた、オバマケアにも反対し同法の廃止を訴えている。11月2日の本選挙で、ノエムは民主党現職のステファネ・サンドリン(Stephanie H. Sandlin)を48.12％対45.89％と7,114票差で退けた[48]。

ノエムは、1971年、サウスダコタ州ウォータータウン生まれの39歳、サウスダコタ州立大学卒業後、父親が農業事故で死亡したため、22歳で一族の農場を引き継ぎ、多額の借金を返却するのに10年も費やした、という。2007年から2010年まで、サウスダコタ州議会の下院議員を務めた。夫の間に3人の子供がいる[49]。

中西部のイリノイ州第11連邦選挙区で、2010年2月2日に行われた共和党下院予備選挙で、ティーパーティー運動の支持を受けたアダム・キンジンガー（Adam Kinzinger）候補は、第2回目の投票で4人の候補を下して指名を得た。また11月2日の本選挙でも、一貫して優勢な選挙戦を進めたキンジンガーが投票の57％を獲得、民主党現職のデビー・ハルブァソン（Debbie Halvorson）を破り、晴れて連邦下院議員の席を手にした[50]。

キンジンガーは1978年、イリノイ州のマンテノ生まれの現在33歳。イリノイ州立大学を卒業後、連邦上院議員のインターンを務め、2003年から米空軍に勤務した軍人でもある[51]。

以上で紹介してきたように、ティーパーティー運動は先の中間選挙において、その多くが共和党優勢の州であったとはいえ、連邦上院議員、知事選挙、および連邦下院選挙で大きな威力を発揮し、組織の拡大と底力を示した。実際、ティーパーティー運動は中西部、西部、南部などブルーカラー州を中心に次第に民主党優位の東北部でも勢力を拡大しつつある（資料編の図参照）。また、ティーパーティー運動は州レベルでも共和党保守派の一翼を担い、共和党組織それ自体を奪回する動きを見せ、また若い大学生の間でも組織が形成されており（ユタ州など）、ティーパーティー運動の深化が見て取れる。ただ、注意すべきは、各々の候補者たちが全国的または地域的ティーパーティー運動の支援を受けたといっても現実に展開され

た選挙運動において、果たしてティーパーティーが、特定候補の当選にどの程度貢献したかに関しては定かでない。つまり、そこでは選挙の"定性分析"はできても、"定量分析"を行うのが極めて困難であった、といわざるを得ない。

ただ、今回の選挙でティーパーティー運動が生み出した活力は、極めて明白であった。つまり、共和党予備選挙での有権者の動員は、1970年以来最も高く、しかも共和党は1930年以来初めて予備選挙の投票数で民主党を上回ったからである。

(4) 選挙資金の急増

テレビ広告を監視していた『キャンペーン・メディア・アナリシス・グループ』によれば、9月末の時点で選挙運動に投入されたテレビ広告費の総額が優に30億ドルを超え、米選挙史上最高額に達した。このうち、候補者、企業、政治団体などが支出したテレビ広告費は約16億ドルで、これを連邦議会選挙の候補者に限定すると、2億2,000万ドルであり、2006年中間選挙の同時期と比べて、9,000万ドルも上回った。この増加分の大部分は、上院議員選挙の候補者による支出であった。

このようにテレビ広告に費やされた額が史上最高となった背景として、有権者の間での「反ワシントン政治」、「反現職議員」の気分が高まるなか、再選に強い危機感を抱いた現職議員が、予備選挙の段階から積極的に多額の広告費を投入したことが挙げられる[52]。

その他に、2010年1月、連邦最高裁判所が、企業や労働組合が特定候補者の当選や落選を呼びかける広告に対する「支出制限」を違憲とする判決を下したことも大きい。この判決により、企業は直接広告を増加させる代わりに、連邦選挙委員会に献金元を報告する義務

のない外郭団体への資金提供を増大させ、これが選挙広告にまわったのである[53]。これらの外郭団体が選挙運動に支出した費用は2億9,000万ドルにのぼり、2006年の中間選挙と比べると4倍まで跳ね上がった。保守派団体の支出は1億8,700万ドルで、リベラル派団体が支出した9,000万ドルの2倍を記録した。なお、今回の選挙についやされた選挙資金の総額は約40億ドルに達した[54]。

今回の中間選挙ではまた、自らの選挙運動に多額の私財を投じた候補者たちが注目を集めた。カリフォルニア州知事選挙に出馬した共和党候補メグ・ホイットマン（Meg Whitman）は、1億7,500万ドルの私財を選挙運動に投入したという。この額は米選挙史上最高額で、例えば、コネティカット州の共和党上院候補であったリンダ・マクマホン（Linda McMahon）の4,660万ドル、フロリダ州で民主党から出馬したジェフ・グリーン（Jeff Greene）候補の2,380万ドルなど、多額の私財を投入したその他の候補者たちと比べても圧倒的な選挙資金額であった。ただ実際には、州知事選挙を戦ったホイットマン候補は落選、また、連邦議会選挙で多額の私財を投入した候補者上位10名のうち、2名だけが当選を果たしただけで、マクマホン、グリーン候補はともに落選の憂き目に会った。選挙資金がいくら豊富であっても、選挙戦術がまずければ当選はおぼつかない良き事例である[55]。

こうした中で、サラ・ペイリンはティーパーティー運動の「司令塔」といわれ、彼女はティーパーティー関係の候補者とティーパーティー・エクスプレスへの資金を集めるため四つの"投票箱（Ballot Box）の自由"バス・ツアーの宣伝に一役買った。ツアーの一つは、都合30の都市を訪問、3,000マイルを駆け巡って資金集めを行った。一方、連邦下院議員のミシェル・バックマンは、ティー

図表1　他の連邦議員候補者と比較したティーパーティー選挙運動資金(単位：ドル)

候補者のタイプ	下院	上院
共和党平均	451,331	2,277,567
民主党平均	757,030	2,793,116
共和党ティーパーティー平均	805,583	7,331,806
共和党現職平均	1,319,802	7,801,507
民主党現職平均	1,488,297	10,660,022
競合するティーパーティー平均	1,432,266	7,331,806

出典：Paul Street and Anthony DiMaggio, *Crashing the Tea Party: Mass Media and the Campaign to Remake American Politics*, Paradigm Pub.2011, p.152より再引用。

パーティー議員総会(コーカス)を創設した後で、「政治行動委員会マイケルPAC」のため1億ドルを集め、その資金をシャロン・アングル(Sharron Angle)、クリスティン・オドネル(Christin O'Donnell)、ランド・ポール(Rand Paul)、およびマルコ・ルビオ(Marco Rubio)らに献金した。ちなみに、2010年9月に、ティーパーティー・パトリオッツは、全国の多数の献金者から100万ドルを受け取ったことを公表している。

2010年8月30日付け『ニューヨーカー』の論文で、ジェン・マイヤー(Jenn Maiyer)は、以下のように述べた。すなわち、デビット・H・コーク(David H. Koch)とチャールズ・G・コーク(Charles G. Koch)、およびコーク産業は「繁栄を求めるアメリカ人」(Americans for Prosperity)を通じてティーパーティー運動に多額の資金援助および組織上の支持を与えていると。デビットらは繁栄を求めるアメリカ人を大きな資金源にしていたのである。AFPが主催した"ホット・エアー・ツアー"は、炭素使用への課税および国内排出権取引計画の推進に反対する戦いを組織化して資金を集めていた。デビット・コークは、「健全な経済のための市民(CSE)」を1984年に創設、その

一部は、2004年の分裂でフリーダムワークスとなり、新たに運動を組織し別の集団と結合した。コーク産業は、コークが「フリーダムワークスとはいかなる結びつきもなく、決して資金を与えていない」、と新聞発表を行ったものの、しかし、クリフトファー・メイヤー（Christopher Meyer）は、『デイリー・メール』紙の中で、ティーパーティー運動が「草の根大衆主義、専門家の保守政治、および大きな資金の混成体であって、大きな資金は一部分、チャールズおよびデビット・コークから提供されている」と暴露した。ただ、メイヤー自身は、コーク兄弟のティーパーティーとの政治的関係を秘密扱いにしており、それは"内密"だ、と述べた[56]。確かに、選挙資金それ自体がティーパーティー挑戦者の勝利を保証するものでない。しかし、豊富な資金が選挙運動で多いに役立ったことだけは確かである。

4 おわりに
── オバマ大統領の対応とティーパーティー運動の目標

　中間選挙が行われた11月2日夜、連邦下院選で共和党の大幅な議席増を主導したジョン・ベイナー（John Boehner）下院院内総務は、「われわれ（下院での）多数派は有権者の声に報いるつもりだが、政策課題を打ち出すのは大統領である」として、オバマ政権に対して共和党多数派が占める次期連邦下院において受け入れ可能な政策を強く求めた。

　これに答える形でオバマ大統領は、投票日翌日の11月3日に開かれたホワイトハウスでの記者会見で、中間選挙での「大敗」を受け入れることを率直に認め、有権者の失望に対する最終的な責任が自らにあるとした。その上で、共和党のベイナー下院院内総務やミッ

チ・マコネル(Mitch McConnell)上院少数派院内総務など連邦議会の共和党指導者たちと11月2日の夜に電話で協議したことを明らかにし、妥協を行う用意があることを伝えたと述べ、意見を「うまく組み合わせ」ることが大切だと提案した[57]。

今回の中間選挙では、共和党が大躍進を遂げ、民主党は大敗を喫する結果となった。しかし、連邦下院で多数派を占め、連邦上院において民主党多数派に肉薄したといえ、共和党が、1月から開かれる第112議会で主導権を握れるわけではない。なぜなら、共和党が大勝したとはいっても、連邦議会における圧倒的多数派を獲得することはできなかったからである。オバマ大統領の法案拒否権を覆すためには、上下両院において各々三分の二の議席が必要で、共和党の議席はそれには到達していない。選挙運動中に共和党が掲げた「医療保険制度改革法」の撤廃あるいは修正を進める場合、上院においては、民主党による議事妨害を阻止するための安定多数(60議席)には及ばず、そのため、共和党が結束するのみではどのような法案の立法化も不可能である。

新議会では、ティーパーティーの支援を受けて当選した共和党保守派の議員の動向が注目を集めよう。"小さな政府"を主張するティーパーティー運動の特色は、理念が「原理主義的」で妥協を嫌い、既存の権威に対する嫌悪感が強い。事実、選挙運動中も、オバマ大統領の提案に理解を示してきた共和党内の穏健派への批判をいとわなかった。今後、共和党指導部は、ティーパーティー運動の流れをくむ議員たちの対策を十分考慮する必要に迫られるものと思われる[58]。

オバマ大統領は、ベイナー共和党下院院内総務たちに電話を入れた際に、「共通の基盤を見つけるための連携」を呼びかけた。しかし、民主党サイドでは、選挙戦で苦戦しながらも勝利を得た連邦議員は、

その多くが筋金入りの"リベラル派"である。今後議会運営に向けて、共和党との協調を探るオバマ大統領は、一方で、左旋回の可能性を秘める民主党と、他方で、2012年大統領選挙で奪還を目指し右旋回の共和党との間で「分極化」した議会で困難な運営を強いられることになる[59]。

留意すべきは、オバマ大統領が実施した政策が有効な経済・雇用対策として十分に効果を発揮しなかったとはいえ、政府支出の削減、減税を強く主張する共和党もまた、雇用問題で具体的な対策を有権者に提示したとはいいがたいことだ。それは、選挙期間中に民主・共和両陣営が相手候補の中傷合戦に終始した選挙運動に具現されている[60]。だから、一部の共和党議員たちは、中間選挙によって示された有権者たちのメッセージに対して慎重な態度を崩していない。なぜなら、それは、共和党への全面的な支持を示すものではなかったからである。中間選挙の全国出口調査では、共和党は、有権者たちの中で、41％の支持しか得られていなかった事実を忘れてならない[61]。

その意味で、今回の中間選挙は、米国の現代政治において、安定した長期にわたる多数派を維持することがもはや時代遅れとの認識を強めることになった、といえる。実際、民主党の選挙戦略家エリック・スミス(Erick Smith)が指摘するように、「民主・共和両党は、今は一時的にそこにいるだけであり、2年毎、もしくは4年毎に逆転できる」し[62]、また、『ワシントンポスト』紙のコラムニストのチャールズ・クラウトハマー(Charles Krauthammer)は、「中道右派の国である米国が通常の議会配置に戻した」とし、2006年と2008年に民主党が獲得した連邦下院での多数派が、今回の選挙結果で「正常に戻った」だけであると評している[63]。

いずれにせよ、中間選挙では、時の政権予党に対して厳しい評価が下されるのが常態であり、その結果、連邦議会における与党の後退が生じる。オバマ大統領にとって、中間選挙での後退はある程度は予想されていたことでもある。経済不況に伴う失業者の増大、雇用状況の悪化を中心とした内政問題、また、アフガニスタンへの増派に見られた外交・軍事問題などは、それらすべてが、共和党ブッシュ Jr. 前大統領の積み残したものが大半である。事実、オバマ大統領自身も、インタビューの中で、金融危機やそれにつながる経済危機、自動車産業崩壊の危機、財政赤字の増大などに対処することに多くの時間が割かれたと認めている[64]。

今後、オバマ大統領は中間選挙で示された結果を真摯に受け止め、従来の「大きな政府」を志向するリベラルな路線から保守寄りの中道路線へと転換、共和党からの協力を取りつけてより右派寄りの政策を進めていくものと思われる。一般に大統領選挙を制する要因として挙げられるのが、「経済的繁栄」と「軍事的不関与」である。オバマとしては、前政権のツケを払い、有効な経済刺激策を実施して経済を立て直し、大統領選挙までにアフガニスタンからの米軍の撤退を終わらせればよいと考えている節がある。しかし、このような予定表がスムーズに運ぶかどうかは定かでない。2年後の大統領選挙の時期まで、オバマ大統領が、果たして、米国の現在のムードを変えることができるかどうかについては、必ずしも予断を許さない。

なお、中間選挙後に、ティーパーティー運動の全国団体のひとつである、ティーパーティー・パトリオッツの「40年ビジョン」が暴露された。それは2010年9月に作成されて支持者に配布されたもので、これを見ると、今後のティーパーティー運動の戦略の一端が見て取れるので、最後に紹介しておく。

「40年ビジョン」によれば、運動の第一段階では、新議会で初当選の議員たちに働きかけ、連邦議会内での勢力拡大を目標に掲げている。すでに、連邦議会には、ミシェル・バックマン下院議員を代表とする47名のティーパーティー議員総会が存在し、召集される新議会ではさらにメンバーを増やし、彼らの影響力の強化を目指している。第二段階では、ティーパーティー運動の支配下にあるとされる2,800の地方組織の指導者たちを教育し、各選挙区選出の連邦議員に圧力をかける運動を展開するとしている。そして第三段階では、医療保険制度改革法の廃棄、民主党が提案している排出権取引法、移民法、および景気刺激策などの成立の阻止を目標にしている。

長期的目標としては、有権者の多くに財政規律、小さな政府、および自由市場など、現在ティーパーティー運動が掲げる理念を支持に向かわせる運動の展開を目標に掲げている。また、同運動の支持者は比較的高齢者が多いことを鑑みて、長期的視点から若い世代の中心となる大学生などの若年層への組織拡大を目指しているようである[65]。

ちなみに今回の中間選挙で新たに選出された共和党議員の66％は、2010年のティーパーティー運動と何らかの形で結びついていたし、また連邦下院で共和党が新たに獲得した63議席の中で、42議席はティーパーティー運動から何らかの形で支援を受けていた、と思われた候補者のものである、といわれる[66]。

ただ、ティーパーティー運動と自らを連携させた共和党保守系候補者の多くは実際には、独立した草の根のティーパーティー組織から最低限の支援を受けつつ、一方で、従来型の伝統的な「後援会組織中心」の選挙運動の中で当選してきた点を忘れてならない。

〈注〉

(1) 藤本一美・濱賀祐子『増補 米国の大統領と国政選挙―「リベラル」と「コンサヴァティブ」の対立』(専修大学出版局、2008年)、24頁。
(2) 『読売新聞』、2010年11月4日、3面。
(3) Zachary Courser, "The Tea Party at Election", *The Forum*(Vol.8, Issue4, 2010), pp, 4-5.
(4) 『毎日新聞』、2010年11月4日、1面。
(5) 藤本一美「『米中間選挙』とオバマ政権」『公明』、2011年1月号、43頁。
(6) 同上。
(7) 『読売新聞』、2010年9月23日、9面 ;『朝日新聞』、2010年10月5日、7面。
(8) 『毎日新聞』、2010年11月2日、8面。
(9) 『東京新聞』、2010年11月4日、3面。
(10) http://www.cbsnews.com/election2010(latest access, 2010/12/19).
(11) http:politicalticker.blogs.cnn.com/2010/11/04/exit-polls-republicans-set-record-Numbers(latest access, 2010/12/18) ;『読売新聞』、2010年11月4日、13面。
(12) 『日本経済新聞』、2010年11月4日、6面。
(13) *The New York Times*, November 6, p.A14.
(14) 『東京新聞』、2010年11月4日、6面。
(15) *CQ Weekly*, November, 8, 2010, pp.2524-2527. なお、『CQ ウィークリー』誌の調査によれば、今回の中間選挙の特色を「振り子が大きく右にふれた(Pendulum Pushued Well to the Right)」と、分析している(*Ibid*)。
(16) 前掲、『日本経済新聞』、2010年11月4日、6面。
(17) Charles S. Bullock, III, ed., *Key States, High Stakes: Sarah Palin, the Tea Party, and the 2010 Elections*(New York: Rowan & Littlefield, 2011), pp.39-47 ;「茶会の反乱」『朝日新聞』、2010年10月9日。
(18) *National Journal*, November 6, 2010, pp.86-87.
(19) *Ibid.*, p.87.
(20) *The Washington Post*, November 3, 2010, p.A26.
(21) 砂田一郎「オバマのブーメラン―改革がアメリカに分裂をもたらした」『世界』(岩波書店)2010年11月号、122-123頁。
(22) この時期に、もともとリバタリアニズム(急進的な個人主義、小さな政府を志向する自由至上主義)の運動への新たな参加者として、宗教右派や人種差別主義者を含む保守主義の立場の人々が加わった(砂田、前掲論文、「オバマのブーメラン―改革がアメリカに分裂をもたらした」、124頁)。
(23) 上坂昇『オバマの誤算―「チェンジ」は成功したか』(角川書店、2010年)、

107-111頁。
(24) *op.cit.*, *The New York Times*, November 3, 2010, p.P7.
(25) *Ibid.*, November 4, 2010, p.P10.
(26) Scott Rasmussen and Douglas Schoen, *Mad as Hell：How the Tea Party Movement is Fundamentally Remaking Our Two-Party System*（Harper C, 2010）, pp.256-258.
(27) 前掲、『東京新聞』、2010年11月4日、社説。
(28) 「オバマの理想、失速」『朝日新聞』、2010年11月4日。
(29) 前掲、『毎日新聞』、2011年4月17日。
(30) http://www.nytimes.com/2010/05/09/us/politics/09utah.html?scp=2&sq=Bob%20Bennett&st=cse; http://www.foxnews.com/politics/2010/05/08/sen-bennett-faces-conservative-test-utah/（latest access, 2011/08/17）.
(31) *Ibid.*; http://www.utahpolicy.com/featured_article/tea-party-pushed-lee-over-top（latest access, 2011/08/17）.
(32) http://www.washingtonpost.com/wp-dyn/content/article/2011/02/04/AR2011020406719.html（latest access, 2011/08/17）; Michael Barone and Chuck McCutcheon, eds., *The Almanac of American Politics 2012*（Chicago: University of Chicago Press, 2011）, pp.1626-1627.
(33) http://www.cbsnews.com/8301-503544_162-20005332-503544.html; http://news.bbc.co.uk/2/hi/8688383.stm（latest access, 2011/08/18）.
(34) http://www.cbsnews.com/8301-503544_162-20021087-503544.html（latest access, 2011/08/18）.
(35) http://www.randpaul2010.com/about/（latest access, 2011/08/18）; Barone and McCutcheon, *op.cit.*, *The Almanac of American Politics 2012*, pp.663-664.
(36) http://www.cbsnews.com/stories/2010/04/15/politics/main6399577.shtml?tag=contentMain;contentBody（latest access, 2011/08/18）; Bullock, *op.cit.*, *Key States, High Stakes*, pp.65-74.
(37) http://www.realclearpolitics.com/epolls/2010/senate/2010_florida_senate_race.html（latest access, 2011/08/19）.
(38) http://rubio.senate.gov/public/index.cfm/about?p=biography（latest access, 2011/08/19）;Barone and McCutcheon, *op.cit.*, *The Almanac of American Politics 2012*, pp.365-366.
(39) http://www.huffingtonpost.com/2010/11/02/south-carolina-election-results-governor-2010_n_773142.htm.l（latest access, 2011/08/20）.
(40) http://www.nytimes.com/2010/06/10/us/politics/10haley.html（latest

access, 2011/08/20);Barone and McCutcheon, *op.cit.*, *The Almanac of American Politics 2012*, pp.1439-1440.
(41) http://bangordailynews.com/2010/11/03/politics/bdn-projects-lepage-wins-governors-race/; http://www.huffingtonpost.com/2010/11/03/maine-election-results-20_n_778114.html (latest access, 2011/08/20).
(42) Barone and McCutcheon, *op.cit.*, *The Almanac of American Politics 2012*, pp.719-720.
(43) http://thehill.com/blogs/ballot-box/governor-races/100953-palin-helps-new-mexico-republican-win-primary;http://www.washingtonpost.com/wp-dyn/content/article/2010/11/01/AR2010110104824.html (latest access, 2011/08/20).
(44) *Ibid.*; http://www.votesmart.org/bio.php?can_id=121633 (latest access, 2011/08/20);Barone and McCutcheon, *op.cit.*, *The Almanac of American Politics 2012*, pp.1082-1083.
(45) http://blogs.wsj.com/washwire/2010/06/08/gops-tim-scott-pulls-ahead-in-sc-house-primary/; http://www.enr-scvotes.org/SC/19077/40477/en/summary.html (latest access, 2011/08/20).
(46) http://www.bostontea.us/node/936 (latest access, 2011/08/20).
(47) http://www.washingtonpost.com/wp-dyn/content/article/2010/11/02/AR2010110207838.html (latest access, 2011/08/20); Barone and McCutcheon, *op.cit.*, *The Almanac of American Politics 2012*, pp.1448-1450.
(48) http://www.rollcall.com/race_detail/district-2010-SD-AL.html?cqp=1;http://www.dakotavoice.com/2010/07/susan-b-anthony-list-endorses-kristi-noem/ (latest access, 2011/08/21).
(49) http://dailycaller.com/2011/02/14/cowgirl-kristi-noem-ropes-in-capitol-hill-a-washington-love-story/2/ (latest access, 2011/08/20); Barone and McCutcheon, *op.cit.*, *The Almanac of American Politics 2012*, pp.1475-1476.
(50) http://elections.nytimes.com/2010/house/illinois/11 (latest access, 2011/08/21).
(51) http://kinzinger.house.gov/index.cfm?sectionid=65&sectiontree=2,65 (latest access, 2011/08/21); Barone and McCutcheon, *op.cit.*, *The Almanac of American Politics 2012*, pp.548-549.
(52) 藤本、前掲論文、「『米中間選挙』とオバマ政権」、46頁。
(53) 前掲、『東京新聞』、2010年10月10日、7面;『毎日新聞』、2010年10月25日、6面。
(54) *op.cit.*, *National Journal*, November 6, 2010, p.89; http://www.opensecrets.org/news/2010/10/election-2010-to-shatterspending-r.html#.

(55) *op.cit.*, *The Washington Post*, November 4, 2010, p.A17.
(56) http://en.wikipedia/org/wiki/Tea-party-movement. 実際、中間選挙ではティーパーティー運動関係の候補者は選挙資金を下院では民主党や共和党の候補者平均の倍以上つぎ込んでいたし……上院は三倍に達した(Paul Street and Anthony DiMaggio, *Crashing the Tea Party: Mass Media and the Campaign to Remake American Politics*〔Paradigm Pub., 2011〕, pp.151-152)。
(57) 前掲、『東京新聞』、2010年11月4日、社説。
(58) 米国政治の事情に詳しい、ゲリー・C・ジャコブソン(Gary C. Jacobson)は、「ティーパーティー運動の支持者は自分を共和党右派に明確に位置付けた姿勢を維持している。もし彼らがティーパーティーの出自に対して忠誠を維持するなら、下院共和党のイデオロギー的重力の中心は右派へと動くであろう」、と指摘している(Gary C. Jacobson, "Obama and the Polarized Public," in James A. Thurber, ed., *Obama in Office*〔Paradigm Pub., 2011〕, p.36)。
(59) 前掲、『日本経済新聞』、2010年11月4日、1面。
(60) 前掲、『読売新聞』、2010年11月4日、2面。
(61) *op.cit.*, *National Journal*, November 6, 2010, pp.20-21.
(62) *Ibid.*, p.21.
(63) *op.cit.*, *The Washington Post*, November 5, 2010, p.A21.
(64) *op.cit.*, *National Journal*, November 6, 2010, pp.20-21.
(65) 「中岡望の目からウロコのアメリカ、"ティーパーティー運動の政策は何か"」(http://www.redcruise.com/nakaoka/?=361)。
(66) Jacobson, *op.cit.*, "Obama and the Polarized Public, "p.36,; Courser, *op.cit.*, "The Tea Party at Election," p.1.

第4章　ティーパーティー運動の"光と影"

1　はじめに──問題の所在

　米国において、2009年1月20日、オバマ民主党政権の発足と同時に、同政権の経済政策および運営に反対する保守的右派の草の根大衆反乱＝ティーパーティー運動が全米各地で台頭し、その組織の全国的活動は、2010年11月4日の中間選挙で共和党（保守派）勝利の原動力となった。それ故、ティーパーティー運動は今後の米国政治、特に2012年大統領選挙を検討する場合に、無視できないものと考える。

　ティーパーティ運動は、自然発生的に生まれた保守的右派の草の根運動であるとの評価がなされている一方で、それは共和党の保守派が背後で操っている「人工芝」すぎないとの批判もある。また、この運動は中央組織を有しない一貫性と統一性を欠いた草の根運動であるといわれるが、実際には、極めて組織化された運動を展開している側面もある。

　そこで本章では、このようなティーパーティー運動の多様性を認識した上で、運動の"光と影"の部分に焦点をあてて分析していきたい。具体的にいえば、光の部分とは、ティーパーティー運動の大きな〈動員力〉と〈組織力〉のことをいい、ティーパーティー運動が全国的に知られる契機となった2009年9月12日の「ワシントン納税者行進（Taxpayer March on Washington）」や中間選挙前の大規模な集会となっ

た2010年4月15日の「税の日ティーパーティー(Tax Day Tea Party)」、また、それに先立つ1月19日、ティーパーティー運動による大きな成果の一つと評されたマサチューセッツ州連邦上院特別選挙での共和党勝利の背景を検討する。

　一方、影の部分とは、ティーパーティー運動には指導者ないし司令塔が不在だとといわれる中で、サラ・H・ペイリン(Sarah Heath Palin)の司令塔的活動とその問題点、並びに同運動が抱える人種差別主義的および反移民主義的側面を指している。ティーパーティー組織による全米をめぐるバスツアーの模様を踏まえて、2008大統領選挙での共和党の副大統領候補者であったサラ・ペイリンとティーパーティー運動との関係、並びにティーパーティ運動の右翼的体質、すなわち、運動の人種差別主義的、移民排外主義的、および極右国家主義的な側面を検討していく。

　もちろん、光と影といっても、それはコインの表と裏の関係にあり、ティーパーティー運動の多様性を反映したもので、光の裏側に影がある一方、影の部分が光となる場合もあることを予めお断りしておきたい。以上の留意点を踏まえて、以下では、現在の米国政治に新たに登場してきた草の根的右翼の社会運動＝ティーパーティー運動の動向と特色を検討する。

2　ティーパーティー運動の光

　2009年9月12日および2010年4月15日、ティーパーティー関係者の集会が全米各地で開催され多数の支持者を動員してマスメディアをにぎわせた。本節では、前半において、2009年9月12日にワシントンD.C.で開催されたティーパーティーの集会「ワシントン納税者

の行進(Taxpayer March on Washington)」、また2010年4月15日の「税の日ティーパーティー(Tax Day Tea Party)」の集会の模様を、その目的、動員数、および主催者などを中心に意義を検討する。次いで、後半では、ティーパーティー運動による成果の一つとして注目された2010年1月のマサチューセッツ州連邦上院特別選挙の模様を分析、共和党候補スコット・ブラウン(Scott Brown)勝利に際して、ティーパーティー運動の役割を考察してみたい。

(1) ティーパーティー運動の動員力

①「ワシントンD. C. 納税者の行進」(2009年9月12日)

2009年9月12日、ワシントンD.C.のフリーダムプラザから連邦議会議事堂に向かって、賑々しく「納税者ワシントン行進(Taxpayer March on Washington)」が実施された。この同じ日に、全米各地でワシントンD.C.での行進と同様の抗議行動が行われた。ワシントンD.C.での抗議行動は、ティーパーティー運動の初の全国集会であり、この日を契機としてティーパーティー運動が全米で認知された極めて重要な集会であった[1]。

この集会の主催者に名を連ねたのは、フリーダムワークス、ティーパーティー・パトリオッツ、およびレジストネットなどティーパーティー系の全国団体をはじめとして、「9.12プロジェクト」、「全米納税者連盟(the National Taxpayer Union)」、「ハートランド研究所(Heartland Institute)」、「税制改革を求めるアメリカ人(Americans for Tax Reform)」、などの諸団体であった[2]。

集会参加者たちは、ホワイトハウスから東に数ブロック先にあるフリーダムプラザに集結し、ペンシルバニア通りを通って連邦議会議事堂まで行進した。予想以上に参加者が集まったため、主催者が

行進開始時間を早めたほどであった。参加者たちは、米国国旗やガズデン旗を手にもち、メッセージを書いたプラカードを掲げて、愛国的な歌を歌い、連邦政府による過剰支出、オバマ民主党政権が推進する医療保険改革を非難する政治的スローガンを声高く叫びながら行進した。

ただ、当日の参加者数については議論の余地がある。たとえば、ABCニュースは、ワシントンD.C.消防庁による参加者数を引用して「6万人から7万人」と報道し、一方、主催者側は100万から150万人と主張した。しかし、参加者数の計測については、当集会のすぐ近くで他の集会も開かれていたため、正確な参加者を割り出すことは困難である[3]。

ワシントンD.C.納税者の行進を運営するにあたり、その中心的な役割を担ったのは、ティーパーティー運動の全国団体の一つであるフリーダムワークスの連邦・州活動局長ブレンダン・スタインハウザー(Brendan Steinhauser)であった。スタインハウザーは、Eメールやブログを活用し、また、各地域の活動家たちに組織の設立や集会の運営方法などを訓練し、ワシントンD.C.で初めてのティーパーティー集会となった2009月2月27日の抗議行動、ならびに4月15日の「税の日ティーパーティー(Tax Day Tea Party)」集会へと多くの市民を動員することに成功した[4]。3月中にワシントンD.C.での行進の許可申請を行ったフリーダムワークスは、その後8月にティーパーティー・エクスプレスや「よりよいわが国に値するPAC(Our Country Deserves Better PAC)」とともに16日間をかけて全国を巡り、9月12日のワシントンD.C.の集会に合流するティーパーティー・バスツアーを実施した[5]。

これに加えて、ワシントンD.C.での集会に市民を動員するため、

ティーパーティー運動の中心的人物の一人であるラジオホストのグレン・ベック（Glenn Beck）が担った役割も極めて重要である。ベックは、ラジオおよびフォックス・ニュースの番組内で「9.12プロジェクト（9-12Project）」を立ち上げ、彼の番組を通じて全米の視聴者へ集会への参加を呼びかけた。「9.12プロジェクト」のウェブサイト（the912-project.com）によれば、9.12プロジェクトは、「我々が2001年9月12日にいた場所に立ち戻るために、地域社会を建設し、統合することに焦点をあてた、ボランティアを基礎とする超党派の運動」である、という。2001年9月11日、米国がテロ攻撃を受けた後、多数の市民は政党、人種、宗教を超えて団結したが、「我々の目的は、再びその連帯の感情と同じ所へ立ち戻ること」である、と述べた[6]。

なお、このサイトには「9つの原則」および「12の価値」を掲げている。まず「9つの原則」は、①米国は善である、②私は神を信じ、生活の中心には神が存在する、③私は昨日よりも常に誠実な人間であろうとする、④家族とは神聖なものである、⑤正義とは目に見えないものであり、法を犯せば罰せられる、⑥私には生存権、自由、幸福を追求する権利がある。しかし、いかなる平等な結果も保証されない、⑦私は、私の身のまわりの者のために懸命に働く、寛容は強制されない、⑧権威と意見を異にする、もしくは自分の個人的な主張を共有することは、米国では当然の権利である、⑨政府は私のために働くのであり、彼らが私のために応えるのである[7]。

これらの原則に加えて、「12の価値」として、誠実（Honesty）、敬意（Reverence）、希望（Hope）、倹約（Thrift）、謙虚（Humility）、博愛（Charity）、正直（Sincerity）、中庸（Moderation）、勤勉（Hard Work）、勇気（Courage）、自己責任（Personal Responsibility）、および感謝（Gratitude）を挙げている[8]。ベックは、これらの価値と原則を繰り

返し強調しながら、視聴者に向けて集会への参加を呼びかけたのである。原則と価値には、米国の保守派の面々が主張する内容が多く織り込まれていたのは、いうまでもない。

また、ウェブ上には、このワシントン行進を支援するサイトが多数見受けられた。たとえば、4万人のオンライン会員が登録する「自由を求めるキャンペーン(Campaign for Liberty)」、1万人以上の会員が登録するウェブサイト「賢い少女の政治(Smart Girl Politics)」などである[9]。

この集会では、ティーパーティー・パトリオッツのジェニー・ベス・マーティン(Jenny Beth Martin)、フリーダムワークスの創設者で前連邦下院議員のディック・アーミー(Dick Armey)、自らの政治活動委員会を集会の後援団体として名を連ねたサウスカロライナ州選出の共和党連邦上院議員ジム・デミント(Jim DeMint)、ジョージア州選出の共和党連邦下院議員で財政保守派のトム・プライス(Tom Price)、テネシー州選出連邦下院議員マーシャ・ブラックバーン(Marsha Blackburn)、およびインディアナ州選出連邦下院議員マイク・ペンス(Mike Pence)らティーパーティー関係者たちが参加し、多くの聴衆の前で講演した。なお、ジョージ・ブッシュ Jr. 政権末期に成立した不良資産買取計画、あるいはオバマ政権の下で成立した救済法案を支持した議員たちは、誰一人として参加することを認められず、この集会の目的と意図が近年、連邦政府による"社会救済的政策"に反対したものであることが、理解できる[10]。

今回の集会は、ティーパーティー運動の全国団体の一つであるフリーダムワークスによれば、「個人の自由」、「財政的制限」、「連邦憲法の尊重」への献身を謳った集会であったという。フリーダムワークスの代表の一人であるマット・キブ(Matt Kibbe)は、集会の

模様を以下のように述べている。すなわち、その集会では、いかなる正式の団体も存在しなかった。その理由として、「主催者たちは、ティーパーティーの精神、つまりこの自発的秩序からなる指導者のいない性格を反映した集会を望んだ」からであった、と語っている[11]。

② 「税の日ティーパーティー抗議行動」2010年4月15日

 2010年4月15日、米国の確定申告締切日に、全米各地で「税の日ティーパーティー抗議行動」が行われ、その数は2,000以上に上った。当日、ワシントンD.C.のナショナルモールには数千人の市民が集結し、税制改革を要求した。この集会は税制関連の抗議集会であったものの、同時に多くの市民たちは3月23日に成立した医療保険法案に反対する声も上げ、「オバマケアはいらない」、「法案撤廃」などを訴える参加者が多数見られた。一説では、全国750都市で50万人以上が参加したという。「税制改革を求めるアメリカ人」によれば、参加者は61万5,000人で、一番参加者の多かったのは、ジョージア州アトランタの1万5,000人、1万人以上の都市は、テキサス州のアトランタの1万3,000人、カリフォルニア州サクラメント、ミズーリ州セントルイス、カンザス州のオーバーランド・パーク3都市の1万人であった[12]。

 集会を主催したのは、ティーパーティー運動の全国的団体の一つとして知られるフリーダムワークスとティーパーティー・エクスプレスであった。その他に、「税制改革を求めるアメリカ人(Americans for Tax Reform)」や「米国保守連盟(American Conservative Union)」などのロビー団体もこれに加わった[13]。

 なお、フリーダムワークスは、この日の午前、ティーパーティー

支持者たちに向けて票の掘り起こしを行う戦略講習会を開き、その後、これにナショナルモールで他の保守系団体も加わり、集会の夜の部には1万人を超える市民が参集した、といわれる。

また、ワシントンD.C.で開かれた集会では、ティーパーティー運動の支持者として知られるテキサス州選出の連邦下院議員ロン・ポール(Ron Paul)、アイオワ州の連邦下院議員のスティーブ・キング(Steve King)、ジョージア州選出連邦下院議員トム・プライス(Tom Price)、およびミネソタ州選出連邦下院議員のミシェル・バックマン(Michele Bachmann)ら主要なティーパーティー運動家たちが出席、講演を行った。例えば、ティーパーティー支持者の中の人気者ミネソタ州選出のバックマン議員は、フリーダムプラザに集まった数千人の市民に向けて、以下のように演説した。すなわち、「我々は彼ら(財政的責任を放棄しているとする現職議員たち)に目を向けている。我々はこの無法者の政府に目を向けている」と。その上で、「11月の中間選挙でこれらのことを忘れずに、2012年の大統領選挙ではオバマ大統領を落選させる」ことを訴えたのである。

こうした状況の中で、ティーパーティー・エクスプレスは、2010年11月の中間選挙に向けて、落選に追い込む上下両院の民主党議員の名前を公表した。そこには、上院議員では、ネバダ州選出の民主党連邦上院院内総務ハリー・リード(Harry Reid)、ペンシルバニア州選出のアーレン・スペクター(Arlen Specter)、アラスカ州選出のブランチ・リンカン(Blanche Lincoln)、およびカリフォルニア州選出のバーバラ・ボクサー(Barbara Boxer)、他方、下院議員では、コロラド州ベッツィ・マーキー(Betsy Markey)、ヴァージニア州のトム・ペリエロ(Tom Perriello)とジェラルド・E・コネリー(Gerald E. Connolly)、インディアナ州のバロン・P・ヒル(Baron P. Hill)、フ

ロリダ州のアラン・グレイストン（Alan Grayson）、ネバダ州のディナ・タイタス（Dina Titus）、およびサウスカロライナ州のジョン・M・スプラット（John M. Spratt Jr.）らの氏名が挙げられていた。

　なお、この時期にティーパーティー・エクスプレスは、ネバダ州からワシントンD.C.に向けてのバスツアーを実施し、11月の中間選挙に出馬する共和党候補たちを招待、支持表明を行っている。例えば、民主党連邦上院院内総務のハリー・リードに挑戦するシャロン・アングル（Sharon Angle）共和党候補を、11月の中間選挙での14名の「英雄」の一人としてたたえた。しかし一方で、このようなエクスプレスの行動に対して、他の大多数のティーパーティー組織は、これらの候補者の支持を表明することを拒否した点も忘れてはならない。

　なお、ワシントンD.C.での集会には政治家たちが招待されて講演を行った一方、他方で現職政治家を招待することを拒絶した集会もあった。例えば、ウィスコンシン州マディソンでの集会では、一部のティーパーティー組織は、共和党知事のトミー・トンプソン（Tommy Thompson）が講演を行うことに抗議をしたほどである[14]。集会主催者は、全国で800から1,500の集会が開かれたといわれる一方で、いくつかの都市の集会では、昨年（2009年）の同じ集会に比べて参加者が減少した所もある。また、ワシントンD.C.での集会では、主催者側の予想を下回り、集会の夜の部の参加者数は数千人にとどまり、ティーパーティー運動の拡大と同時に上下現象の激しさと多様性を知ることができる[15]。

　以上、最近台頭・拡大し、多くの国民の注目を集めている保守的右派の草の根運動＝ティーパーティー運動の「動員力」および「組織力」の一端を紹介した。

(2) マサチューセッツ州の「奇跡」

①マサチューセッツ州連邦上院特別選挙

2010年1月19日、マサチューセッツ州において連邦上院特別選挙が行われた。これは、前年の8月、マサチューセッツ州で1962年以来長く連邦上院議員を務めてきたリベラル派の重鎮、エドワード・ケネディ（Edward Kennedy）の死去を受けて実施された選挙である。

この特別選挙には、州上院議員の共和党候補スコット・ブラウン（Scott Brown）、州司法長官で民主党候補マーサ・コークリー（Martha Coakley）、および自由党の候補ジョセフ・ケネディ（Joseph Kennedy）候補の三人が出馬し、結果は共和党のブラウンが、選挙戦序盤の予想を覆し、有権者の51.9％（116万8,107票）の支持を得て、コークリーの47.1％（105万8,682票）に競り勝った。なお、ケネディの得票率は1％台に終わった[16]。

共和党ブラウン候補の勝利は、全米から驚きの目をもって迎えられた。というのも、マサチューセッツ州は伝統的に民主党が優勢な州であり、共和党が擁立したのは当時ほとんど無名の州上院議員ブラウンであったからに他ならない。それに対して、民主党候補は現職の州司法長官で名の知れたコークリーを擁立し、選挙序盤の世論調査などの予想ではコークリーが圧倒的優勢であるとみられていた。

このように、マサチューセッツ州の連邦上院議席を共和党に奪われたことは、バラク・オバマ大統領率いる民主党政権とって大きな痛手であったことは、いうまでもない。すでに前年の2009年11月には、ヴァージニアおよびニュージャージー州の知事選挙で民主党が敗北し、それらの結果は、2010年11月に行われる中間選挙へ向けて、2009年1月から始まったオバマ大統領の政権運営、とくに経済不況に対応するための一連の大型景気刺激策に伴う連邦財政の大規模な

支出、あるいはオバマが就任当初から公約に掲げてきた医療保険制度改革への有権者たちの否定的評価として受けとめられた。さらに、オバマが医療保険制度改革を推進するにあたり、連邦上院では、共和党のフィリバスター（議事妨害）を回避するために必要な60議席を割り込むことになり、医療改革法案の成立に向けてより一層の困難が伴うことが予想されていた[17]。

ところで、勝利したブラウンは、1959年9月12日メイン州キタリー生まれの51歳、マサチューセッツ州ウェイクフィールドで育った。両親はブラウンが幼い時に離婚、母親が生活保護を受けながらブラウンを育てた。タフツ大学を卒業後、ボストンカレッジの法科大学院へ進学、また19歳の時マサチューセッツ州陸軍に入隊し、1994年には軍法務部に所属した。マサチューセッツ州レンサムで査定官、行政委員を務めた後、1998年に同州の共和党州下院議員に当選、そして2004年には州上院議員となった[18]。ブラウン自身は中絶賛成派であるが中絶反対派も容認し、また、同性結婚に反対であるものの市民的結合（Civil Union）を容認する立場をとっている。さらに温暖化対策に賛成票を投じ、前共和党州知事のミット・ロムニーの下で、マサチューセッツ州の医療保険改革を支持した経緯がある[19]。

2009年8月、長年マサチューセッツ州連邦上院議員を務めてきた民主党リベラル派のエドワード・ケネディの死去を受けて、ブラウンは共和党候補として特別選挙への出馬を決めた。選挙戦では、ブラウンは自らを"ポピュリスト"として有権者に訴えた。ジョン・F・ケネディがブラウンに変わるという素朴な選挙広告やピックアップトラックに乗って州内を駆け巡り、有権者たちと握手を交わすブラウンの行動は、彼のポピュリストとしてのイメージを高めた。ブラウンはまた、選挙運動の焦点を医療保険法案に向け、本来リベ

ラル寄りであるマサチューセッツ州でさえ不人気の法案に反対するため、連邦上院で41人目の反対票を投じる議員になるのが自分の役割だと強く訴えたのである[20]。

一方、民主党候補のコークリーは、1953年7月14日、マサチューセッツ州ピッツフィールド生まれの57歳、ウィリアム大学卒業後、ボストン大学法科大学院へ進学した。法律事務所に勤務した後、地方検事補、地方検事を務め、2007年マサチューセッツ州の州司法長官に選出された。医療保険改革を含めたオバマ民主党政権の政策に支持を与えており、金融機関への規制強化、中絶の権利保護を求めるなど、一貫して「リベラル」派の立場をとり、オバマ政権が推進する計画の擁護者として自らを訴え、大物政治家、民主党指導者、および労働組合幹部たちの支持を要請した[21]。

選挙戦当初、現職州司法長官のコークリーに比べて、ブラウンの知名度は低かった。そこで、ブラウン陣営は、携帯電話のアプリケーション、ユーチューブ、およびフェイスブックなどを活用し、知名度が低く、資金面においても困難な選挙戦を広範囲な政治運動へと展開することを試みた。

実際、ブラウン陣営のソーシャル・メディア戦略担当のロブ・ウィリングトン(Rob Willington)は、ソーシャルネットワークサービス作成のプラットフォームを利用してウェブ上に「ブラウン旅団(Brown Brigade)」と名づけたサイトを作成、ブラウンの選挙運動を草の根の支持者たちと結びつける運動を展開した。その結果、ブラウンへの支持運動はマサチューセッツ州だけでなく、州外へも広がったのである[22]。

投票日の数週間前には、YouTubeにアップロードされたブラウン候補の動画が50万回以上再生され、その再生回数は対立候補で

あるコークリーの動画の約5万1,000回を圧倒的に上回った。さらに、ウェブ上におけるブラウンの知名度が高まるとともに、フェイスブックには、コークリーの10倍以上にのぼるブラウン支援のファンページが作成された。『サフォーク大学』の世論調査によれば、ブラウンの知名度は、2009年11月の段階では51％であったものが、投票日の数日前までには何と95％にまで急増した。これらのウェブ上でのブラウンを支持するサイトなどを通じて、全国規模でブラウン陣営へのオンライン献金が行われ、ブラウンが選挙献金の要請を公表した際には、ほんの一日で130万ドルも集まったといわれる[23]。

　一方、コークリー陣営にとっては、選挙戦中に数多くの失態を犯したのが痛かった。例えば、コークリーが選挙運動中なのに地元を離れてワシントンD.C.に向かったことが問題となった際に、コークリーは有権者の支援を哀願するのを躊躇するような発言を行うなど、有権者たちから大きな批判を浴びた。さらに、選挙戦終盤、ラジオ番組に出演した時に、地元の球団レッド・ソックスの有名投手を「ヤンキースのファン」と間違え、地元有権者を激怒させて失態を重ねた[24]。

　このような状況の中で、ブラウン陣営は勢いづき、選挙戦術の面でも先手を打った。事実、ブラウン陣営はコークリー陣営が本選挙に向けて用意した選挙広告よりも1週間も早めて12月30日に最初の選挙広告を流した。さらに、ブラウン自身も年末に、再度選挙献金を求める記者会見を行った。ブラウン陣営の選挙顧問の話によれば、選挙戦の流れは、コークリーが6日間の休暇を取った後、すなわち新年明けの週末ごろから大きく変化した、と述べている。これに対して、コークリー陣営側は、ブラウン陣営が選挙応援集会を年末年始の休日に実施したことを強く批判したものの、それは後の祭りで

あった[25]。

②ティーパーティー・エクスプレスによるブラウン支援

ティーパーティー運動は、その発展初期に、前連邦下院議員のディック・アーミー率いる「フリーダムワークス」や「繁栄を求めるアメリカ人」(Americans for Prosperity)など既存の保守系団体が関与し、運動拡大を支援してきた。その際、ウェブ上にティーパーティー運動を支援するため数多くのサイトやフェイスブックのページを立ち上げ、草の根のティーパーティー活動家がアクセスできる空間を作り上げ、また、地方の活動家たちに向けて、ティーパーティー組織の設立、集会の運営方法、およびウェブページの作成などの講習会を開き、ティーパーティー運動側は広範囲にわたる連絡体制を整備した[26]。

実際、マサチューセッツ州でも、州の東部地域を中心に、保守派活動家たちによっていくつかのティーパーティー組織が設立され、保守的なニュースメディアあるいはブログなどからの情報を共有し、組織参加者たちに向けてメール送信や抗議行動などを実施した。ただその一方では、2009年8月に各地の市庁舎集会で起こった医療保険改革への反対行動、9月12日のワシントン納税者行進の直後には、ティーパーティーに対する全国メディアからの注目は一時低下した時もあった[27]。

だが、10月以降、マサチューセッツ州の上院特別選挙戦が本格的に開始されるや、ティーパーティー・エクスプレスが共和党ブラウン候補の支援を公表してこ入れし、さらにブラウン陣営に35万ドルの選挙資金を提供したこともあって、地域のティーパーティー活動家たちの行動に大きな衝撃が走った。そして、選挙戦終盤に入ると、地方ティーパーティー組織によるブラウンを応援する討論会が

全面的に開催されたのである[28]。

　2010年に入ると、ブラウンおよびコークリー両陣営は猛烈な選挙広告合戦を繰り広げた。世論調査によれば、当初劣勢であったブラウンが猛烈な追い上げを見せ、コークリーに迫っていることが明らかになった。ブラウン陣営は選挙広告だけでなく、ブラウンを支持する広告をマサチューセッツ全州に流すため、ティーパーティー組織はもとより、全米商工会議所などの企業団体などから選挙資金を大量にかき集めた[29]。

　ティーパーティー・エクスプレスの広報担当レヴィ・ラッセル(Levi Russell)によれば、「我々がスコット・ブラウンを支持する理由は、ティーパーティー運動の中で広く反対が見られる連邦上院議員ハリー・リードの医療保険法案をつぶすためには、ブラウンの一票が重要だからである」、と語った[30]。

　一方、コークリー陣営は、妊娠中絶を支持する女性団体、労働組合によるコークリー支持を求める広告を一斉に放送した。これらの選挙広告の中で、ブラウンが過去に、州議会で州共和党指導部と協力した投票行動を強調、また、金融機関の経営者が過度の俸給を受け取る規制に反対した点など、をアピールした[31]。ちなみに、選挙戦の終盤の1月17日には、オバマ大統領自身も応援に駆けつけ、コークリーへの支持を訴えている。

　共和・民主両陣営は、選挙戦終盤に入るや、テレビやラジオの広告を含めて、電話、ダイレクトメール、Eメール、巨大看板広告など、ありとあらゆる手法を駆使して、有権者の支持獲得に動いた。最終的に、両陣営の選挙運動では、都合2,300万ドルの選挙資金が投入された[32]。

③ティーパーティー運動の影響力

 既述のように、2010年1月19日、上院特別選挙が実施され、開票の結果、共和党候補ブラウンが投票総数の51.9％を獲得し、47.1％を獲得した民主党候補コークリーを僅差で抑えて勝利を手にした。なお、投票率は54％と中間選挙としては異例に高く（一般には35％台）、有権者の関心の高さを示した。マサチューセッツ州は上院特別選挙は、伝統的に民主党が支配してきた州であり、ほとんど無名の共和党候補が勝利を収めたことは、全米で大きな話題となった。

 ブラウンの勝利は「マサチューセッツの奇跡」と評され、とくにそれがティーパーティー運動の成果の一つとして受け止められた。しかしながら、ブラウンの選挙での勝利に際してティーパーティーの役割が決定的に重要であったとは必ずしもいえない。なぜなら、ティーパーティー運動の組織あるいは指導者は、実際には周辺においてその影響力を及ぼしたにすぎず、選挙運動の中心的役割を担ったわけではないからである。ザカリー・コーサー（Zachary Courser）によれば、ブラウン勝利に際しティーパーティー組織の役割が限定的である理由として、①ブラウン自身がティーパーティーの一員であると表明せず、支援も求めなかった、②マサチューセッツ州の有権者の特徴として、支持政党を表明することを拒む「無党派」の割合が高く、ブラウン陣営は「無党派」の有権者がいだく医療保険改革と連邦支出の増大の懸念を利用して票を稼いだ、③ティーパーティー運動に示された既成政党への不信に対し、共和党指導部はブラウンへの支援を公にしない戦略をとった、点がブラウン勝利の要因であったとしている[33]。

 もちろん、ティーパーティー運動側の活動家たちが、ブラウン勝利をティーパーティー運動の大きな成果として宣伝したことはいう

までもない。なぜなら、ティーパーティー・エクスプレスによるブラウン支援は全国的に報道され、ブラウンの勝利が自らの功績であると強調することができたし、また、全国レベルのティーパーティー組織の介入で、地方の草の根のティーパーティー組織の活動が活発化したからである。その場合、重要なことは、ブラウン候補への支持運動の全国的広まりが、ティーパーティーのネットワークを通じて行われた事実である。ブラウンに対して、マサチューセッツ州のみならず州外からの支援には、ブラウンへの多額のオンライン選挙資金の献金額にも表れている。そして、マサチューセッツ州の連邦上院特別選挙で用いられた戦術が、実はその後11月の中間選挙において、ケンタッキー州のランド・ポール（Rand Paul）、およびデラウエア州のクリスティン・オドネル（Christine O'Donnell）各候補などの共和党予備選の選挙運動のモデルとなったことだ[34]。

だから、マサチューセッツ州の上院特別選挙におけるブラウンの勝利は、ティーパーティー運動が中間選挙に向けて、全米各地の選挙区の候補者選出過程（予備選挙）および本選挙で大きな影響力を与えた。その意味で大きな"転換点"の一つであった、といえる。

3　ティーパーティー運動の影

わが国でも知られているティーパーティー・エクスプレスによる「ティーパーティー・エクスプレス・バスツアー」全国ツアーは、これまで4回実施され、2回目と3回目には、前の共和党副大統領候補者のサラ・ペイリンが参加、ティーパーティー運動の司令塔として講演を行っている。本節では、前半ではバスツアーの模様を紹介し、その上でティーパーティー運動とペイリンとの関係、またペイ

リンの指導者としての資質を彼女の経歴を検討しながら、考察する。次いで、後半では、人権調査・教育研究所(Institute for Research& Education on Human Rights)の報告書『ティーパーティー・ナショナリズム (*Tea Party Nationalism*)』に拠りながら、ティーパーティー運動の影の部分、すなわち、人種差別、移民排外主義、およびティーパーティー運動を組織拡大に利用する"国家主義者"の活動を紹介する。

(1) ティーパーティー運動とサラ・ペイリン

①ティーパーティー・エクスプレス・バスツアー

ティーパーティー運動が全国的に展開される過程で、積極的な政治運動を展開し、ティーパーティー・エクスプレスの名を高めたのは、エクスプレスが主催しフリーダムワークスが協力した「ティーパーティー・エクスプレス・バスツアー」に他ならない。

このバスツアーは、エクスプレスの母体である「よりよいわが国に値する政治活動委員会(Our Country Deserves Better PAC)」が、2008年大統領選挙の際「ストップ・オバマ・ツアー(Stop Obama Tour)」として始めた政治宣伝の企画が源で、それをエクスプレスがティーパーティー運動の一環として開始したのが「ティーパーティー・エクスプレス・バスツアー」である。すでに本書の冒頭でも紹介したように、このバスツアーはティーパーティー運動の全国的運動として注目された一方、他方で、多くの矛盾をはらんだ企画でもあった。

第1回目のバスツアーは、2009年8月28日、カリフォルニア州サクラメントおよびネバダ州リノの集会で開始され、全国33都市をめぐり、9月12日のワシントンD.C.での納税者行進の集会で終了した。バスツアーは全国をめぐり、ネバダ州およびテキサス州でティーパーティー集会を開催した。その際、後援団体としてフリーダム

ワークスなど他のティーパーティー組織も名を連ねた。主催者は、その目的を「(連邦政府の)赤字支出、連邦政府が運営する医療保険制度、および救済計画に反対する米国人を団結させ、教育し、および励ます」ことであると謳った[35]。

第2回目のバスツアーは、「ティーパーティー・エクスプレスⅡ：審判の日へのカウントダウン」と題され、10月25日からカリフォルニア州サンディエゴから始め、その後、ネバダ州、中西部州をめぐりながら、テキサス、ルイジアナ、ミシシッピ、アラバマ、ジョージアの南部各州をめぐってティーパーティー集会を開催し、最終地はフロリダ州のオーランドであった。

バスツアーの第3回目は、2010年3月27日、連邦上院民主党多数派院内総務ハリー・リード（Harry Reid）の落選をめざしたネバダ州サーチライトにおける大規模な集会でもって開始され、ボストン、クリーブランド、デンバー、デトロイト、ナッシュビル、フェニックスなど全国各都市で40以上のティーパーティー関係の集会を開き、終結地は4月15日に「税の日ティーパーティー」行進が開催されたワシントンD.C.であった。バスツアーの実施過程で、エクスプレスはミネソタ州共和党下院議員ミシェル・バックマン（Michele Bachmann）およびテネシー州共和党下院議員のマーシャ・ブラックバーン（Martha Blackburn）など中間選挙の候補者への支援を公表している。また前の共和党副大統領候補で保守派の間で人気のあるペイリンが、3月27日のサーチライトおよび4月14日のボストンでの集会でゲストとして招かれ、多くの市民の前で特別講演を行っている[36]。バスツアーの訪問先を見ると主として、中西部、西部、および南部など保守的色彩の強い地方都市に集中しており、その過程で、支持者の拡大と資金集めを行い、保守票の掘り起こしに貢献

し、リベラルな地域や大都市にはほとんど足を運んでおらず、バスツアーの目的と意図がよくわかる。ちなみに、1月にマサチューセッツ州の連邦上院特別選挙でティーパーティー運動から支援を受けて当選したスコット・ブラウンは、ボストンでの集会には参加しなかった。

いずれにせよ、「小さな政府」を求めて始まったティーパーティー運動がこれまで政治に無関心であった各地域の多くの保守支持層を取り込むことに成功し、その関心が財政以外の他の分野にまで広がりを見せているのは、間違いなかったと思われる。

②サラ・ペイリンの経歴

ティーパーティー運動のいわゆる"司令塔"として知られるペイリンは、1964年2月11日、アイダホ州サンドポイント生まれで46歳、ペイリンが幼い時、家族はアラスカ州南東部に位置するスカグウェイに引越、その後、アンカレッジ郊外のワシラに移り住んだ。彼女は1984年に地元の美人コンテストに出場して優勝、1987年、アイダホ大学でジャーナリズムの学士号を取得したのち、アンカレッジのテレビ局でスポーツキャスターを務めた。1988年、高校時代の同級生であるトッド・ペイリンと結婚し、その後5人の子供をもうけた[37]。

ペイリンは1992年、ワシラの共和党市議会議員に選出され、1996年にはワシラ市長に当選、これを2002年まで2期6年務めた。そして2002年には、アラスカ州知事選で共和党副知事候補として出馬するものの、アラスカ州連邦上院議員であったフランク・マカウスキー(Frank Murkowski)に破れ、マカウスキーの知事就任後には、アラスカ州石油ガス保全委員会に任命された。ペイリンは、この委員会の

共和党幹部委員たちを倫理的に腐敗しているとして糾弾、辞任に追い込み、有権者たちにペイリンの存在を強く印象づけた[38]。

 2006年、ペイリンは現職の知事マカウスキーを共和党予備選挙で打ち負かし、本選挙でも民主党候補を破って当選した。彼女はアラスカ史上初の女性知事となり、就任時の年齢は最も若い42歳であった。知事に就任するや、選挙公約であった政治倫理の改革を実施し、また、石油会社への増税や天然ガスパイプラインの建設を行うためにカナダの建設会社と交渉した。しかしながら、2008年7月、ペイリンの妹の元夫を知事の権限により解雇した疑いで追及され、2009年3月に再選断念を公表し、1期限りで辞職した。なおのちに、州人事委員会によって彼女の嫌疑は払拭されている[39]。

 周知のように、ペイリンが全国的な知名を得たのは、2008年の大統領選挙のときで、共和党穏健派の大統領候補ジョン・マケインが党内保守派に配慮して、副大統領候補として彼女を選んだことから始まった。この時、ペイリンは全米から注目を集める一方で、民主党支持者などから、銃の権利擁護者、知事時代の石油採掘計画、中絶反対などその保守的政治姿勢が批判された。しかしながら、彼女の政治姿勢は共和党保守派から好意的に受け止められ、保守層を中心に幅広い人気を集めたのは否めない[40]。

 だが、大統領選挙運動が進むにつれて、マケインとペイリンが選挙戦術をめぐって衝突した。共和党全国委員会では、ペイリン家族のために衣装代15万ドルを支出したことも発覚するなど、ペイリンの「一般の母親像」のイメージを損ねる結果となった。さらに、あるテレビのインタビューに対して十分な準備を行わず失言を重ね、また、マケインの助言を無視したことも、マケイン側との不和を生みだす原因となった。

大統領選挙で敗北したペイリンは故郷のアラスカに戻り、2009年にはアラスカ州知事の任期を終えた。だがその後、ペイリンには全米のメディアから多数の出演依頼の申し出が集中するようになり、一躍人気者となった。さらに、2009年に出版した自伝『はみ出し者：あるアメリカ人の人生(Going Rogue: An American Life)』の売り上げは全米で200万部を超えた。こうして、ペイリンはフォックスニュースのコメンテーターとなり、また、自らの番組の司会を行い、高額の報酬を得るようになったのである[41]。

ところで、ティーパーティー運動とペイリンとの直接的かかわりは、2010年2月6日にテネシー州ナッシュビルで開催された全国ティーパーティー大会で、基調講演を行ったときに始まる。彼女はこの講演で、ティーパーティー運動が米国政治の未来を担うようになると語り、オバマ政権による連邦財政の悪化を強く批判した。講演後、ペイリンの講演料が10万ドルだったとうわさされた[42]。なお、ティーパーティー・エクスプレス主催のティーパーティー・バスツアーでは、第3回バスツアーの出発地ネバダ州サーチライトやマサチューセッツ州ボストンで各々講演を行っており、これは、エクスプレスの母体である「よりよいわが国に値する政治活動委員会」が2008年の大統領選挙の際に、「ストップ・オバマ・バスツアー」を開催し、ペイリン陣営を支援したことへの返礼であった、という[43]。

ペイリンは全国的知名度を生かして、2010年の中間選挙では、予備選挙の段階から積極的に選挙運動にかかわり、50名以上のティーパーティー運動の候補者を支持した。その中で最も注目されたのは、アラスカ州連邦上院の議席をめぐって、共和党現職リサ・マカウスキー(Lisa Murkowski)に対し、予備選挙でティーパーティー運動から支持を受けたジョー・ミラー(Joe Miller)の応援に回り、マカウス

キーを敗退させたことである。ただし、マカウスキーは、本選挙では無所属で立候補し、勝利を収めている。

　ペイリンはまた、共和党の多数の女性候補も積極的に支援した。こうして中間選挙で多数の共和党候補を支援することで、ペイリンは共和党内でその影響力を次第に拡大しただけではなく、オバマ大統領が推進するリベラルな政策を批判、新たに勢力を拡大させてきた保守的右派のティーパーティー運動における事実上の"司令塔＝顔"となったのである[44]。

　それでは2012年の大統領選挙に、果たしてペイリンは出馬するのであろうか。『ワシントン・ポスト』紙の2010年10月の世論調査では、彼女は候補者として14％を獲得、その他の候補を圧倒している。ただ2011年3月、インドを訪問した際に出馬を行うか否かを問われた時、ペイリンは「ここで急いで出馬表明を行う必要はないと考えている。それは人生を大きく変える決断である」と述べている[45]。ペイリンが大統領候補として予備選挙に出馬するには、ティーパーティー運動の顔としてティーパーティー運動を組織し、支持結集を図らねばならない。共和党推薦候補として残るのはむづかしい、と思われる。確かに、彼女は中間選挙では、全国的知名度を十分に生かして、ティーパーティー組織の"司令塔"ないし共和党の"顔"として、共和党大勝の立役者として大きな成果をもたらし、彼女の影響力の大きさを有権者に知らしめた。しかし、ペイリンは現段階で、ティーパーティー運動の指導者となることに躊躇しているようにも思える。なぜなら、もともとティーパーティー運動参加者の大多数を占めていたのは草の根の活動家たちであり、ティーパーティーの全国組織でさえも、彼らをひとつにまとめることは容易ではない。それに加えて、ティーパーティーの全国組織同士の反目も生じてお

り、ペイリンの極端な保守的姿勢がその他の組織と齟齬をきたす可能性が十分にある。また、ティーパーティーの一部に見られる人種差別的、過激主義的組織の存在が、ティーパーティー運動の指導者となる場合、単に共和党保守派としてでなく、穏健派や民主党寄りの無党派を政治的に取り込む際、運動の足かせとなることも考えられ、ペイリンの将来の見通しは必ずしも明るいといえない。

　最近の新聞報道によれば、次のような事実が指摘されている。それは、ペイリン人気の"翳り"である。フォックスニュースの番組に出演するペイリンの視聴率が低下傾向にある。ソーシャルメディアでも、ペイリンの名前に言及する回数が次第に低下している。2008年大統領選挙戦から指摘されてきた彼女の「失言」癖、それに加えて、2011年1月にアリゾナ州トゥーソンで発生した共和党連邦下院議員狙撃事件での大失言は、ペイリンの人気に影を落としたのは否めない。大統領候補としての彼女の資質が問われている、といわねばならない。なお、最近ティーパーティー運動の中では、ミネソタ州選出のミシェル・バックマン連邦下院議員が次期大統領選の女性候補として存在感を増している。以上の理由から、ペイリンがティーパーティー運動の支援を受けて共和党の大統領候補として支持を得るには、大きな困難が存在している、と結論づけられよう。

(2) ティーパーティー運動と人種差別主義、移民排外主義、および極右国家主義

①ティーパーティー運動と人種差別主義

　ティーパーティー全国組織の中で、積極的に政治活動を行っている組織の一つにティーパーティー・エクスプレスがある。その初代代表はマーク・ウィリアムズ(Mark Williams)で、彼は、ティーパー

ティーについて「米国を信じ、連邦憲法を詳しくは理解していないかもしれないものの、その精神は良く鍛えられた人々の集まりであって、彼らが米国を取り戻すと同時に一つのティーパーティーへと結集するのだ」、と述べている。その一方で、オバマ大統領を、「ナチス、半分白人の人種差別主義者、半分黒人の人種差別主義者、生活保護の詐欺を行ったインドネシア人イスラム教徒である」と批判した。さらに彼は、オバマ大統領殺害の奨励を示唆する発言もしており、これらの発言が会員たちの批判を生み、2009年6月、ウィリアムズはエクスプレスの代表を辞任した[47]。

一方、1776ティーパーティーの代表で元海軍将校デール・ロバートソン(Dale Robertson)は、移民排外を掲げている。彼が2009年2月27日、全国規模で行われたティーパーティー集会に「議会=奴隷所有者、納税者=ニガー」と書いて掲示カードを持参して物議をかもしたのは記憶に新しい。また、支持者たちに献金依頼をした際、メールに男娼姿のオバマ大統領の画像を送り、あるいは、彼が司会を務めるラジオ番組「ティーパーティー・アワー」で、反ユダヤ主義の発言をした。ロバートソンは、「既成政党が保守に転向しなければ、ティーパーティーがすべてを転換させる」ことを強調している[48]。

しかし、このような1776ティーパーティーの言動に対して、他のティーパーティー組織から強い拒絶反応が生じている。例えば、ティーパーティー・パトリオッツは、1776の代表ロバートソンの人種差別的行動について、報道機関に向けて、今後1776とはいかなる関係も持たないことを公表したし、またフリーダムワークスは、今後絶対に行動を共にしない組織だと1776ティーパーティーを批判した。レジストネットは、1776と当初協力関係にあったものの、しかし後に会員に1776と距離をとるよう要請するメールを送信した[49]。

ティーパーティー全国組織の中で最大の会員数を誇るのがティーパーティー・パトリオッツで、それは全米ではティーパーティー運動最大の草の根組織である。ウェブサイトには、2,000以上の地方ティーパーティー・パトリオッツ支部が掲載されている。パトリオッツを下から支えているのは、州および地方のティーパーティー支部からなるネットワークの存在である。テキサス州にあるティーパーティー支部には、人種差別団体として有名な「クー・クラックス・クラン」の関連団体に所属していた人物が指導者となっている支部もあり、これらの地方支部が、他の移民排外団体などと提携しながら各地域で反移民の集会を開催しており、問題となっている[50]。

②ティーパーティー運動と移民排外主義

　ティーパーティーを名乗る全国的組織のなかで、綱領に移民排外主義的項目を掲げているのが、先に紹介した1776ティーパーティーである。1776は、政党間の橋渡しを行うために設立されたキリスト教徒による組織で、連邦憲法の擁護、税制改革、連邦予算の縮小を掲げる中で、「不法滞在の外国人はここでは違法である。国内雇用の保護は不可欠である。銃を所持する権利は不可侵である」、とその理念を提示している。組織の指導者は、「他のティーパーティー組織が確固とした立場でできないことを我々は行っているだけだ。我々は信念をもって行動をしている」と述べ、移民排外主義が意図的である点を明言している[51]。

　この組織には、移民排外を掲げる「ミニットマン・プロジェクト(Minuteman Project)」出身の人物たちがその指導部にいる。たとえば、ミニットマン・プロジェクトで理事を務めたステファン・アイヒ

ラー(Stephen Eichler)は1776の理事を務め、同じく広報担当のティム・ビューラー(Tim Bueler)は、1776の広報担当局長である。彼らは、移民排外を主張する関連団体に複数所属し、また、彼らが経営する会社をスポンサーにつけたラジオ番組で移民排外を訴えている。特にビューラーは、オバマ大統領とケニアの指導者たちの間の関係を暴露することに精力を注ぎ、彼がケニアを訪問した際には当局に拘束され、国外退去処分を受けたほどである[52]。

　また、数多くの州および地方レベルの移民排外諸団体と行動をともにしているティーパーティー組織として、レジストネット・ティーパーティーが挙げられる。この組織は、2010年にアリゾナ州議会で成立した人種差別主義的な州上院提案1070が執行差し止め命令を受けた際、この法律を支持する「我々はアリゾナとともにある(We Stand with Arizona)」計画を開始するなど、地方のティーパーティー組織を取り込んで多くの署名を獲得した。その他に、レジストネットの協力団体として、オバマ大統領に出生証明書を提示するように新聞紙面に広告を掲載した「憲法教育を求める我々国民基金 (We the People Foundation For Constitutional Education, Inc.)」、不法移民たちによる米国の簒奪を警告する「テイクアメリカバック(TakeAmericaBack.org)」など、反イスラム活動家が運営する団体が存在する[53]。

③ティーパーティー運動と極右国家主義者

　ティーパーティー運動が全米で注目を集め、関連集会が各地で開かれるにつれ、白人国家主義者たちの一部は、ティーパーティー集会を白人国家主義者による人材登用の場と見なすようになった。たとえば、幅広いアクセスを誇る白人国家主義者のウェブサイト、ス

トームフロント(Stormfront.org)上で、国家社会主義者や白人至上主義者による討論が行われた。それによると、人種差別を自覚する彼らと一般のティーパーティー参加者たちの違いを強調する一方で、一般参加者たちを人種差別主義の方向へ向かわせることを議論するなど、ティーパーティー集会で自分たちの主張を広げるため詳細な方法を報告する投稿者も存在しており、物議を醸している[54]。

さらに、国内最大の白人国家主義団体である「保守派市民評議会(Council of Conservative Citizens)」は、ティーパーティー運動の中で最も積極的な活動を行っている団体の一つで、彼らは米国を白人キリスト教徒の国家であると信じて、オバマと黒人たちが白人を抑圧していると述べている。この団体指導のティーパーティー集会が開催されたこともあり、ある地方支部においては、ティーパーティー集会で、団体の名刺、入会申込書、団体の活動を紹介している機関誌を大量に配布した事実が報告されている[55]。

以上、ティーパーティー運動に内在する人種差別、反移民、および極右国家主義的側面を見てきた。ティーパーティー運動自身が本来、保守的右派の運動から出発したことを考慮するなら、そうした影の部分を抱えていることは、ある意味で自然なことである。しかし、現職の大統領に対する露骨な人種差別的評言はいかがなものであろうか。上坂がいみじくも指摘するように、「大統領は、その選出過程からしても、就任式の様式からしても、国民の多くが深く尊敬する人物である。その人物に対して、白人優越主義者や人種差別主義者の団体に属する過激派ではなく、建国の理念でもある、過大な権力に反抗する精神をもった草の根民主主義を求める人が、信じ難い人種差別的表現を使っている」のは、極めて遺憾であると言わざるをえない[56]。

4　おわりに──ティーパーティー運動の行方

　2009年の春から、ティーパーティー運動は、民主党オバマ政権による医療保険改革、景気対策のために生じた莫大な連邦政府支出などに対し、全国各地で抗議行動や反対集会を開催しながら、運動参加者を増やしてきた。既述のように、ティーパーティーの組織は、参加者を動員するためウェブ上のソーシャルメディアを活用して参加者の間での広大なネットワークを作り、地方の活動家たち向けの組織や集会の運営方法を教育する場を提供することを特色としている。それに加えて、各地で開催された大規模なティーパーティー集会にフォックスニュースの番組司会者グレン・ベックや前共和党副大統領候補のサラ・ペイリンなどの著名人たちが参加することにより、ティーパーティー運動の全国的な認知度を高め、ティーパーティー運動の更なる動員が可能になった側面もある。2010年の中間選挙では、ティーパーティー運動のインパクトが予備選挙の段階から見られ、最後までその勢いが衰えることはなかった。ティーパーティー運動は共和党に大勝利をもたらし、大きな影響力を発揮したのは間違いない。

　それでは、2012年の大統領選挙に向けて、ティーパーティー運動はどのように展開されていくのであろうか。それは、いちにティーパーティー運動を構成する組織幹部たちの動向如何にかかっていると思われる。いわゆる専門家集団として設立されたフリーダムワークスやティーパーティー・エククスプレスなどは、ティーパーティー運動を発展させていく過程で、今後も多くの組織強化を図り、資金集めなど活動を行うであろう。だが、その他の大多数の組織は、「草の根」を強調する緩やかで多様な連合体に過ぎず、ティー

パーティー運動内部の一部の組織による結束の呼びかけ、とくに大統領選挙において、具体的に全国的な候補者を選定する際、どれだけそのエネルギーを活かして存続できるかはまったくの未知数である。だとすれば、ティーパーティー運動が大統領選挙で大きな影響力を行使できるかどうかは、内部で活動している組織幹部の戦略と彼らの意向次第である面が少なくない。

いずれにせよ、ティーパーティー運動に参集した市民の多くは、運動の理念である、「小さな政府」、「財政再建」、「自己責任、」および「連邦憲法の擁護」など原則で一致している。ティーパーティー運動は、市民生活や経済活動などで政府の介入を最小限にとどめ、個人の自由を重視し、オバマ政権に対する不満をもつ、保守的右派による大衆運動の側面がある。だから、近年見られる、米国覇権の衰退や政治エリートの統治能力の不足の状況の中で、ティーパーティー運動への共感者たちが"米国の原点"を模索するのは、市民たちの多くが自信喪失に直面していることを象徴している、といってよいだろう[57]。

〈注〉
(1)　ティーパーティー運動の起源・組織・理念については、さしあたり、藤本一美・末次俊之「ティーパーティー運動―米国政治の新方向？」『専修法学論集』第112号(2011年7月号)を参照されたい。前嶋和弘「ティーパーティ運動とソーシャルメディア」東京財団『政策研究・提言　現代アメリカ』(2011年6月8日)、(http://www.tkfd.or.jp/research/project/news.php?id=765)。ティーパーティー運動の人種、移民排外、および極右国家主義的側面を調査・報告した、人権調査・教育研究所(Institute for Research & Education on Human Rights, IREHR)による報告書『ティーパーティー・ナショナリズム』には、ティーパーティー運動における主要な全国団体として、①「フリーダムワークス・ティーパーティー(Freedom Works Tea Party)」、②「1776

ティーパーティー(1776 Tea Party)」、③「レジストネット・ティーパーティー(ResistNet Tea Party)」、④「ティーパーティー・ネーション(Tea Party Nation)」、⑤「ティーパーティー・パトリオッツ(Tea Party Patriots)」、⑥「ティーパーティー・エクスプレス(Tea Party Express)」、が挙げられている。また、この報告書では、ティーパーティー運動への支持者と参加の実態を3つのレベルで分析している。第一に、各種の世論調査などが示すように、ティーパーティー運動を継続的に支持する米国の成人人口の約16%から18%、すなわち、数千万人の支持者たちであり、彼らは、運動の支持の輪の最も周辺に位置する。第二に、ティーパーティー集会に参集し、関連チラシを購入し、各地の抗議行動に参加する、数百万からなる活動家たちである。第三に、運動の全国的諸組織が運営するウェブサイトに登録している、全米で25万人以上にのぼる会員たちである。全国的な組織とともに、これらの会員たちがティーパーティー運動の核を形成している。本章では、とくにティーパーティー運動の核を形成する全国的組織およびそれらの会員たちの活動に焦点を当てた(Institute for Research & Education on Human Rights, eds., *Tea Party Nationalism: A Critical Examination of the Tea Party Movement and the Size, and Focus of its National Factions* 〔Aug. 24, 2010〕, p.8)。

(2) http://www.politico.com/news/stories/0909/27070.html(latest access, 2011/06/15).

(3) http://abcnews.go.com/Politics/tea-party-protesters-march-washington/story?id=8557120(latest access, 2011/06/15).

(4) Kate Zernike, *Boiling Mad: Inside Tea Party America* (New York: Times Books, 2010), pp.39-46. スタインハイザーは、テキサス大学在学中に政治活動を始めており、「抗議」で存在感を示す左派の手法をまねて保守系学生運動を組織してきた。今や彼は専門家として、ティーパーティー運動を組織化し、拡大していくノウハウを伝授する「保守派による史上初の大規模抵抗運動」を促進している。2011年7月下旬、ワシントンD.C.に集まったティーパーティー指導者の会合で、スタインハイザーは「市長選でも、所得税の増税阻止でもいい、小さなことから始めて下さい。そこで成功することが人々を動機づけ、大きな成功につながる」と、檄をとばした。なお、フリーダムワークスの電子メール会員は数千人単位で増え続けており、ティーパーティー運動が若者主導で組織を拡大している、ことが窺われる(「米保守革命④：ティーパーティーの実像」『毎日新聞』、2011年8月22日)。

(5) IREHR, *op.cit.*, *Tea Party Nationalism*, pp.20-21.

(6) http://the912-project.com/about/the-9-principles-12-values/.

(7) *Ibid.*「9の原則」には、建国の父祖のジョージ・ワシントンならびにトマス・

ジェファーソンからの引用文が添えられている。
(8) *Ibid.* 前嶋は、この行進の参加者たちにインタビューを行い、ベックの「9の原則」ならびに「12の価値」の訴えが、当日参加した人々の共感を得ていたことを明らかにしており、興味深い論文である（前嶋、前掲論文、「ティーパーティ運動とソーシャルメディア」）。
(9) IREHR, *op.cit.*, *Tea Party Nationalism*, p.21.
(10) Zachary Courser, "The Tea Party at the Election," *The Forum*, Volume 8, Issue 4, 2011, p.5.
(11) *Ibid.*, p.6.
(12) http://www.nytimes.com/2010/04/16/us/politics/16rallies.html (latest access, 2011/06/20); 上坂昇『オバマの誤算―「チェンジ」は成功したか』（角川書店、2010年）、109頁。
(13) Zernike, *op.cit.*, *Boiling Mad*, p.156.
(14) http://online.wsj.com/article/SB10001424052702304628704575186473974439824.html?mod=WSJ_WSJ_US_PoliticsNCampaign_4 (latest access, 2011/06/15).
(15) http://articles.latimes.com/2010/apr/16/nation/la-na-tea-party-protests16-2010apr16 (latest access, 2011/06/20).
(16) http://www.boston.com/news/special/politics/2010/senate/results.html (latest access, 2011/06/20).
(17) 末次俊之「2010年中間選挙―民主党後退の政治過程」『ポリテーク』第12号（2010年12月）、33頁。
(18) *Biography, Washington Post* (http://whorunsgov.com/Profiles?Scott_P._Brown); Biography, *Biographical Directory of the United States* (http://bioguide.congress.gov/scripts/biodsplay.pl?index=B001268).
(19) http:www/time.com/time/nation/article/0, 85991954918, 00.html (latest access, 2011/06/15).
(20) *CQ Weekly*, January 25, 2010, p.240.
(21) http://www.boston.com/news/politics/2008/articles/2010/01/13/campaigns_brevity_shapes_coakley_image_on_trail/ (latest access, 2011/06/15).
(22) http://www.time.com/time/nation/article/0, 8599, 1960378, 00.html (latest access, 2011/06/20).
(23) *Ibid.*
(24) http://www.boston.com/news/politics/2008/articles/2010/01/13/campaigns_brevity_shapes_coakley_image_on_trail/ (latest access, 2011/06/

20).
(25) *op.cit.*, *CQ Weekly*, January 25, 2010, p.240.
(26) 前嶋、前掲論文、「ティーパーティ運動とソーシャルメディア」。
(27) Vanessa Williamson, Theda Skocpol, and John Coggin, "The Tea Party and the Remarking of Republican Conservatism," *Perspectives on Politics*, Volume 1, Number (March, 2011), p.31.
(28) *Ibid.*, p.32.
(29) *The Associated Press*, January 17, 2010.
(30) *Ibid.*
(31) *Ibid.*
(32) http://www.boston.com/news/local/massachusetts/articles/2010/01/24/late_spending_surge_fueled_senate_race/(latest access, 2011/06/20).
(33) Courser, *op.cit.*, "The Tea Party at the Election," p.6, ブラウンの信条は、元々リベラル寄りの共和党穏健派に近く、マサチュツーセッツ州のような一般にリベラル派が多くて、民主党支配が続いた州で、州全域の有権者を相手にする選挙戦では、共和党保守派の主張だけでなく、無党派は言うに及ばず、民主党右派などにも配慮した戦略を取らねば勝利はおぼつかない。特に今回のように、選挙戦が極めて伯仲した中にあって、ブラウン側は利用できるものは何でも活用するという姿勢で、ティーパーティー運動の協力を拒否する理由はなかった。ただ、ブラウン自身は信条的には、共和党穏健派の立場に近いこともあり、ティーパーティー運動側の主張を必ずしも鵜呑みにしたわけでなかった、と思われる。
(34) 前嶋、前掲論文、「ティーパーティ運動とソーシャルメディア」。
(35) http://articles.cnn.com/2009-08-28/politics/tea.party.express_1_health-care-tea-party-express-reform?_s=PM:POLITICS(latest access, 2011/06/23).
(36) http://www.teapartyexpress.org/about/(latest access, 2011/06/25).
(37) http://topics.nytimes.com/top/reference/timestopics/people/p/sarah_palin/index.html?scp=1-spot&sq=sarah％20palin％20&st=cse(latest access, 2011/06/25).
(38) http://www.nytimes.com/2008/08/30/us/politics/30palin.html?pagewanted=3(latest access, 2011/06/25).
(39) *Ibid.*
(40) ペイリンが全国的知名度を得たことで、ペイリンの家族に対しても関心が向けられた。ペイリンの末の息子はダウン症であり、また、共和党全国大会の数日後には、未成年の娘の妊娠が明らかとなった。
(41) http://www.nytimes.com/2008/08/30/us/politics/30palin.html?pagewanted

=3 (latest access, 2011/06/25).
(42) http://www.nytimes.com/2010/02/07/us/politics/08palin.html (latest access, 2011/06/25).
(43) IREHR, *op.cit.*, *Tea Party Nationalism*, p.50.
(44) http://topics.nytimes.com/top/reference/timestopics/people/p/sarah_palin/index.html?scp=1-spot&sq=sarah%20palin%20&st=cse (latest access, 2011/06/25). ペイリンの支持基盤は、次のようなものである。すなわち、それは、保守的キリスト教徒の女性たちで、彼女たちはペイリンを強く崇拝しているという。実際、ペイリンは全米を駆け巡って女性団体や人口妊娠中絶に反対する団体で講演をこなして支持を拡大してきた。彼女を支持する女性たちは、家庭や教会や地域社会の世界で存在感を強めている一方で、男性の権威や保守的な宗教観におとなしく従っている。中絶論争でいずれの立場をとることに躊躇している、いわゆる「中間派」の女性たちの気持ちをとらえ、キリスト教右派層を拡大する上で、ペイリンは最適な人物なのである(「ペイリンを崇拝する女たち」『ニューズウイーク(日本語版)』、2010年7月14日号、40−41頁)。
(45) http://www.guardian.co.uk/world/2011/mar/19/sarah-palin-delhi-presidential-speculation (latest access, 2011/06/20). ペイリンは美人コンテストで優勝し、その後、テレビキャスターを経て政治家となった経緯からも明らかなように、その行動は積極的でかつ派手である。2008年の大統領選では共和党の保守派を代表する形で民主党のヒラリー・クリントンを意識して、出馬を要請された。しかし、彼女の伝記タイトル『はみ出し者』が端的に示しているように、その行動と思考には「軽はずみ」な面が見られ、政治家として姿勢や行動面で問題点が多いのは否めない。だから、2012年の大統領選で、仮にティーパーティーの代表に押し上げられ、共和党の代表となったとしても、全米の有権者を対象とする場合に、果たして無党派層などの支持を獲得できるかについては、大きな疑問が残る。
(46) *Newsweek*, May 9, 2011, p.26. ただ、2011年の6月に入り、ペイリンは大統領予備選挙でカギを握ると見られる州を回る計画を発表し、大統領選への出馬を断念していないことを示唆した。『ニューヨーク・タイムズ』紙も1面で、「ペイリン、大統領選挙出馬に向けて新たな動きか」と書き立てた。彼女自身も、大統領候補になるのに必要な「野心」が自分にあると明言している(「ペイリン出馬へ意欲満々?」『ニューズウィーク(日本語版)』、2011年6月8日号、17頁)。
(47) IHEHR, *op.cit.*, *Tea Party Nationalism*, p.51.
(48) *Ibid.*, p.23.

(49) *Ibid.*, p.26.
(50) *Ibid.*, p.45.
(51) *Ibid.*, p.23.
(52) *Ibid.*, p.25.
(53) *Ibid.*, pp.30-32.
(54) *Ibid.*, p.60.
(55) *Ibid.*, pp.60-61.
(56) 上坂、前掲書、『オバマの誤算』、117頁。
(57) 「米保守革命：ティーパーティーの実像」『毎日新聞』、2011年8月18日。

終　章——大統領選挙と「ティーパーティー運動」

　2011年1月に召集された連邦議会では、共和党のティーパーティー派の議員たちが、ジョン・ベイナー下院議長に対して、連邦憲法重視の姿勢を示す下院規則の改正を要求し、これを実現させた。それは中間選挙前にティーパーティー運動の全国団体である、フリーダムワークスが掲げた10提案の第1項目で、小さな政府を実現するため、「憲法上、規定がない権限を連邦政府から取りあげる」という、ティーパーティー運動の基本政策の一つであった。また、1月14日、共和党の全国委員長の選挙では、ベイナー議長は、次期大統領選挙の仕切り役に党内中道派を据えようとしたが失敗し、当選したのは、ティーパーティー寄りの保守派だった[1]。

　こうした状況の中で、4月15日、ベイナー議長の地元オハイオ州のシンシナティー市郊外のグレンディー広場にティーパーティー運動の支持者600人が集まった。オハイオ州ティーパーティー運動の代表者ダン・レジノルド（Dann Lejinorudo）は、檀上から連邦政府閉鎖の危機に直面した今年度の予算をめぐる与野党合意について、「ベイナー議長は最善を尽くしたと思うか」と問いかけると、一斉に「ノー」との歓声が上がった。ベイナー議長は、同予算をめぐってオバマ大統領・民主党との交渉の矢面に立ち、その対応について批判を浴びていた。事実、シンシナティー選出の共和党下院議員の2人は14日の下院本会議の点呼投票において、「財政削減の規模が小さ

すぎる」として反対にまわるなど、ティーパーティー運動系の議員たちの政治力の大きさが浮き彫りされ、ベイナー議長は面子を失う形となった[2]。

さて、次の大統領選挙は、来年2012年11月に行われる。現段階(2011年6月)で、その帰趨を占い、選挙においてティーパーティー運動がいかなる影響を及ぼすかを正確に予測することは困難である。しかし、本書で展開してきた最近の政治事情を検討した場合、米国で新しく台頭してきた草の根の保守的な右派の抗議運動＝ティーパーティー運動がどのような大統領候補を擁立ないし支援し、また予備選挙や本選挙でこの運動がいかなる力を発揮するのかは、現代米国政治を分析するものにとって、大きな関心を寄せざるを得ない。第4章でも指摘したが、最後にこの点について再度述べておきたい。

まず、民主党の場合、現職の大統領であるバラク・オバマが再選を目指し、民主党内の予備選挙を制し、全国党大会で次期大統領候補になることは、ほぼ間違いないだろう。実際、オバマ大統領は、4月4日、立候補を正式に表明した。問題は共和党側である。現時点では、残念ながら、有力な大統領候補者は見当たらない。このような政治状況の中で、ティーパーティー運動側はいかなる大統領候補者を思い描き、連邦議会選挙、知事選挙、および地方選挙でどのような政治戦略を立てて、挑もうとしているのであろうか？

4月15日の「税金の日」、来年の大統領選挙戦に向けた活動が活発化する中で、保守系右派の草の根運動＝ティーパーティー運動が全米各地で「小さな政府」を求める集会を開催した。支援団体のフリーダムワークスによれば、全国800カ所においてティーパーティー関係の集会が持たれたという。ティーパーティー運動が全米規模の広がりを見せたのが、ちょうど2年前の「税金の日」であった。ティー

終　章―大統領選挙と「ティーパーティー運動」　129

パーティー運動の政治的影響力は、この2年間で急速に膨張した一方で、原則を曲げない姿勢を批判する世論の声も高まっている。

　4月8日に発表された『ピュー・リサーチ・センター』の世論調査結果では、次のような結果が出た。2010年11月の中間選挙と比較して、ティーパーティー運動に「共感する」と答えた人は5ポイント減の22％であり、「共感しない」は7ポイント増の29％であった。ことに無党派層の間でティーパーティー運動に否定的な見方が拡大、運動拡大の勢いは一時的とはいえ、止まっているようだ[3]。

　越えて5月5日、来年の大統領選挙で共和党候補者の選出に向けた公開討論会がサウスカロライナ州のグリーンビル市で開催された。ティム・ポーレンティー前ミネソタ州知事ら5名が参加、知名度の高いロムニー前マチューセッツ州知事らは欠席した。すでに、全国各地で政治資金集めの集会を開き、事実上選挙活動を開始しているオバマ大統領の民主党陣営に比べて、共和党側の出遅れ観は否めない[4]。

　共和党の場合、4年前のこの時期に主要な候補者が出そろっていたのに比べると、今回は出足が鈍く、誰が実際に候補者として出馬するのかは判然としない。その背景として考えられる要因は、現職大統領が再選を目指した場合、かなり高い確率でもって再選されてきた経緯があったからである。また、「オサマ・ビンラデイン容疑者殺害によりオバマ大統領の再選は確実だ」との声も出ており、共和党側にとって大統領候補者を目指すハードルが一段と高くなっている事情も見過ごせない。さらに、ティーパーティー運動の台頭により、共和党内の保守派と穏健派の溝が深まり、満遍なく支持者を獲得することが困難となっている事情もある[5]。

　大統領選挙に出場の意欲を示しているのは、共和党内の保守派に

偏っていて、いわゆる中道・穏健派を代表する人物は見当たらない。こうして混沌とした状況の中で、5月23日、アイオワ州集会でティム・ポレンティ前ミネソタ州知事が大統領選挙への正式出馬を表明したし、また、6月13日、ミシェル・バックマン連邦下院議員が大統領選挙への出馬を表明した。バックマンは保守的右派の草の根集団であるティーパーティー運動の強い支持を受けている、という[6]。なお、現時点では、ティーパーティー運動の象徴存在として知られているペイリン前アラスカ州知事は支持率が伸び悩んでおり、一部で出馬を見送るとの観測が強まっている[7]。

〈注〉
(1) 「米下院"茶会"にらみ」『朝日新聞』、2011年1月7日、「米オバマ政権、3年目の賭け」『日本経済新聞』、2011年1月27日。
(2) 「茶会運動　曲がり角」『毎日新聞』、2011年4月17日。
(3) 「茶会の女王バックマンの実力」『ニューズウィーク(日本版)』、2011年8月31日号、39頁。
(4) 「米大統領選　共和初の公開討論」『毎日新聞』、2011年5月7日。
(5) 「共和党のオバマ攻略作戦」『ニューズウィーク(日本語版)』、2011年5月25日号、42頁。『ニューヨーク・タイムズ』紙とCBSテレビが5月2日〜3日に実施した合同世論調査によれば、オバマ大統領の支持率は51％に跳ね上がり、1日のウサマ・ビンラディン容疑者殺害の直前から11％も上昇した(『東京新聞』、2011年5月9日)。
(6) 『毎日新聞』、2011年6月14日(夕)。その後、8月13日、ペリー・テキサス州知事が大統領選への出馬を表明、8月16日発表の共和党候補に関する『ラスムッセン世論調査』では、ペリーが29％、ロムニーが18％、およびバックマンが13％の支持率であった(同上、2011年8月18日)。
(7) 「ペイリン出馬はやっぱり無謀？」『ニューズウィーク(日本版)』、2011年6月22日号、25頁。

〈補　遺〉

　本書の校正段階で、米国において「債務上限引き上げ」問題が生じ、その対応をめぐりオバマ大統領は大きな失点を重ね、支持率はまたもや40％に急落した（7月26日〜27日『ギャラップ世論調査』）。この点について若干言及しておこう。

　2011年8月1日、連邦政府の債務上限引き上げ問題で、オバマ大統領は演説を行い、債務上限の引き上げと財政再建策を一緒にした法案について、民主・共和両党の幹部が合意に達したと発表した。こうして、世界を揺るがした米国債のデフォルト（債務不履行）危機は、8月2日の期限ぎりぎりで一応回避された。

　オバマ大統領は、共和党指導部との合意でデフォルトが回避されたと宣言した。だが、共和党への妥協の色が濃い今回の合意に対して、民主党サイドから強い反発の声があがり、再選を目指す次期大統領選に向けて、オバマの「指導力」が問われることになった。

　オバマ大統領にとって、もし与野党の交渉が決裂してデフォルトに陥り、米経済の国際的信用が低下する事態にでもなれば、再選に大きなマイナスとなると見られていた。だが、合意によりオバマにとって最悪の事態は回避できた、といえる。しかし、債務引き上げをめぐる交渉では、共和党側の要求した財政赤字削減が受け入れられた一方で、大統領側が強く主張した富裕層への増税案を盛り込むことはできなかった。

　オバマ大統領は、デフォルトに陥れば米国の国益が大きく損なわれ、民主党および共和党両党とも同様に責任を問われることになるだろう、という認識は共和党も同じであるとの考えをもち、デフォルトの回避を前提にした「理性的会話」を求めた。だが、これは大きな誤算

であって、オバマの思惑通りに事は運ばなかった。共和党内でも、草の根保守派「ティーパーティー運動」の支援で当選してきた議員たちは、たとえデフォルトになったとしても、非難されるのは大統領の方だと見て、ベイナー下院議長や共和党幹部に、安易な妥協をしないよう突き上げ、大統領側を揺さぶった。「小さな政府」を旗印とするティーパーティー運動側にとって、大統領の増税案を排除した事実を「大きな勝利」と受けとめたのは、いうまでもない。

　一方、オバマ大統領の大きな支持基盤である民主党リベラル左派にとっては、今回の合意が昨年末、共和党前政権下で富裕層向けに打ち出された「ブッシュ減税」の延長を決めたのに続く二度目の"敗北"だと見られた。今後もリベラル派の支持離れが進むようなことがあれば、オバマ大統領の再選戦略に影響が波及するのは間違いない。

　ただ、今回の交渉の過程で、妥協をしないティーパーティー運動系議員と穏健派議員との間での対立も表面化した。今回の勝利で、共和党内では、ティーパーティー運動系の影響力が一段と強まると、考えられる。だが、共和党サイドにとって、2012年大統領選挙戦では、穏健派の無党派票も獲得できる候補者の擁立がオバマ大統領再選阻止の行方を握ると見られているが、そのような候補者がティーパーティー運動の台頭により困難になるとの懸念する向きもある(『読売新聞』、2011年8月2日)。

資料 『ティーパーティー・ナショナリズム』[2010年8月](抄訳)

序文

　我々は、ティーパーティーの支持者たちの大多数が、誠実で好意的な人たちであることを知っている。全国黒人地位向上協会(NAACP)―100年以上にわたってあらゆる形での人種差別に光を当て、かつ戦う活動を行ってきた組織―が、デヴィン・ブルグハルト(Devin Burghart)、レオナード・ゼスキン(Leonard Zeskind)および人権調査・教育研究所(IREHR)による、米国での一部のティーパーティー組織の分派と名の知れた人種差別扇動団体との間の結びつきに光を当てた本報告書の作成に対して、感謝を述べる理由はここにある。これらの結びつきは、すべての愛国的な米国人に再考を促すものである。

　私は、ティーパーティー運動のリーダーおよびメンバーたちが、本報告書を読み、人種差別主義的見解に傾倒し暴力を唱道し、もしくは白人至上主義団体と公に関係を結んでいるティーパーティー組織の指導者たちから距離を置くための、更なる対策をとることを望んでいる。わが国の民主主義を確固たるものにし、あらゆる人々の権利を保障する行動の中で、我々が侮蔑用語の使用、暴力による脅迫、あるいは長く疑問視されてきた人種的階層の復興なしに、道理に基づき政治討論を行うことが重要である。

　7月、第101回NAACP全国大会に出席した代議員たちは、ティーパーティーの中の無遠慮な人種差別的分子を非難する決議を全会一致で採択し、ティーパーティーの指導者に、掲示と演説の中で白人至上主義的な言葉を用いる唱道者たちを拒絶し、また人種差別を広めることで自らの運動を滅ぼそうとするティーパーティーの指導者たちを拒絶することを要求した。

　決議の採択は、全米各地におけるティーパーティーの行進の中で、人種的侮辱と描写に注目したメディアによる報道後に行われた。今年の3月、連邦下院の黒人議員連盟の所属議員たちは、ワシントンD.C.で行われた医療保

険改革の抗議活動の横を通った際、暴言を浴びせられたことを報告した。その群衆の中から、NAACPの長年にわたる支持者で、連邦議員として初めてゲイであることを公にした下院議員バーニー・フランク(Barney Frank)を示唆する反同性愛者の醜悪な暴言が発せられ、それに加えて、公民権運動の伝説的人物ジョン・ルイス(John Lewis)には「Nワード」が浴びせられた。それと同様に、地方のNAACPの会員たちは、地方のティーパーティー集会での人種差別的感情に害された出来事を報告した。

当初、その決議は、広く各方面から過剰で誤解を招く反応を引き起こした。まず最初に、ティーパーティーの指導者たちは我々の主張が妥当なものであることを否定した。その上、フォックス・ニュースは、我々がティーパーティー自体を人種差別主義者と呼んでいると繰り返し伝えた。その後、そのコメンテーターと番組ホストたちは、ティーパーティーがかなり緩やかに組織されているので、自身を管理することはできないと伝えてきた。

全国各地のNAACPのボランティアたちとスタッフたちには、怒りの電話と殺人予告の脅迫が多数寄せられた。

しかしながら、このような脅迫と拒絶の只中で、注目すべき事態が生じた。すなわち、ティーパーティーの指導者たちが、幹部の中の露骨な人種差別主義的行動を、積極的に管理するための方法を採用したことである。

7月末前に、全米ティーパーティー連合は、積極的に政治活動を行っているティーパーティー・エクスプレスの当時の代表マーク・ウィリアムズ(Mark Williams)を、最近人種侮蔑的声明を発表した故に、追放処分にした。その処分は、彼らが以前には拒んだ処置であった。その処置は、三つの理由から重要性を帯びていた。すなわち、第一に、ティーパーティーがあまりにも緩やかに形成されていたので、指導者たちに責任ある行動をとるようにせまることができないと述べた、全国的な指導者たちとニュース番組のホストたちは間違っていたことが明らかとなった。第二に、人種差別的レトリックの使用に寛容な指導者たちとそれに反対の立場をとる指導者たちとの間で、ティーパーティーの指導に関して不一致を生んだ。第三に、我々の決議はある種のインパクトを持ったことが示された。その直後に、モンタナ州の保守派であるティム・ラブンダル(Tim Ravndal)は、地元のメディアが彼のフェイスブックに書かれた、ゲイとレズビアンへの暴力を擁護するメッセージを

報道した後、ビッグスカイ・ティーパーティー協会の代表を解任させられた。

こうした状況の真っ只中で、ティーパーティーの指導者たちは、組織的危機を広報で知らせる際の、典型的なコミュニケーション戦略を採用した。すなわち、フリーダムワークスが非白人のティーパーティー参加者の画像を強調した「ダイバース・ティー（Diverse Tea）」ウェブを開設すると同時に、ティーパーティーの多様性を促進する「ユニ・ティー（Uni-Tea）」集会が直ちに開催された。ジェラルド・リベラ（Gerald Rivera）が進行役を務めたティーパーティー指導者たちの「人種間会談」が行われた。

8月、フォックス・ニュースの番組ホストで、ティーパーティーの象徴的人物であるグレン・ベック（Glenn Beck）は、彼の支持者たちに向けて、ナショナル・モールで行われる彼の集会に向かう際には、メディアからの詮索を避けるためすべての飾り物を家に置いてくるように指示した。そしてその後、財政的メッセージを掲げることでティーパーティーが認知されることを望む彼は、彼らの飾り物とシャツがメッセージより目立たないように、「普段の格好をする」旨を全国のティーパーティー参加者に促したのである。一部の地域では、その反応はティーパーティー自体を超えて広がった。9月、前フロリダ州共和党委員長のジム・グリーア（Jim Greer）が、彼の党の一部のメンバー間における「人種差別的見解」に公式に謝罪をしたことは、驚くべきことだ。

それらは歓迎すべき最初の歩みである。彼らは多様性を促進し、ティーパーティーを悩ませる重要な認知上の問題を認めている。すなわち、その指導者たちの多くが、共通して、保守的な財政および管理の懸念によって動機づけられているものの、一方で、あまりにも長い間彼らは、人種差別主義と外国人排外を標榜する人々、例えば、「保守派市民協議会」―白人市民協議会の直系の後継団体―のような組織と公式に連携をとっている人々を放置してきた。

人権調査・教育研究所が提出したこの報告書は、マーク・ウィリアムズがティーパーティーの指導者たちの中では特異な人物ではなく、そしてティーパーティーの分派とよく知られた人種差別主義団体との結合に警告を発するものである。本報告書はわが国の政治状況の中において、ティーパーティー

の範囲と存在に関して記述した最も包括的な調査である。私は、この調査報告書を作成した人権調査・教育研究所に対して、感謝の意を述べたい。

はじめに

『ティーパーティー・ナショナリズム』は、この種の報告書の中で最初のものである。それは、ティーパーティー運動の中核である六つの全国的な組織ネットワークを検討している。すなわち、フリーダムワークス・ティーパーティー、1776ティーパーティー、ティーパーティー・ネーション、ティーパーティー・パトリオッツ、レジストネット、およびティーパーティー・エクスプレスである。本報告書は、組織の構造および指導、資金源、並びに各々の組織における会員の構成を詳細に述べている。それは、お互いに非常に明確な相違を有するそれぞれの組織が、実際にどのような関係を持っているのかをさぐっている。さらに、我々は、各組織とティーパーティー運動とを広く動機づけている、広範な政治に対しての分析を始める。

この研究の結果は、ティーパーティー自らが作り出した神話の多くと、とくに、一見それらが財政赤字、税金、および連邦政府の権限へ焦点を当てていることと矛盾する。その代わりに、本報告書は、ティーパーティーの幹部たちのなかで、人種、民族的同一性、およびその他のいわゆる社会的争点に関する見解が浸透していることを見出した。これらの幹部たちの間で、バラク・オバマの出生証明書への強い執着は、アメリカ合衆国初の黒人大統領が「真の米国人」ではないという信念に、多くの場合取って代わられている。多くのティーパーティー参加者たちは、連邦憲法に厳格に従うよりも、憲法修正第14条の生得的市民権の規定に挑戦しているのだ。

ティーパーティーの諸組織は、反ユダヤ主義、人種差別主義者、および偏見をもつ人々に演説の機会を与えてきた。さらに、極端な白人民族主義者は、それらの抗議活動に引き寄せられており、潜在的な人材登用を求め、それら抗議活動の(白人の)参加者たちを、より自覚的なイデオロギーをもつ白人至上主義へと駆り立てようとしている。それらの出来事を測る一つの指標として、長年にわたる国家社会主義者であるデヴィッド・デューク(David Duke)が、2012年大統領選挙の共和党予備選挙での選挙運動を展開するため、

ティーパーティーの幹部たちに資金提供と支援を求めていた事実が挙げられる。

　全国的な組織の一つである1776ティーパーティー(一般にティーパーティーorgとして知られている)の指導的人物たちは、反移民を掲げる自警団的組織である民兵プロジェクトから直接移ってきた人々である。ティーパーティー・ネーションは、いわゆる「バーザーズ」(birthers、オバマ大統領の出生に疑問を抱き、彼を大統領として認めない人々)に集会の場を提供し、キリスト教国家主義者と移民排外主義者を引き寄せている。ティーパーティー・エクスプレスは、その指導者たちの人種差別主義的見解の表明によって一般の人々を激怒させたため、他の全国的な諸組織から(近頃は)エクスプレスとのいかなる提携も拒否されている。全国で最も大きい規模を持つ二つの組織、レジストネットとティーパーティー・パトリオッツは共に、長きにわたって反移民の排外主義者と人種差別主義者を抱え、ティーパーティー・パトリオッツは、連邦憲法修正第17条および連邦上院議員の直接選挙の廃止を求める人々にその門を開いてきた。

　ティーパーティーの参加者と彼らの支援者たちが、現在の経済不況とそれに伴う政府の負債および支出増加を懸念している一方で、ティーパーティーの会員構成と失業率との間には、どのような注目すべき統計的関連も見られない。読者は、本報告書のために1月に特別に実施された、この論点に対する回帰分析に注目することであろう。彼らが述べる政治的・社会的エリートへの反対は、「支援に値しない貧しい人々」とみなされている人々への連邦支援に対する敵意に基づくことが明らかとなるだろう。

　ティーパーティー運動は全体として、営利法人、無党派非営利組織、および政治活動委員会を含んだ、数百万ドルの資金で運営される複合体である。彼らは民主党がかつて、インターネットによる資金調達とウェブを通じた動員領域で享受した利点を活用している。彼らは、連邦レベルと同様に、地方および州のレベルにおいて、米国の政治状況に超保守的党派をよみがえらせ、共和党の指導部のなかに強固な極を作り出し、そして、公共の利益のために考慮すべき政策決定に大きな衝撃を与えている。

　連邦議会において、下院議員ミシェル・バックマン(Michele Bachmann、共和党、ミネソタ州選出)が率いるティーパーティー議員連盟を一瞥すると、

下院議員ブライアン・ビルブレイ (Brian Bilbray、共和党、カリフォルニア州選出) が主導し、国境警備の強化を唱えている下院移民法改革議員連盟と重要な共通性が明らかとなる。その上、これらの議員連盟に所属する議員たちの多くは、関連委員会で審議中の生得的市民権を撤廃する法案、下院第1868号議案の共同提案者でもある。

ティーパーティー運動は、いまだ初期段階にある政治運動であり、数の上では多数派を占める、怒れる中産階級の白人たちの運動である。彼らは、自分の国、自分の国民が奪われていると考え、それを取り戻したがっている。ティーパーティーが「取り戻せ。あなたがたの国を取り戻せ」と繰り返し求めることは、明らかに民族主義者の主張を反復するものである。それは時折、国家を社会主義者の溝へ陥れる他者がいる一方で、他方で「真の米国人」が存在する、という主張と結びついている。

ティーパーティー現象は、支持と参加について、およそ三つの段階で生じている。いくつかの全国世論調査は、成人人口のうちの約16％から18％が、継続してティーパーティーに支持を与えていることを示している。その比率から、支持者の数は数千万人であることがわかる。それは支持の輪の最も周辺に位置する。次の段階では、集会に集まり、図書を購入し、並びに多くの地方および全国的な抗議行動に参加する、数百万人の活動家たちからなるより規模が大きく輪郭の不明確な一団である。支持の輪の中心には、この運動の核を形成する六つの全国的な組織ネットワークが運営するウェブサイトに登録している、全米50州で25万人以上にのぼる会員たちが存在する。

『ティーパーティー・ナショナリズム』は、運動のこの核部分に焦点を当てている。すべてのティーパーティー参加者が排外主義的な自警団員もしくは札付きの人種差別主義者である、と主張することは誤りであって、また、本報告書もその様な主張をしていない。しかしながら、全国的なティーパーティー組織すべてが各領域で問題を抱えていた。全国的な組織のうち、ワシントンD.C.に本部を置くフリーダムワークス・ティーパーティーのみが、財政的争点に運動全体の焦点を絞る明確な試み—本報告書が述べるように、概して成功していない行動—を行っている。

それにもかかわらず、バラク・オバマが大統領に当選した衝撃、そして、米国の大統領一家の祖先がかつて白人の所有であったという事実は、ある程

度の効果を持っている。それは、ビリヤードでポケットに向けて九番ボールをはじく突き玉のように、直接的で力学的なものではない。しかし、それにもかかわらず、その効果は認識できる。例えば、非米国人として絶えず描かれる大統領バラク・オバマの描写を考えてみたい。その論旨は、彼を、当然(憲法上)大統領に就任すべきでない、米国生まれの米国人でないと見なす人々の間で生じた。並べ替えはそこから始まる。いわく、イスラム教テロリスト、社会主義者、アフリカの呪い師、偽りのアフリカ人、などである。もし彼がまさに米国人でないのなら、彼は「我々」ではなく「他者」となる。六つの全国的組織のうち五つに、指導者たちのなかにそのような「バーザーズ」が含まれており、唯一の例外はフリーダムワークスだけである。

　時間の経過とともにティーパーティーの数をかぞえたグラフを見ると、組織の数は増加し続けていることが示されている。しかしながら、種々の組織は、同じような割合で増加しているわけではない。最も大きな広がりを持ち、地方組織が母体である構造を持つ二つの全国的組織、ティーパーティー・パトリオッツとレジストネットは、最も急激な割合で増加している。これは、中央からの管理を受けにくい、より大きな運動である傾向を示し、また地方レベルで人種差別主義者および排外主義者分子を多くひきつけるようにみえる。簡潔にいえば、ティーパーティーの参加者たちは、中間選挙以後も消え去っていかず、そして彼らは、将来も公共政策の論争への影響を持ち続けると思われる。しかしながら、ティーパーティー運動が、将来いつまでも同様の組織構成であるとは思われていないのは当然である。最低限、いくつかの変遷―白人民族主義者たちにより近いティーパーティー参加者たちがいる一方で、参加者たちの大部分が共和党組織に加入する事態―が生じるであろう。

　現在の白人民族主義運動は、団体の再編によって、白人至上主義運動で優位を占めたクラン国家社会主義者とブキャナン・スタイルの保守主義と以前に関係を持った分子たちとが結びついて、1990年代に生じた。この民族主義的類型は、ソ連崩壊後のユーゴスラヴィアにおける民族主義に類似している。しかし、第二次世界大戦後の南アフリカなどで生じた反植民地民族解放運動とはまったく異なっている。

　この場合、「科学的」人種差別主義者、米国優先の孤立主義者、人口上での

白人多数の維持を求める移民排外主義者、新南部連合主義者、並びにいわゆる超保守主義の傾向を持つ人々は、断続的ではあるが一貫した白人民族主義運動を興すため、ホロコースト否認論者、民警団式の民兵諸集団、アーリア人至上主義者、白人至上主義団体、白人市民協議会に関係する人々と合流した。それらすべては、無意識的に人種差別主義的態度を示す人々とは対照的に、自覚した人種差別主義的イデオローグである。この運動の目的が多くの場合、米国から白人だけの国を作り出すことを望む人々と、ブラウン判決、公民権法成立の時代以前への復帰を働きかける人々との間で分裂しているものの、すべての人々が白人の全面的優勢な支配の確立をもとめている。これらの目標に向かって、白人民族主義運動は、二つの戦略的指向の間で分裂している。すなわち、独自の行動を行う先導者たちと、白人の間で大多数の支持を獲得することを求める主流派である。それは、本報告書の中で議論される保守派市民協議会のような主流派であり、彼らはティーパーティー参加者たちの間で影響力を持つこと、またそこから人材を登用することを望んでいる。

同様に、ティーパーティー組織と最も影響しあっているのは、主流派指向の民兵組織である。民兵組織は、武器を持つ男女の組織であり、彼らは階級に基づく指揮系統を形成し、敵と称されるものと戦う前提で、準軍事的な訓練に従事している。彼らはその正当性を、1980年代の民兵隊壮年団の見解と同様に、連邦憲法修正第2条に求めている。その民兵壮年団それ自体は、修正第14条市民―すべての非キリスト教徒と有色人種の人々―と呼ぶ人々の市民権に優越する権利および責任をもって、白人キリスト教徒のための市民権の「統治」形態という不可解な教義に依拠している。民兵団が述べる「国家的」市民権の形態は、修正第14条の「国民的」市民権に先行し、そしてそれは、彼らが主張する国家的市民権であり、民兵団の正当化の根拠である修正第2条と重なっている。その他の点では、それらの集団は単純に私兵であると見なされている。本報告書で述べるように、自らをティーパーティー組織であると見なすいくつかの民兵組織も存在している。

ティーパーティー・ナショナリズムという用語は、民族主義的である。ティーパーティー参加者たちが、多くの場合18世紀の米国人の服装をし、ガズデン旗を振り、また連邦憲法をすべての立法政策の指針にすべきだと主張

している事実にもかかわらず、すべての米国人を常に含むわけではない米国の民族主義が存在する。それは、不法移民の米国生まれの子供（時に「在留許可のための赤ん坊」とさげすまれる）、社会主義者、イスラム教徒、および「キリスト教国家」の中でふさわしくないと考えられる人々を含む、「真の米国人」であると思われない人々を排除する民族主義である。連邦憲法の前文にある「一般的福祉」は、個人の自由に関しての彼らの見解を複雑にするものではない。民族主義のこのような形態はコグリン師の米国優先のイデオロギーを想起させる。南部連合の戦旗、呪い師の風刺画、品位を落とすような談話が示すように、白人と結びついている明らかな人種差別主義は、この民族主義に通じている。だが、それは白人民族主義の多様性をすべて示してはいない。狂信的愛国主義者のように組織化も進んでいない。恐らくそれは、今後成長してゆく萌芽であろう。

本報告書では、地図にも注目してほしい（www.teapartynationalism.com）。それぞれの地図は、会員たちの地理的所在、会員同志の関係度合いを追跡し、また、ティーパーティー組織の規模と範囲の便利な全体像を提供している。それは、現在のところ各組織の勢力所在に関する最も正確な評価である。さらに本報告書に含まれない別のデータと組み合わせた時、将来における分析者たちが、選挙におけるティーパーティーの潜在的影響力に関する情報を得る一助となるに違いない。

いずれの全国的ネットワークとも提携していないすべての地方組織は、本報告書の範囲から除外されている。それらについては、将来更なる検討と分析が待たれる。同様に、本報告書の範囲外にあるのは、運動のはじめからその一因となってきた数多くの補助的組織、すなわち、ロン・ポール（Ron Paul）の「自由を求める運動（Campaign for Liberty）」、「繁栄を求めるアメリカ人（Americans for Prosperity）」、「全国選挙区同盟（National Precinct Alliance）」、および「ジョン・バーチ協会（John Birch Society）」である。また、本報告書に含まれないのは、種々の全国的9.12組織である。9.12の構成は、ティーパーティー運動に存在する組織と同じ種類の全国的な組織構造を欠いている。9.12の全国的組織は、重要な周辺勢力である。しかし、組織上のアクターとして彼らは、運動内部における基礎構造の重要な役割を担っているように見えない。さらに、9.12組織の勢力の多くはティーパーティー運動に吸収され

てしまった。2009年9月12日にワシントンD.C.で開かれた集会後、多くの地方9.12組織は一つまたは複数の全国的ティーパーティー組織と連携した。

本報告書のために情報収集した際に活用した方法および技術に関して注記しておきたい。過去12ヶ月の間、我々は、運動の発展および変遷の動向を追跡するため、ティーパーティーを研究する多様な調査記録などの資料を採用した。

本報告書の執筆者たちは、ティーパーティーに関する文献—運動により生じた『公式ティーパーティー・ハンドブック』と『アメリカを取り戻せ—同時に一つのティーパーティー』のような文献から、ティーパーティー参加者が書いたEメール、電子ニューズレター、記事、ブログ、ツイッターを含む電子出版物まで—に目を通した。我々はまた、ティーパーティー参加者とティーパーティーによるイベントを記録した長時間にわたるオンライン・ビデオを見た。直接取材のために、IREHRの職員およびボランティアたちは、ワシントンD.C.からワシントン州に至るまで、各地で開催されたティーパーティーの集会、代表者大会、および会合に出席した。さらに、我々は、多数のティーパーティー活動家たちとも話し合いを持った。

それを基礎にして、著者たちは、企業文書、内国歳入庁の文書、裁判所の事件、運動資金報告、および失業に関する統計を含む、政府の文書とデータベースを調査した。我々は、追加的なデータの収集とその理解の助けるため、コンピューターによる情報収集、データ分析を用いて取材を行った。

本報告書の著者たちはまた、すでにティーパーティーに関して行われていた特別調査を含む、2次資料の全面的な調査を行った。我々は、同様に、ティーパーティーに関して行われた膨大な量の世論調査を分析した。

ティーパーティー運動に関する新たなデータおよび分析を提供し、さらに増大する文献に活用方法と価値を加えることが、IREHRの目的に他ならない。我々は、熟慮の末、以下で展開する内容がまさにそれに値するものと考えている。

1 ティーパーティーの起源

現在のティーパーティー運動が生まれた時期は多数存在している。いくつ

かは、自然に草の根で生まれ、ワシントンD.C.の既存の権力中枢の外側で、保守政治が多くのリバタリアン（右派で反国家主義）の反対に接触するかなり遠い地域で発展した。それ以外のものは、共和党組織の中から直接派生し、そして共和党それ自体の代理者として始まった。

ティーパーティーはまた、ブッシュ時代の評判の悪い保守主義と同じく、彼ら自身と連邦上院議員ジョン・マケインの見解との間の区別を望む既存の右派組織の中にその起源があった。マケイン議員は、大統領選挙で落選した。選挙を支援する際に、彼らは、大統領オバマと民主党への反対勢力の形成を計画した。

ティーパーティー運動に発展する最も初期の一つは、本来のボストン・ティーパーティーの234周年記念にあたる2007年12月に生じた。ロン・ポール(Ron Paul)の支持者たちは2008年の共和党の大統領候補予備選挙で選挙運動資金を集めるため、「ティーパーティー・集中献金(Tea Party Money bomb)」なるイベントを開催した。テキサス州選出の連邦下院議員で、1988年にリバタリアン党の大統領候補に立候補したロン・ポールは、長い間、一方で共和党に属し、他方で極右の立場に身をおいていた。彼の「自由を求める運動(CFL)」は、ヴァージニア州に本部を置き、独立した形で会員制に基礎を置く、重要な非営利機関である。CFLの会員たちがいかなる全国的なティーパーティー組織にも名を連ねていないとしても、それは、ティーパーティー運動の発展において顕著な役割を担っていた。

大統領バラク・オバマの就任前は別にして、彼が当選した後、イリノイ州のリバタリアン党は、彼らがボストン・ティーパーティー・シカゴと称する構想を考えだし、またそれを全国的な反税組織と同じく、イリノイ・ヤフーのリバタリアン党および「集会」グループを通じて、ロン・ポールの自由を求める集いと運動グループを通じて宣伝を始めた。イリノイ州リバタリアン党のデイブ・ブレイディ(Dave Brady)は、「我々がリック・サンテリ(Rick Santelli)に税の日ティーパーティーの考えを提供したのだ」、と主張している。

税の日ティーパーティーを語り合ったイリノイ州リバタリアン党の創設幹部メンバーの1人は、ネバダ州出身でシカゴ在住のエリック・オドム(Eric Odom、30歳)であった。2008年8月、彼は、沿岸油田掘削禁止に反対するた

めに、連邦議会の共和党議員たちを応援するツイッター運動に従事していた。サム・アダムス同盟(Sam Adams Alliance)でニュー・メディア局長として働く一方、オドムは、後にティーパーティーの組織化の土台となる保守派活動家たちの仮想上のネットワークを作り出した。

ほぼ同じ時期に、ミシンガン州トロイに活動基盤を有する投資家が創設した集団、フェドアップUSA(FedUpUSA)は2009年2月1日、「ティーパーティー記念」として連邦議員に向けてティーバックを送付するよう、住民に要望書を送った。

またワシントンD.C.およびベルトウェイ地域の外側では、多数の反「ポーク」抗議者たちは、米国再生および再投資法が連邦議会を通過した時に、ティーパーティーに結集した一連のイベントを盛り上げた。2月16日、シアトルの「ポーキュラス(Porkulus)」—ラジオ司会者ラッシュ・リンボー(Rush Limbaugh)が広めた用語—は抗議者およそ100名を集めた。この行事は、シアトル地区に住む30歳の数学教師および即興俳優ケリ・カレンダー(Keli Carender)が組織した。彼女は「自由の鈴(Liberty Belle)」という名前を彼女のブログ"Redistributing Knowledge(知識の再分配)"を立ち上げた時に使用した。鼻にピアスをあけ、コンバース社のオール・スター・テニスシューズを履くことで知られた保守主義者の彼女は、ティーパーティーがその月の後半に出現した際に、最も重要な人物の1人となっていた。多くの初期の活動家と同様に、カレンダーは後に、ワシントンD.C.を基盤としたフリーダムワークスが行う補助的訓練と支援を求めて、ワシントンD.C.を訪問した。彼女は事実上、ティーパーティー分派と提携するようになった。

2009年2月17日、オバマ大統領が米国再生および再投資法案に署名した日、彼はその景気刺激法案を促進するために、コロラド州のデンバーを訪問していた。その午後、「繁栄を求めるアメリカ人」(Americans for Prosperity)と「独立協会(Independence Institute)」はデンバーで別の"ポーキュラス抗議"を主催した。

シアトルとデンバーでの抗議の直後の2009年2月19日、ケーブル・テレビ・ネットワークの株式解説者リック・サンティリ(Rick Santèlli)は、シカゴ商品取引所の立会い所からの5分の生放送番組で大声を張り上げた。"これが米国だ"とわめきながら、彼はオバマ政権が前日に発表した住宅貸付救済案

を攻撃した。彼が論じるには、それは自らがまかなえる以上の負債を抱えた「損失者」が恩恵を受けることになり、「悪質な行動」を助長するものだ、と。サンティリはオバマが米国をキューバに変えようとしていると述べ、そして資本主義者による「シカゴ・ティーパーティー」の開催を呼びかけたのである。

　直接に言及されていない人種差別的要素により、オバマ政権の住宅貸付救済案をめぐるサンティリの激しい怒りは際立った。住宅危機を導いた年月、銀行はサブプライム・ローンを求める黒人地域社会を集中的に標的にした。サンティリが怒鳴りちらした多くのいわゆる「損失者」とは、サブプライム市場で現金に引き換えた貸し主から購入させられた黒人やラティーノの借り手たちであった。彼らの状況は、サンティリのようなデリバティブ投機家たちよって一層悪化した。投機家たちは、融資が承認されず所有できなくなるまで、それを取引し、また再取引していた。

　それにもかかわらず、サンティリは瞬く間に右翼の英雄となった。その背後で株式取引業者の小集団は、彼が暴言を繰り返す間、随所で歓迎した。全場面を写しだしたビデオ縮小版は、視聴者によって繰り返し再生された。さらに彼が「我々は7月にシカゴ・ティーパーティーを開催しようと考えており、あなた方資本家は全員ミシガン湖に来て欲しい、私はその計画を始めるつもりだ」と述べた時、保守的な組織者が待ち望んだ活気が噴き出した。

　サンティリの金切り声の直後、地方の反景気刺激法案や反税金を唱える抗議行動は変化した。彼らがティーパーティー抗議者へと変身するにつれて、以前に抗議者を組織した数名の人がティーパーティーのたいまつに火をつけたのだ。エリック・オドム（Eric Odom）は、「オフシャルシカゴテイーパーティ・コム（Officialchicagoteaparty.com）」と呼ばれる新たなウェブサイトを立ち上げた。

　2月20日、短命に終わった「全国的ティーパーティー連合（Nationwide Tea Party Coalition）」が形成された。それと同時に、新しいフェイスブック集団「リック・サンティリは正しい、我々は納税者（シカゴ）ティーパーティーを必要としている（Rick Santelli is right, we need a Taxpayer（Chicago）Tea Party）」が創設された。その集団は、「繁栄を求めるアメリカ人」所属のフィル・カーペン（Phil Kerpen）が設立、オドムが運営した。この初期の移行過程を完成さ

せたのが、ブレンダン・スタインハウザー(Brendan Steinhauser)およびフリーダムワークスによる介入であった。オドムと同様に、スタインハウザーは、ティーパーティー運動で重要な役割を演じた、35歳以下世代の保守的活動家の1人であった。彼はまた、ワシントンD.C.に活動基盤を置き、前の連邦下院議員デッィク・アーミー(Dick Armey)が創設した圧力・訓練組織であるフリーダムワークスの設立当時の活動指導者であった。さらに2月9日、スタインハウザーはフロリダ州の活動家たちの1人と接触し、オバマ大統領のフォート・メイヤーへの訪問に対する抗議行動を計画するように提案した。彼女は初期のフリーダムワークスの訓練集会に出席した活動家であった。

サンティリの熱弁がテレビで放映された直後の夜、スタインハウザーはオーランドのホテルの一室におり、出来事をのちに記述した。「私は、例のティーパーティーを開催するための10の簡単な対応策を書き、それを完成させ、それを誇りに思ってミッシェル・マルキン(Michelle Malkin)に送付した。彼女はブログからそれを発信し……」、スタインハウザーのウェブサイトは、アクセスしたすべての人々であふれた。

フリーダムワークスの事務員たちは、全国に存在する地方の支援者たちに、ティーパーティーの開催を進んで行うよう要請した。その後、フリーダムワークスは、「フリーダムワークスは25都市をめぐるティーパーティー・ツアーを行うため、すてばちのようなかけ声で、結集した保守的な草の根勢力からも、また我々自身の会員たちからも怒りを引き出している。ツアーの中で、各都市の納税者たちが、苦労して稼いだカネが無責任な救済措置のため政府に強奪されているという怒りをあらわにすることで、オバマ大統領と連邦議会の民主党に対して、彼らの公然たる社会主義の推進が成功しないことを示すことができる」として、全国レベルのティーパーティー・ツアーの開始を直ちに公表したのである。

ティーパーティーの題目が掲げた怒りの中に、フリーダムワークスは失ったと感じた街の活動家たちをみいだした。1週間後の、2月27日、最初の公的な「ティーパーティー」が開催され、主としてサム・アダムズ同盟によって、フリーダムワークスと「繁栄を求めるアメリカ人」(Americans for Prosperity)が組織された。

多数のこれらの最初の活動家の多くは、全国的組織を立ち上げるや、直ち

に重要性を失っていった。サンティリが大言壮語した数週間以内に、六つの異なる全国ティーパーティー分派の基盤が形成された。集団のいくつかはすでに存在していた(フリーダムワークス、レジストネット、および「よりよいわが国に値するPAC(Our Country Deserves Better PAC)」)し、その他の集団も直ちに形成された(1776ティーパーティー[2月20日]、ティーパーティー・パトリオッツ[3月10日]。ティーパーティー・ネーション[4月6日])。

その年の夏を通じて、ティーパーティーの勢いは、全国的分派が健康保険への抗議およびタウンホールの集会で猛威をふるった地方の怒りを拡散するにつれて次第に大きくなっていった。

ティーパーティーの転換点は、フリーダムワークスが主催した、ワシントンD.C.での2009年9月12日の大会である。大規模な行事計画は、ティーパーティー集団に一緒に活動する機会を与えた。10万人のティーパーティー関係者が街路に集結し、食事を共にし、彼らの構想と怒りを共有し、お互いの接触を図った。最後の簡易トイレがキャピタル・ホールから取り除かれる前に、ティーパーティーは偶発的な抗議者から十分に成長した社会的運動へと転換したのである。

2　フリーダムワークス・ティーパーティー

2008年の大規模選挙後、フリーダムワークスは、ブッシュ政権の負の遺産から保守派を分離して反乱行動を展開しようとした。それは、民主党活動家たちによって以前行われた草の根の組織化に対する代案の要求でもあった。ティーパーティーの出現は、フリーダムワークスがまさに必要としていたことを明確にした。

フリーダムワークス・ティーパーティーは、その他の全国的組織のいくつかよりも会員の登録が少ないものの、それは援助の最も大きな支援組織である。フリーダムワークス法人連合体には、一つの財団および一つのIRC(内国歳入法典)501条c(4)課税免除団体の双方が含まれている。2008年、そのc(4)団体の収支は400万ドルを超えていた。一方、財団は、300万ドル以上を獲得し、支出は収入額を10万ドル上回った。2010年2月現在、フリーダムワークスは、ノースカロライナ州、ジョージア州、およびフロリダ州の州局長

を含む、13名からなる専門家スタッフを擁している。前連邦下院院内総務のディック・アーミーがフリーダムワークスの代表を務めている。IRSに記録された文書によれば、彼は2008年、報酬として財団から30万ドルを受けとり、またその年に、関連会員団体からさらに25万ドルを得ている。

フリーダムワークスは、「健全な経済を求める市民たち(CSE)」として知られる保守系シンクタンク内で、2003年の意見対立から生じた組織内の分派の一つから形成された。この対立で他の陣営は、「繁栄を求めるアメリカ人」(Americans for Prosperity)を形成した。CSEに残った人々が2004年、「エンパワー・アメリカ」と呼ばれる団体と統合した際、フリーダムワークスが創設されたのである。

これまで、フリーダムワークスは、以下の運動を支援してきた。すなわち、社会保障の民営化、最も裕福な米国人たちへの減税、訴訟における賠償額の上限設定、規制緩和および自由貿易である。それは、グローバルな気候変動に取り組む活動に反対し、また産業界からかなりの資金を受けていた。

ポール・クルーグマンのような評論家たちは、ティーパーティーが「見せかけの」現象―草の根支援の組織を形成するため、官僚的組織が作り出した巧妙な行動―である証拠として、ティーパーティー内でのフリーダムワークスの存在に言及してきた。この疑問は、多くの人々に知られている。例えば、2004年、ジョージ・W・ブッシュ大統領が、社会保障の民営化を推進した時、政権はある人物を「普通のシングル・マザー」として褒め称えた。『ニューヨーク・タイムズ』紙の事件の検証記事によると、この人物はフリーダムワークスのアイオワ局長であることが判明した。それと同様に、草の根の組織をまとったウェブサイト"angryrenter.com(怒れる借家人ドットコム)"を立ち上げた際、2008年のフリーダムワークスの役割が『ウォール・ストリート・ジャーナル』紙により暴露された。そのサイトは、支払い不能抵当の再融資を支援する連邦政府の保証に反対するキャンペーンを進めるものであった。

それにもかかわらず、フリーダムワークス連合の策謀をティーパーティーの草の根の反乱行為と結びつけるのは、分析として大きな間違いである。実際、フリーダムワークス・ティーパーティーの会員規模は全国的分派のなかで二番目に小さい。2010年8月1日現在、オンライン会員の数は1万5,044名である。それらは東北部、とくにボストンからニューヨーク市、そしてワシン

トンD.C.に通じる地域に集中している。その他の集団は、テキサス州およびフロリダ州に存在する。フリーダムワークス・ティーパーティーの会員が存在する上位10都市は、以下の通りである。すなわち、フロリダ州ジャクソンヴィル、ワシントンD.C.、ニューヨーク州ニューヨーク、テキサス州ヒューストン、テキサス州サンアントニオ、フロリダ州タンパ、ヴァージニア州リッチモンド、ネバダ州ラスベガス、ヴァージニア州アレクサンドリア、フロリダ州ローダデールである。フリーダムワークス・ティーパーティーのオンライン会員は、男性が40％、女性36％、男女別を選択しなかった者が24％である。

ディック・アーミーによれば、「失意したアメリカ人たちが不満を抱えて街頭へ繰り出し、そしてティーパーティー運動が生まれたのだ。本来のボストン・ティーパーティーが高圧的な政府に反対する草の根の反乱であったのと同様に、ティーパーティー参加者たちは、大きくなりすぎた政府に反発しているのである」。

2009年3月9日、フリーダムワークスのノースカロライナ州支部があるメーコン郡での育成講習会の際、連邦および州運動（Federal and State Campaigns）の管理者であるブレンダン・スタインハウザーは、ティーパーティーの起源を彼の組織を賞賛する言葉で表した。すなわち、「基本的に、フリーダムワークスは、景気刺激法案が成立する以前に、すでに人々に街頭へ繰り出すように要請していた」と。

「はじめに」でも述べたように、初期の集中的な活動の後、フリーダムワークスは、プラカードに掲げるスローガン、報道関係者への発表サンプル、地方でのイベントの地図に関する企画を掲載したウェブサイトを立ち上げた。ビデオインタビューの中で、スタインハウザーは、フリーダムワークスの役割を、地方のティーパーティー集団だと説明した。すなわち、「しばしば生じることは、国中のどこかの出身の誰か1人のまとめ役が私に連絡を取ってきて、自分の町でティーパーティーを組織し、何かをやりたいと言うことである。だから、我々が行うことは、掲示、場所、およびメディア広報活動のためのアイディアを彼らに提供する支援であり、さらに、我々はするべきことのリストを彼らに与えることを試み、その結果、彼らのイベントはうまくいくのである。その多くは、来場した人の登録を行う、メールで催しの内容

を送る、電話をかける、などのような、細かなことに注意を払うことを必要とする。そして、我々は多くの成功を目の当たりにしてきた。そこには、以前このようなことを試みたことがなかった多くの人々がいるが、しかし、彼らはこの方法に従う形で、催しを成功させている」。

実際、フリーダムワークスは当初から重要な役割を担い、新しいティーパーティー組織の育成および技術的支援を提供することと相まって、ティーパーティー活動を調整してきた。彼らは、地方団体を組織する方法、集会を開催する方法、および市庁舎での集会で抗議を行う方法に関して、オンラインおよび電話による相談に応じた。フリーダムワークスはまた、運動内部の情報伝達を促進した。彼らは、全国各地の活動家たちとともに、毎週行われるティーパーティー大会開催を支援した。そこでは、活動家たちがお互いに知り合う場所となった。フリーダムワークスのスタッフは、その他の全国的ティーパーティー分派への技術的支援も行ったのである。

このような初期の段階で、予想される今後の戦いの中で、フリーダムワークスは医療保険法案および気候変動法案に関する情報を組織の幹部に提供した。各地の市庁舎で討論が白熱する以前の2009年8月までに、ディック・アーミーは、「自分の組織の会員たちが、保守的な基盤を刺激する移民改革、二酸化炭素排出量取引提案、および民主党の他の主要な立法提案を妨害する用意がある」ことを公表した。8月18日、フリーダムワークスは、「よりよいわが国に値するPAC（Our Country Deserves Better PAC）」およびその他の六つの組織と一緒に、ティーパーティー・エクスプレスと16日間の全国ティーパーティー・バスツアーを開始した。そのツアーはカリフォルニア州のサクラメントで、8月28日に始まり、そして、ワシントンD.C.での9月12日の集会でもって終了した。

〈2009年9月12日のワシントンD.C.での行進とその後〉

フリーダムワークスは、その際、組織の関心をワシントンD.C.での2009年9月に計画された行進に向けた。その大きな集会の前に、同組織は2,000名以上の活動家たちを集めた2日間にわたる草の根の講習会を開催した。その数は、以前に開催された同様の講習会の出席者200名の10倍に達していた。

ワシントンD.C.における2009年9月12日のティーパーティー集会の出席者

数については、議論の余地がある。推定では6万人から100万人以上の間と幅があり、誰が数えたかによって異なる。その集会の重要性、もしくは集会を支援した組織の範囲に関して、同意点がある。フリーダムワークスがその集会を主催したものの、後援者には、ティーパーティー・エクスプレス（別名、よりよい国に値するPAC（Our Country Deserves Better PAC））、レジストネット（Grassfire.org）、ティーパーティー・ネーション、ティーパーティー・パトリオッツが含まれていた。レジストネットのダーラ・ダワルド（Darla Dawald）は、3名の全国的な調整者のうちの1人となることを求めた。ことに彼女は、フリーダムワークス・ティーパーティーのウェブサイト会員でもあった。

なお、この行進を後援したのは、「成長のためのクラブ（Club for Growth）」、「税制改革を求めるアメリカ人（Americans for Tax Reform）」、および「全国納税者連盟（National Taxpayer Union）」のような、既存のワシントンD.C.のロビー活動団体であった。ティーパーティーの内部と関係するその他の組織とウェブサイトも、抗議行動を支援した。すなわち、4万人およびオンラインの会員たちで支援した「自由を求めるキャンペーン（Campaign for Liberty）」、会員数が当時1万5,000人弱のウェブサイトの「賢い少女の政治（Smart Girl Politics）」、「リーダーシップ研究所（Leadership Institute）」、「自由な共和国（Free Republic）」、およびエリック・オドム（Eric Odom）の「アメリカ自由連盟（American Liberty Alliance）」であった。

2010年1月、フリーダムワークスは、ティーパーティーの活動を2010年の中間選挙にむけて焦点を定めた。「ティーパーティー時代における最初の指導者会議」と銘打ち、フリーダムワークス主催で、20州から60名の指導者たちがワシントンD.C.に集合した。その会議では、2010年の中間選挙の対策について話が進められ、フリーダムワークスは、焦点を当てた65の議会選挙戦のリストを公開した。研究集会では、効果的なテレビ活用およびソーシャル・メディアの学習会が実施された。他方で、「いえる事といえない事：今年逮捕されない方法」と題した研究会が開かれた。フリーダムワークスは、あるスタッフによれば、「イデオロギー的に純粋な保守主義者」の当選を望んでおり、反対候補の調査、メール、戸別訪問、および有権者掘りおこし活動、に資金提供する計画を公表した。

フリーダムワークスはとくに、ティーパーティー・パトリオッツと緊密な協力関係にある。ティーパーティー・パトリオッツは、いくつかの組織がウェブサイトのトップページに薦めているロゴの一つとして、フリーダムワークスのロゴを使用している。フリーダムワークスのスタッフの1人、トム・ゲイテンス(Tom Gaitens)がメーリングリスト管理を行っている。さらに、ティーパーティー・パトリオッツの幹部の1人であるダイアナ・ライマー(Diana Reimer)もまた、フリーダムワークスのボランティアに登録している。ティーパーティーは、2010年1月にワシントンD.C.で開かれた集会に参加し、そして、その二つの組織の研究集会は、2010年4月15日にアトランタで行われた税の日ティーパーティー(Atlanta Tax Day Tea Party)のような、地方の催しも共同で開催した。

1月の会議の後、いくつかのティーパーティー組織は「ティーパーティー独立宣言(the Declaration of Tea Party Independence)」なるものを公表した(代表者たちはその文書の作成にかかわった主要な組織を公表することを拒絶した)。5ページにわたる宣言書は、「民主党」および共和党穏健派との戦いを宣言した。そして、それは、「我々は米国のティーパーティー運動であり、さらに我々は米国の例外主義を信じる」と公表した。その文書は、文化戦争における争点をティーパーティーの原則として明らかにした。その宣言の中では、結束に関してほんの3点だけ、すなわち、「財政的責任、連邦憲法によって制限された政府、および自由市場」を挙げている。この宣言によれば、「この三つの目的は、ティーパーティー運動における我々の結束の源である」と記されている。

本報告書で述べていくように、制限された政府および財政的責任を超えるものが、ティーパーティーの参加者たちを忌避させている側面は否めない。

3　1776ティーパーティー

1776ティーパーティーは、TeaParty.orgとしても知られており、それは、民兵プロジェクト(Minuteman Project)と反移民運動に最も直接的に関与している全国的分派である。その組織の本部はテキサス州のウッドレイク、ヒューストン地区の北に位置する。その場所で、(1776ティーパーティーは)

資料 『ティーパーティー・ナショナリズム』 153

2009年2月にテキサス州から非営利法人の認可を受けた。スタッフたちの所在地はカリフォルニア州にある。1776ティーパーティーは、自らを以下のように描いている。すなわち、「あらゆる政党、とくに民主党と共和党の間の橋渡しを行う、キリスト教徒の政治組織である。神によって、政府を合理化し、連邦憲法で述べられた憲法上の諸権利を堅持することを意図する、すべての人々とイデオロギー的な視点を歓迎する」と。

その組織綱領は、税金と連邦予算と同じく移民の争点に関する内容を含んでいる。すなわち、「不法滞在の外国人は、ここでは違法である。国内雇用の保護は不可欠である……。銃を所持する権利は不可侵である。政府は縮小すべきである。連邦予算を均衡させるべきである。赤字財政の支出を阻止する。救済と景気刺激計画は違法である。中心となる言語としての英語が求められる。伝統的な家族の価値観が促進される。理念的憲法に沿った保守的な自治」。

2010年8月現在で、6,987名のオンライン会員を擁する1776ティーパーティーは、全国的なティーパーティー分派の中で最も規模が小さい組織である。会員構成は全国各地に広く分散しており、いかなる都市にも会員が30名以上存在していない。1776ティーパーティーの会員数上位10都市は、以下の通りである。ネバダ州ラスベガス、テキサス州ヒューストン、アリゾナ州フェニックス、ニューヨーク州ニューヨーク、フロリダ州ジャクソンヴィル、フロリダ州マイアミ、テキサス州オースティン、コロラド州デンバー、アリゾナ州メーサ、ネバダ州ヘンダーソン、である。自分を男性と登録するオンライン会員が66％、女性とする会員が27％、また男女別を選択しない会員6％と、すべての全国的分派の中で、男性の比率が最も高い。

1776ティーパーティーは、意図して挑戦的な姿勢をとっている。組織の指導者たちの1人は、「他のTP（ティーパーティー）組織の大多数は、そのような確固とした立場をとることを恐れている。我々は、信念を持っていることを宣伝している！ 我々は、人々の気分を害するようなことをするのではなく、締め上げるのだ」と、述べている。

組織の創設代表者は、海兵隊を指揮した元海軍将校デール・ロバートソン（Dale Robertson）である。ロバートソンは、「我々はこれを、容易な、もしくは困難な方法で行うことができる。もし、共和党あるいは民主党が保守に変

わらないならば、その時、それは、ティーパーティーが彼らに代わって、すべてを一掃する以外の選択肢を残さない」、と述べている。目的を公式に促進するため、1776ティーパーティーのウェブサイトは、その運動に費やす資金を求めた。彼らはそれを「ティーパーティー・集中献金(Tea Party Money Bomb)」と呼んだ。

2009年2月27日、ロバートソンは、ヒューストンで開かれたティーパーティーの集会に、「議会＝奴隷所有者、納税者＝黒人(Congress=Slaveowner, Taxpayer=Niggar)」という看板を携えて出席した。彼はまた、オバマ大統領を男娼として描き、人種差別的な表現を含む資金寄付のメールを送付した。ロバートソンは、彼の「ティーパーティー・アワー」というラジオ番組の中で、反ユダヤ主義を助長した経歴がある(この点については、「人種差別主義、反ユダヤ主義、および民兵組織の影響」の章を見よ)。その二つの出来事により、1776ティーパーティーへの批判的注目度が増した。しかし、その悪評にもかかわらず、反移民を掲げる自警団組織「ミニットマン・プロジェクト(Minuteman Project)」の2人の指導者が、組織の運営に加わったのである。

2009年6月8日、ロバートソンは、財政的困難のため、ティーパーティー．orgのドメインを、イーベイのサイトで最も高値をつけた者への売却を報道機関に公表した。その時、トリニティ法科大学院を2005年に卒業したものの、カリフォルニア州弁護士協会には属していなかったステファン・アイヒラー(Stephen Eichler)、また、メディアで豊富な経験を持つ実務家ティム・ビューラー(Tim Bueler)が参加した。両者とも反移民の自警団的組織であるミニットマン・プロジェクトの指導者であり、アイヒラーは理事、またビューラーは広報担当局長であった。

〈ミニットマン・プロジェクトからティーパーティーへ〉

1776ティーパーティーへの彼らの合流は、ミニットマン・プロジェクトの組織上の著しい衰退と一致している。移民排外集団は、2007年、ミニットマン・プロジェクトの指導者たちが詐欺、名誉毀損、およびビジネスでの不法行為でお互いを告訴し、一連の訴訟および対抗訴訟により分裂していった。ミニットマン・プロジェクト衰退の第2段階は、「国境作戦の監督者たち」の1人、ショーナ・フォード(Shawna Forde)が、ラウル・フローレス

資　料　『ティーパーティー・ナショナリズム』　155

(Raul Flores)と彼の9歳の娘ブリセニアをアリゾナ州で殺害したかどで逮捕された後に生じた。フォードは、ジェイソン・ユージーン・ブッシュ(Jason Eugene Bush)およびアルバート・ギャクシオラ(Albert Gaxiola)とともに告訴された。申し立てによると、フローレスらを殺害した理由は、彼らが国境作戦の資金を確保する計画の一部分であった、という。逮捕後に収集された記録によると、彼女が逮捕される前にフォードと話をした最後の人物の1人がアイヒラーであることが明らかになった。ミニットマンのメンバーたちへの調査が強まるにつれて、その組織は会員と資金を失うはめになった。

　この一連の出来事にもかかわらず、アイヒラーは、「我々は、我々とティーパーティーおよび9.12組織の諸組織との緊密な関係は言うに及ばず、ミニットマン・プロジェクトの傘下に加わることを望む団体の実質的な増加を目の当たりにしている」、と主張した。

　実のところ、ミニットマン・プロジェクトが急激に衰退する一方で、アイヒラーとビューラーは、ロバートソン主催の1776ティーパーティーへの加入を図った。テキサス州務省に提出された文書によれば、アイヒラーおよびビューラーは、2008年10月28日、1776ティーパーティーの理事に正式に就任した。アイヒラーは会計責任者、またビューラーは書記であった。ロバートソンはテキサス州認可の非営利法人の代表を務めている。ロバートソンが1776ティーパーティーのいわば顔であるのに対して、日々の活動および広報の多くは、ミニットマン・プロジェクトでの地位を保って1776ティーパーティーの常務理事となったアイヒラー、また、ミニットマン・プロジェクトでの地位を維持して、広報担当局長に就任したビューラーに移った。

　彼らが実質的に1776ティーパーティーの責任を担う地位につくと同時に、両者は、その他数多くの関連ビジネスおよび政治的な立場を維持している。すなわち、ステファン・アイヒラーはミニットマン・プロジェクトの常務理事のままであり、彼はまた、「ミニットマン・ビクトリー・政治活動委員会(Minuteman Victory Political Action Committee)」の代表、Minutemanbookclub.comの執行役員、並びに「市民の責任と義務の間のよりよい均衡を求める米国市民責任連合(America Civil Responsibilities Union, acru.org)」の理事として、名を連ねている。さらに、アイヒラーは、移民排外を掲げる「ウェイク・アップ・アメリカ・トーク・ショウ(Wake Up America Talk Show)」というラジオ

番組のホストを務め、また、その番組のスポンサー企業「ウェイク・アップ・アメリカ・USA(Wake Up America USA Inc.)」の役員でもある。FaxDC.comの代表として、アイヒラーは、連邦議会にファックスを送信することを望む訪問者たちにむけて、1776ティーパーティーのウェブサイトの宣伝を行っている。

ティム・ビューラーは、1776ティーパーティーと仕事を行うため、彼の広報活動会社アメリカ・メディア・ダイレクト社(U.S. Media Direct, Inc.)を活用した。ビューラーの過去のメディアにおけるこれまでの仕事は、(悪名高い「真実を求める高速艇退役軍人会(Swift Boat Veterans for Truth)」)ジェロム・コルシ(Jerome Corsi)との取引を含んでいる。コルシとビューラーは、「米国の選挙で民主党候補が勝利するために促進した不可解な計画と同じく、オバマとケニアの指導者たちとの間の隠された結びつきを暴露する」という記者会見を試みたが故に、ケニア政府から拘留され、最終的に強制国外退去命令を受けた。

ミニットマンからティーパーティー組織への転換を行うため、teaparty.orgのウェブサイトは2010年5月、ミニットマン・プロジェクトのそれと極めて類似した外観に改められた。

〈他の分派との交流〉

「ティーパーティー運動の発起人」としてデール・ロバートソンが派手に振舞うことは、彼の組織に付きまとうマイナス・イメージとともに、1776ティーパーティーとその他の分派との間に大きな齟齬を生みだした。

フリーダムワークスの広報担当アダム・ブランドン(Adam Brandon)は、「絶対に行動を一緒にしないほんの一握りの人々が存在する―おそらく、デール・ロバートソンがそれであろう」、と述べている。

ティーパーティー・パトリオッツは、報道機関に1776ティーパーティーの指導者デール・ロバートソンを非難する声明を発表した。すなわち、「ティーパーティー・パトリオッツは、我々の組織がロバートソン氏といかなる関係も持たないことを明らかにしたい。そして、我々が、彼が掲げた掲示カードの中の人種差別主義のいかなる表現、その種の言葉、主張に対して、強く反対していることを明白にしたい」と。この非難にもかかわらず、ティーパー

資　料　『ティーパーティー・ナショナリズム』　157

ティー・パトリオッツのウェブサイト上のティーパーティー組織リストには、2010年8月現在、依然として1776ティーパーティーのウェブサイトが掲載されている。

　その他のすべての分派の中でも、レジストネットは、ロバートソンの組織と一時期最も緊密に行動をともにし、2009年12月にメール送信し、支持者たちを1776ティーパーティーの「自由の音楽会」に招待した。レジストネットは後に、「彼ら（1776ティーパーティー）は、我々とは別の組織であるものの、我々は同じ目標の多く、すなわち、自由で、保守的な米国、およびわが国の政府の財政的責任という目標を共有している。我々は、彼らのイデオロギーすべてを必ずしも奨励していない」とのメールを支持者たちに送信することで、若干距離を置いた。

　ロバートソンは、2010年3月にネバダ州サーチライトで行われたティーパーティー・エクスプレス・バスツアーのイベントに、彼の1776年組織の会員たちを送り込んだことを公けにした。それらの二つの組織が、人種差別主義者による事件で大きな悪評を受けた組織である一方、報告書が明らかにするように、彼らだけが、この種の問題をかかえるティーパーティー分派ではない。

4　レジストネット・ティーパーティー

　レジストネット.comは、営利法人である。そのウェブサイトによれば、「レジストネットは、個人の自由というわが国の遺産から市民たちを引き離し、集産主義の『すばらしい新たな世界』へと向かわせる行動に、市民たちが—平和的に、愛国的な方法で—抗議することができる場所である。レジストネットは、愛国的な抗議行動を組織化するために、市民たちに新たな段階のネットワーク情報源を与えることを意図している」、と記されている。

　レジストネット.comを含むその法人の組織構造は、ロシアの入れ子人形の構造に似ている。レジストネットは、スティーブ・エリオット（Steve Elliott）により個人的に運営されている、営利目的のインターネット事業サービス団体であるグラスルーツ・アクション（Grassroots Action）の一部門、グラスファイア・ネイション（Grassfire Nation）の営利事業の一つである。その

構造がより複雑なのは、グラスルーツ・アクション社が、従来の店舗型法人と比べると、名目的法人であることだ。エリオットはヴァージニア州に住んでいる。しかし、その企業の商取引上の住所は、アイオワ州マクスウェル（人口793人）という小さな町で、その理由は、エリオットがその場所を中心に据えてウェブ製作者たちを使用しているからである。レジストネットが営利目的の面を持つことに加えて、グラスファイアには、アイオワ州に本部のある内国歳入法典501条(c)4項の非営利団体であるグラスファイア.org同盟（Grassfire.org Alliance）も存在する。それは、2004年、501条(c)4団体として設立され、2008年の総収入は141万5,667ドルであった。その年、エリオットは、代表として1週間に20時間勤務し、6万1,000ドルの年俸を手にした。

グラスファイアは、かつてムーブオン.org（MoveOn.org）が採用した方法、すなわち、インターネット上で数多くの署名運動を展開することで、規模を拡大してきた。それらの署名運動の特質は、単純に税制および財政よりもはるかに大きな懸念を抱く、政治的支持者の存在を示している。その組織の最初の署名運動の用紙は、2000年9月15日、200名の友人たちに送付され、それは（反同性愛の立場の）ボーイスカウトを支持するものであった。45日間で、14万人以上の人々がそれに署名した。署名運動には、以下の内容が含まれていた。すなわち、伝統的な結婚制度を守る、「胎児の命を守る」、不完全出産中絶に反対する、インターネット・ポルノを抑制する、"ゴッド・ブレス・アメリカ"を国家的賛美歌にする、"忠誠の誓い"を支持する、アラバマ州の法廷に十戒を掲げようとするロイ・ムーア（Roy Moore）判事の戦いを支持する、であった。2005年から2007年の間に、移民排外主義団体の数は600％までに増加し、その間に、グラスファイアは、重要な移民法改正に反対するいくつかの署名運動を開始した。2010年6月までに、グラスファイアは371万3,521名（260万8,818名の電話番号と121万1,259名のオプトイン・メール名簿を含む）の連絡先データベースを作成した。

2008年の大統領選挙後、グラスファイアによるEメール攻勢は、「次期大統領オバマ、ペロシ、およびリード率いる連邦議会が行うとしている点は、米国を急激に社会主義的左派に傾ける可能性がある」と警告した。人々は、グラスファイア.orgに登録して抗議に参加するように求められた。2008年12月15日、エリオットはレジストネット.comのウェブサイト・ドメインを登

録し、その後直ちに、それは「愛国的な抗議の本拠地」として公式に運営された。この新たなウェブサイトは、「抗議はほんの最初の一歩である。その理由は、我々が保守主義の三段階の復興を提案することにある。すなわち、抗議、再建、および復活である。我々は、抗議が保守主義者間の新たな団結を作り出すと信じている」、と主張した。

その直後、ダーラ・ダワルド(Darla Dawald)がこのソーシャルネットワークに参加し、そして2009年の1月中に、彼女は、州議会議事堂前ですべてのティーパーティー運動を促進するボランティア一団を組織した。2月初旬には、彼女は、レジストネット.comの全国局長として有給の役職についた。実際、レジストネットの指導チームの全員が女性であり、男性が多数を占めるその他のティーパーティー分派とは異なっている(もちろん、レジストネットは、元々、スティーブ・エリオットが主導する事業であり、基本的にはエリオットが指揮している)。

レジストネット組織は、その構想がサイバースペースに掲載されるや直ちに、ティーパーティー(運動)を開始した。たとえば、2009年2月24日、ルイジアナ州のレジストネット組織は、その年の3月にラファイエットで「ティーパーティー」を開催する予定を公表した。4月までに、レジストネットはフリーダムワークスと連携を開始し、2009年9月12日に開催予定のワシントンD.C.での行進に向けて、ダワルドが全国調整者3名のうちの1人となった。レジストネットには、34州で142の異なる地方ティーパーティー支部が連なり、また、次第にすべての全国的なティーパーティー分派と協力するようになった。

2010年8月1日現在、レジストネットは、全国ティーパーティー分派の中で二番目に大きな組織で、オンライン会員は8万1,248名である。会員たちは全国のあらゆる地域に存在している。レジストネットの会員たちが存在する上位10都市は以下の通りである。すなわち、テキサス州ヒューストン、テキサス州サンアントニオ、テキサス州ダラス、テキサス州オースティン、テキサス州フォートワース、ネバダ州ラスベガス、アリゾナ州フェニックス、アリゾナ州トゥーソン、カリフォルニア州サンディエゴ、およびオクラホマ州オクラホマシティである。その組織の指導者は全員女性であるものの、しかし、レジストネット会員の多数は男性である―男性は56％、女性は36％、男女別

を選択しなかったのは8%である。

　レジストネットはまた、「今の連邦下院をひっくり返す！」ため、また連邦議会を保守派の支配に取り戻すため、州の組織からなる独自の構造を形成している。さらに、無秩序に広がるオンライン・ソーシャルネットワークとティーパーティーの全国的分派のように、レジストネットは、イスラム教信者たちに偏見を持つ人々が集う場となっている。そのウェブサイトは、以下のように宣言している。すなわち、「我々は、すべてのイスラム教信者たちに反対の立場をとらねばならない。イスラム教信者たちのよしあしは問題にならない。ただ、イスラム教信者たちが存在し、彼らはわが国の政府、軍隊、および他の官庁の中にさえ入り込んでいる。この国を我々の手に取り戻すため、我々はこれ以上手をこまねいていることはできない」。

〈レジストネットと移民排外主義〉

　州および地方反移民団体の多くの指導者たちは、レジストネットと一緒に活動している。すなわち、ロバート・デメロン(Robert Dameron)、「ワシントン州の市民たち(Citizens for the State of Washington)」の創設者(ワシントン州ヤキマ)、ウェンデル・ニール(Wendell Neal)、「タルサ・ミニットマン(Tulsa Minutemen)」の指導者(オクラホマ州ブロークンアロー)、マイク・ジャーベック(Mike Jarbeck)、「ミニットマン民間防衛隊(Minuteman Civil Defense Corps)」のフロリダ支部局長(フロリダ州オーランド)、デイビッド・コーケット(David Caulkett)、「IllegalAliens.us」、および「Report Illegals」の設立者(フロリダ州ポンパノビーチ)、ロビン・ホワイトストン(Robin Hvidston)、「南カリフォルニア・ミニットマン・プロジェクト」および「ギルクリスト・エンジェル(Gilchrist Angels、カリフォルニア州アップランド)」、ルーシー・ヘンドリックス(Ruthie Hendrycks)、「移民法改正を求めるミネソタ人(Minnesotans Seeking Immigration Reform)」の創設者(ミネソタ州ハンスカ)、エヴァート・エヴァートセン(Evert Evertsen)、「ミニットマン・ミッドウエスト(Minutemen Midwest)」の創設者(イリノイ州ハーバード)、並びにロザンナ・プリド(Rosanna Pulido)、「シカゴ・ミニットマン(Chicago Minutemen)」の創設者で、「アメリカ移民法改正連盟(Federation for American Immigration Reform)」の前職員(イリノイ州シカゴ)である。

資　料　『ティーパーティー・ナショナリズム』　161

　アリゾナ州知事ジャン・ブリューア(Jan Brewer)が、地方および州当局に連邦移民法の執行を求める州上院提出1070号法案に署名した後、当該法律は直ちに裁判での異議申し立てに直面した。そして、本報告書が刊行された時点では、主要条項が一時的な差し止め命令を受けている。この法律に反対するため、ボイコット運動およびその他の抗議行動が実施されている。それに応じて、レジストネットは、この法律を支持する「我々はアリゾナとともにある(We Stand With Arizona)」計画を開始した。数多くの地方ティーパーティー組織および9.12団体を含む、約100の支持団体が署名を行った。サラ・ペイリン(Sarah Palin)、ジョン・ヴォイト(Jon Voight)、テッド・ニュージェント(Ted Nugent)、およびルー・フェリグノ(Lou Ferigno)のような著名人たちも署名を行った。他の移民排外主義団体、すなわち、「ナンバーズUSA(Numbers USA)」、「移民法改正および執行を求めるノースカロライナ人(North Carolinians for Immigration Reform and Enforcement)」、「移民法改正および執行を求めるケンタッキー人(Kentuckians for Immigration Reform and Enforcement)」もまた、この署名運動を支援している。これらに加えて、「宣誓の守護者たち(Oath Keepers)」と、「米国精鋭民兵(Well Regulated American Militias)」と呼ばれる団体が、"我々はアリゾナとともにある"運動のリストに名を連ねている。

　レジストネットはまた、アリゾナ国境警備基金のための寄付を求めている。キープAZセーフ.com(KeepAZsafe.com)は、アリゾナ州の公式ウェブサイトである。そこでは、「本サイトを通じて集められた寄付金を、アリゾナ州の国境警備および移民問題に使用される国境警備および移民法的防護基金に預ける」、と記されている。

　レジストネット.comには、極右の諸組織から構成される大きなネットワークへの連結を可能にするリンク先および「パートナー」の部門が掲載されている。それらのパートナーの中には、「憲法修正第10条センター(The Tenth Amendment Center)」があり、それは2010年7月現在、23の州に26支部を設けている。連邦政府に対抗する方法の一つとしての州権を支持する人々のための、オンライン上の根拠地「憲法修正第10条センター」は、オバマ政権と戦う時の可能な選択肢として、「無効」および「分離」のような法的理論を広めている。

その他のパートナーは、ニューヨーク州クイーンズバリーに本部を置く、「憲法教育を求める我々国民基金(the We the People Foundation For Constitutional Education, Inc.)」である。ボブ・シュルツ(Bob Schulz)が運営する法人に対して、2010年1月27日、連邦歳入庁は、その非営利法人の資格を取り消し、2003年時点の資格に戻した。国民基金は、反税団体として始まったものの、現在、国民基金は、オバマ大統領の出生証明に関する陰謀論を助長している。ジョージ・W・ブッシュ(George W. Bush)大統領時代まで遡及する数年の法廷闘争の後、2010年1月27日に、歳入庁は当該法人の免税資格を取り消し、2003年の時点に戻した。だが、国民基金は、資格要件を満たしている、と主張している。

　国民基金は、2008年の12月1日および3日に、『シカゴ・トリビューン』紙一面に広告を掲載した。そのタイトルは「バラク・オバマへの公開書簡：あなたは米国生来の国民なのか？　あなたは法的に大統領職に就任する資格があるのか？」であった。その広告は、もし、オバマがその団体からのすべての要求に答えないのであれば、そのときは、彼は「不法簒奪者」になり、「国民からいかなる忠誠、服従、もしくは支持も与えられることはない」と訴えた。一年後の2009年12月8日、その団体は、この見解をさらに促進するため、全米記者クラブで記者会見を開いた。それに出席したのは、フィリップ・バーグ(Philip Berg)およびオーリー・タイツ(Orly Taitz)で、両人は主要な「バーザーズ」代理人であった。

　その他のレジストネットのパートナー組織として、反移民プロパガンダを広めるために2009年4月に開設された「テイクアメリカバック.org (TakeAmericaBack.org)」がある。ある投稿記事は、「多文化主義」が「米国人にスペイン語を学ぼう」に要求しているので、「不法移民たちが外国の文化で米国を乗っ取ることが可能なのだ」と主張している。このサイトの別の論文では、「ケニア人で、共産主義者で、テロリストの息子であり、わが国の大統領気取りで……、米国への憎しみを表すだけでなく、イスラム教徒であると公言している……」、と結論づけている。

　それにくわえて、公式パートナーの中には、反イスラム活動家のパム・ゲラー(Pam Geller)により運営される三つの組織も含まれる(「米国人とは誰のことか」の章を参照)。

オバマ大統領を「非米国人」と「外国人」と中傷することで、かなりの数のレジストネットのティーパーティー参加者を、責任ある反対行動の集団から偏狭者および外国人嫌いの集団へと駆り立てており、これは決して容認できない試みである。

5 ティーパーティー・ネーション

ティーパーティー・ネーション(TPN)は、ナッシュビルで弁護士業を営むジュドソン・フィリップス(Judson Philips)とその妻シェリー・フィリップス(Sherry Philips)により組織された。彼は地元の共和党の活動家で、前地方検事補である。2010年における弁護士としての業務は、飲酒運転および身体障害に関する訴訟を専門としている。ジュドソン・フィリップスは、公文書によると、1999年に連邦破産法第7条による自己破産を申請していた。過去10年の間、彼は、三度にわたる連邦租税抵当権行使を受けており、それは総額2万2,000ドル以上であった。ただし、彼は、租税抵当を支払支払ったと主張している。

ティーパーティー・ネーションは、自らを、「建国の父たちが記した、我々の神から与えられた個人的自由を望む同志の人々からなる、参加者主体の団体である。我々は、制限された連邦政府、表現の自由、連邦憲法修正第2条、わが国の軍隊、わが国の確固とした国境が重要だと信じている！」、と説明している。

ジュドソン・フィリップスは、「私は、穏健派をひきつけようと試みてはいない。穏健派は、単にいかなる中心的な信条をも抱かない人たちである」、と述べた。

ティーパーティー・ネーションの誕生の経緯は、いくつかのその他の分派たちのそれと同じである。フィリップスは2009年2月27日、ナッシュビルにおいて、ティーパーティー集会の計画を支援した。そのイベントには数百人が参加した。集会運営では、数名がボランティアとなった。4月6日、彼は、ティーパーティーネーション.com(TeaPartyNation.com)をドメイン名として登録した。フィリップスと彼のボランティアたちは、ナッシュビルでの4月15日の税の日ティーパーティー抗議運動を計画した。そこには、約1万人が参加し、

そこから近いテネシー州フランクリンでは、さらに4千人が加わった。この成功によって、(ネーションは)公式に全米で展開する勢いがついた。

ティーパーティー・ネーションは今日、三番目に大きい全国的ティーパーティー・ネットワークであり、2010年8月1日現在、オンライン会員は3万1,402人である。地理的に見ると、会員たちが最も集中しているのは、組織の本拠地があるテネシー州である。また、北西部地域、テキサス州、フロリダ州、カリフォルニア州、およびネバダ州に相当数の会員が存在する。ティーパーティー・ネーションの会員数上位10都市は以下のとおりである。すなわち、テネシー州ナッシュビル、ネバダ州ラスベガス、テキサス州ヒューストン、テネシー州フランクリン、テネシー州マーフリーズボロ、ニューヨーク州ニューヨーク、イリノイ州シカゴ、コロラド州デンバー、ワシントンD.C.、およびカリフォルニア州サンディエゴである。男女別のオンライン会員の内訳は入手できていない。

当初、運動資金の取扱いと共和党組織とのその運動の関係という二つの論争の結果、ティーパーティーの中での溝が明らかになった。組織の創設以来ウェブ管理ボランティアであるケビン・スミス(Kevin Smith)によれば、フィリップスから、新たに創設した組織が非営利団体として運営されるという印象を受けた。だが実際には、2009年4月21日、フィリップスは、ティーパーティー・ネーション社を営利法人としてテネシー州務省に公式に申請登録をしたのである。

この行動は、組織内部で最初の衝突を生み、ウェブ管理者のスミスは、2009年4月24日、これに抗議して辞任した。献金者たちに向けたEメールの中で、スミスは、詐欺行為に加担したことをわび、フィリップスを厳しく非難した。すなわち、「私は、ティーパーティー運動の何百人ものボランティア、献金者、企業後援者、および熱心に支援する人々からの、利己心からではない寄付を使用する法人の設立に強く反対した。この活動が、ティーパーティーの集会を計画・運営し、その目的を前進させることを意味する、利益を求めないものと考えたために、あなた方は私と同じように、時間とお金を惜しみなく費やしたのだと、私は思う。このことが、まさに私がティーパーティー・ネーションに関与できない理由である」。

スミスはまた、組織が目指す方向にも批判を加えて、「私にとって、ジュ

ドソンと彼の営利法人ティーパーティー・ネーション社が、ティーパーティー運動を乗っ取る過程で、共和党の先鞭となっていることが明らかにされた。真の自由を求め、しかも民主・共和両党による大きな政府の政策に対する国民の不満の申し立てから始まったものが、今では、2010年の中間選挙綱領に利用することを決意した共和党主流派のデマゴーグによって取り込まれている」、と述べた。

（ワシントン州ボゼルのデイブ・カソルド（Dave Kasold）は、後に「技術監督」としてスミスと交代した。カソルドは、イーストサイド・ティーパーティー（Eastside Tea Party）と呼ばれる集団結成を支援していた。カソルドはまた、民主党の指導者たちの風刺画を載せたトランプを販売する営利法人ハンズオブリバティ.com（HandsofLiberty.com）を運営している。カソルドはレジストネットのソーシャルネットワーキング・サイトの会員でもある。）

組織の運営を担う会員たちを含む他の人々が、すぐにスミスの後を追って脱退した。2009年の秋数ヶ月間、フィリップスとティーパーティー・ネーションが、翌年の2月に開催する大会を計画した時、二度目の論争が始まった。550ドルの登録料の提案に対して指導的立場の会員数名が反対した。賛否両論を問うゴールデン・コーラル・レストランでの集会が11月7日に開催された後、多数の支持者たちが脱退した。

フィリップスは、運営委員会や大会企画ボランティアたちの懸念を緩和させる方法を探す代わりに、企画過程から両方の集団を締め出し、7名で構成されたグループと交代させた。すなわち、シェリー・フィリップス、ジュドソン・フィリップス、彼の義姉妹のパム・ファンズワース（Pam Farnsworth）、シカゴを拠点とする「ブルース・ドネリーの大波・米国（Surge USA Bruce Donnelly）」の代表であるブルース・ドネリー（Bruce Donnelly）、スポーツカードを販売するアッパー・デッキ社の設立者、ビル・ヘムリック（Bill Hemrick）、およびヘムリックのビジネス協力者のジェイソン・ルコビッツ（Jason Lukowitz）である。年末までには、縮小された企画委員会は大会開催の計画を軌道に戻したように思われた。

〈2009年夏の祭壇からの呼びかけ集会（Altar Calls）〉
2009年の夏の間、ティーパーティー・ネーション（TPN）は、7月6日の信仰

復興集会(Revival Rally)および7月31日の祭壇からの呼びかけ集会(Alter Call)を含めて、ナッシュビルで多数のイベントを開催した。その組織はまた、ワシントンD.C.における大規模な9.12行進の公式支援団体となった。

2009年7月31日、テネシー州ナッシュビルのコーナーストーン教会で開かれた「祭壇からの呼びかけ集会」には、キリスト教保守派600名が集い、「戦いへの集結」を求めた。フィリップスは聴衆に向かって行動を起こすように熱心に説いた。彼は「あなた方はこれに関わるべきである。傍観している時は終わった」と述べた。彼が呼んだ「オバマ・ペロシ・リードの悪の枢軸」と戦うよう聴衆に訴えた。彼は、悪の枢軸が米国的生活様式を脅かすと信じていた。フィリップスは、「今夜、我々はいつもの祭壇からの呼びかけとは違った呼びかけを行っている。今夜の呼びかけは、神に向けたものでなく、わが国に向けたものである」、と述べたのである。

その呼びかけ集会の主な呼び物は、地元のトーク番組のホストであるラルフ・ブリストル(Ralph Bristol)であった。ブリストルは、緑色の軍服を羽織り、アメリカ国旗を飾った野球帽をかぶって登壇した。そして、彼は「ブリストル軍曹」と呼んだ人物の役を演じた。聴衆の中の数人は同じ軍服を羽織り、銃を携えていた。ブリストルは社会主義の怪物を根絶するため、聴衆に向けて出陣命令を下したのである。

〈大会開催の計画〉

ティーパーティー・ネーションが大会開催の計画を続行するにおよんで、問題が蒸し返された。2010年1月、大会の最大後援団体の一つである「アメリカ自由同盟(American Liberty Alliance, ALA)」は、「ナッシュビルでのイベントに協力することを見送る」と表明した。ALA側にとって問題となったのは、活動資金の運用方法であった。ALAの理事エリック・オドム(Eric Odom)は、「そのイベントをめぐる論争はティーパーティー・ネーションの組織構造に関する議論を必要とし、さらに、活動資金を集める方法は個人の銀行口座およびオンライン口座を通じて行われている」、と述べた。

共和党の中で、地方幹部たちを広く送り込むことを求める団体「全米選挙区同盟(National Precinct Alliance)」もまた、参加しないことを表明した。当該団体の全国局長フィリップ・グラス(Philip Glass)は、声明の中で、「我々は、

TPNが草の根の運動で不当に利益を得て搾取を行う様子に、大きな懸念を覚える」と述べた。グラスはさらに、ティーパーティー・エクスプレスおよびフリーダムワークスのような団体が大会で果たす役割について失望感を明らかにした。彼は、それらの団体を「共和党全国委員会（RNC）の関連団体」であると呼び、そして「良くてもRNCの乗っ取りを見せかけるか、悪くするとRNCそれ自体になる」、とつけ加えた。

さらに、広く読まれている右派ブログであるレッドステート.com（RedState.com）の編集者、エリック・エリックソン（Erick Erickson）がこれに加わり、「私は、この全国規模のティーパーティー大会が詐欺まがいのものであると思う」、と述べた。

主要な移民排外・反移民団体の一つである「米国移民法改正連合（Federation for American Immigration Reform, FAIR）」は当初、その大会の公式「第三級」後援団体であった。そのことは、1月4日にティーパーティー・ネーションが行った、全国大会に関する報道機関への発表の中で明らかにされた。FAIRのロゴは全国大会ウェブサイトに掲載され、また、「特赦の盾作戦（Operation Amnesty Shield）」の作業部会が企画されていた。しかしながら、FAIRは、一月の第2週に入ると、ティーパーティー・ネーションの営利法人資格が、FAIRの連邦歳入法503条c3項における非営利団体資格に抵触する可能性があるとして、大会参加を断念した。FAIRのスタッフたちはまた、全国大会で手にする運動資金が政治家候補者へと流れる可能性を何度も表明した。

ワシントンD.C.で開かれた2009年9月12日の集会の後援団体の一つにティーパーティー・ネーションが挙げられる。フリーダムワークスはまた、ティーパーティー・ネーションの大会を支援しなかった。フリーダムワークスのスタッフであるアダム・ブランドン（Adam Brandon）が説明するように、「ナッシュビルでは、多くの人々が反同性愛や反移民のような社会的争点に焦点を定めていたようだ。しかし、それはある運動を拡大する際には良い方法ではない。我々は、共通に抱いていることに焦点を定めたい。それは、大きな政府と税制に反対するということだ」。このような批判にもかかわらず、それら二つのティーパーティー分派は、その他の点では行動をともにしていた。

ティーパーティー・パトリオッツは、テネシー州に相当数の会員を抱えており、その大会を支援することは可能であった。しかしながら、ティーパーティー・パトリオッツの共同設立者の1人マーク・メクラー(Mark Meckler)は、来るべきナッシュビルでのイベントを「草の根運動の強奪」と評した。メクラーは、大会での法外な参加費について、「我々の運動に参加する大多数の人々は、そのような金額を支払うことはできない」と述べた。実際、高価な登録料とペイリン女史への講演料こそ、その後テネシー州で開催された2度目の大会で、連携を新たにしたティーパーティー団体が計画した理由の一つとして言及されたのである(ティーパーティー・パトリオッツの章を見よ)。

〈2010年2月ナッシュビル大会〉

大会開催をめぐるあらゆる困難にもかかわらず、ナッシュビルでの大会は盛況であった。サラ・ペイリン(Sarah Palin)女史が会場で講演を行った。彼女の講演料について議論が生じ、10万ドル以上であるとうわさされた。その大会では、ペイリン女史の出席に伴う盛り上がりの裏で、一般にこの種の運動内部に存在し、とくにジュドソンが率いるティーパーティー・ネーションの中のキリスト教保守主義、実際にはキリスト教ナショナリズムが強調された。この大会ではまた、移民排外主義者たちといわゆるバーザーズへの橋渡しが行われた、といわれる。大会の焦点が、連邦政府による救済措置および赤字財政から文化戦争へと向かったのは明白であった。

このようなやり方は、テキサス州パールランド出身で前南部バプティスト教会牧師のリック・スカーバラ(Rick Scarborough)博士が中心となった215名ほどの作業部会で明らかにされた。スカーバラは、「ビジョン・アメリカ(Vision America)」、「ビジョン・アメリカ・アクション(Vision America Action)」、および「連邦憲法の再生を求めるユダヤ教・キリスト教協議会(Judeo-Christian Council for Constitutional Restoration)」を含む団体を指揮している。キリスト教右派について強調すべき事実は、ジェリー・ファルウェル(Jerry Falwell)牧師の著作を最初に出版したのが、これらの団体であったことである。

スカーバラは、数多くのテレビ番組の出演を編集した8分間のビデオを流した後、聴衆に向かって「財政的保守主義者と社会的保守主義者との間の溝

をなくさなければならない」と語った。ゲイとレズビアンへの攻撃から連邦政府による憎悪犯罪保護令状を含めた、オバマ政権に対する批判に加えて、スカーバラは、我々が「集産主義」の社会に移行しつつあると警告した。彼は、我々には「米国例外主義」を擁護する神聖な義務がある、と述べたのである。

スカーバラは、「オバマの専制を阻止する全米連合(S.T.O.P Obama Tyranny National Coalition)」の事業である"米国を救う指令(the Mandate to save America)"とよばれる新たな運動を進める演説を繰り返し行った。また彼が「もうたくさんだ！」と述べた時に、その会場の聴衆は興奮し、熱烈な拍手を送った。彼が話し終えた後、ある老齢の女性が「我々に必要なのは、復興と反乱である」と発言し、聴衆から拍手が送られた。

このような状況は、ロイ・S・ムーア(Roy S. Moore)判事による大会の昼食時の基調演説でも続いた。アラバマ州最高裁判所判事であったムーアは、裁判所内からモーゼの十戒の彫像を撤去する裁判所命令を執行することを拒否した後解任された。大会の開催時、ムーアは、アラバマ州知事を目指して共和党予備選挙に立候補した。

ムーアは演説の中で、「我々は戦わなければならない」とし、「戦争は避けられない」と宣言した。彼はイラクやアフガニスタンについては語らなかった。「戦いはここ米国にある。我々は共和国と神への信仰を守らなければならない。我々は行動を起こさなければならない」、と彼は述べた。ムーアは、「神聖な戦い」について語り、また「キリスト教徒が立ち上がる時である」と宣言した時、会場全体から大きな喝采を浴びた。

さらに、ナッシュビルでのティーパーティー・ネーション全国大会では、著名な保守派の黒人司教E・W・ジャクソン(E. W. Jackson)が短い演説を行い、ティーパーティー大会の参加者たちに祈りをささげた。ジャクソンは、「私は、この場でナチス支持者あるいは人種差別主義者たちを見かけない。私は、自分たちの国を愛し、我々が信じる価値のために立ち上がろうとしている米国人たちを目にしている」と述べた。ジャクソンは、アフリカ系米国人たちがティーパーティー運動に参加することを促したのである。

2009年、ジャクソンは、「米国の運命に誠実である(Staying True to America's National Destiny, STAND)」という組織を設立した。それは、「わが国のユダヤ教・キリスト教の歴史および諸価値の擁護、中絶の殺戮からの胎

児の保護、一夫一婦制に基づく神聖な結びつきとしての婚姻の維持、わが国における世俗での無神論、反ユダヤ、並びに反キリスト教の偏見を正すこと、世界で最も強力な軍事力の維持、イスラエルが存在する権利およびその国境内での安全の確保、これらの価値感を掲げる政治指導者たちへの支援と、それらを支持しない指導者たちへの反対、また、出自を問わず、神の下での一つの国家米国という考えを広める、これらのことに身をささげる米国人たちの全国的な草の根組織」であると主張した。彼はまた、その集会で憎悪犯罪法案に反対の立場を明らかにし、その法案が「反キリスト教への偏見と憎悪がきわまった」結果として生まれたものだ、と糾弾した。

さらに、ジャクソンは、彼が「民主党およびリベラルな連邦下院黒人議員連盟に政治的宣戦を布告」を行っている「スタンド・アメリカ政治活動委員会（STAND AMERICA PAC）」を設立した。ジャクソンによれば、「妊娠中絶、ホモセクシャル、および道徳的相対主義に対する民主党の取り組みは黒人キリスト教徒コミュニティに対する侮辱である。それは"不信心な人々からなる連合"である。黒人キリスト教徒は"不信心な人々からなる連合"には与しないし、そのような人々に投票すべきではない」。しかしながら、そのPACは、本報告書が執筆されている時点では1万3,000ドルの歳入があったが、それだけで人々を動員するには不十分だ。

ウェブサイト・ワールドネットデイリー（World Net Daily）のジョセフ・ファラー（Joseph Farah）は、金曜日の大会の夜、基調演説を行った。ファラーは、オバマの出生証明への自己の執念のために聖書の話を捏造し、演説の半分近くをそれに費やした。しかしながら、その大会に出席した著名人たちの一部は、その種の「バーザーズ」の陰謀説を好んでいなかった。例えば、アンドリュー・ブライトバルト（Andrew Breitbart）は、個人的に彼を批判した。それにもかかわらず、大統領バラク・オバマが米国生まれか否かをめぐる論争は、ナッシュビルの大会で拡大した。例えば、ハワイ州出身でルート66ティーパーティーの会員のミッキ・ブース（Miki Booth）は、大会議場で、連邦下院オクラホマ州第2選挙区に出馬することを表明した。オバマの出生証明書のコピーを掲げながら、彼女は「あなた方がそれらの一つを持っていない時、この役に立たない代物は、あなた方のものだ」と語り、自分の出生証明書のコピーを聴衆に向かって掲げた。カリフォルニア州在住で、出生証明

の問題を最も声高に主張したオーリー・タイツ(Orly Taiz)が大会の会場に姿を現したとき、彼女は温かく出迎えられ、多くのサインを求められるほどであった。

　既述のように、「米国移民法改正連合(FAIR)」は大会に参加しなかったものの、それでもなお、FAIRの数名の支持者たちは、ティーパーティー・ネーションの聴衆に向かって演説を行った。ナッシュビルのラジオ番組ホストであり、その番組でFAIRを何度も特集しているフィル・バレンタイン(Phil Valentine)は、大会で演説を行った。2006年、FAIRのスタッフスーザン・タリー(Susan Tully)とともにタウンホール集会の放送を行った際、バレンタインは、国境警備隊員(Border Patrol Agents)に不法入国の移民たちに「発砲」するように助言した。

　さらに、コロラド州選出の前共和党下院議員トム・タンクレド(Tom Tancredo)は、大会開会を告げる演説で、オバマ大統領と「多文化主義のカルト」に激しい批判を浴びせた。タンクレドは2008年大統領選挙を評して、「"投票"という言葉のつづりがわからない、もしくはそれを英語で言うことができない人々が、社会主義に傾倒するイデオローグをホワイトハウスに送り込んだのだ」、と述べた。タンクレドはまた、オバマ勝利の理由として、「公民教育試験を受けなくても、人々は投票できる」ことを挙げた。いわゆる「連邦下院移民法改正議員連盟(House Immigration Reform Caucus)」を発足させたタンクレドは、わめくような演説の中で、穏やかな皮肉を失っているかに見えた。移民たちに対して、市民になり投票権を得る過程で公民教育試験を受けるよう求める一方で、会場の聴衆たちのような、米国生まれの人々にはそれを求めなかった。彼は、ジム・クロウによる分離差別の下で行われた、アフリカ系米国人の投票を阻止する読み書き試験を活用することについて、都合のよいように触れることはしなかった。ボールルームの近くに陣取っていたティーパーティーの聴衆たちは、タンクレドによる人種差別的な非難声明に熱狂的な声援を送ったのである。

　タンクレドは、また、ロイ・ベック(Roy Beck)が率いる「ナンバーズUSA (Numbers USA)」とともに、反移民活動の展開に焦点を当てる作業部会を開催した。ベックは、反移民運動の中で最も積極的な活動家たちの1人で、連邦上院での公聴会で証言を行うとともに、白人ナショナリズム団体である「保守派

市民協議会(Council of Conservative Citizens)」の集会で演説を行った。

その作業部会が開会する前、ベックは出席者らと「在留許可のための赤ん坊」および連邦憲法修正第14条の生得的市民権について話をした。彼は、それはナンバーズUSAの行動計画に掲げられていたが、しかし、現在の民主党支配の連邦議会で取り上げられるや、彼らは移民労働者に的を絞る法案に焦点を絞っている、と述べた。作業部会では、ベックはナンバーズUSAのソーシャルメディア調査局長のチャド・マクドナルド(Chad MacDonald)を紹介した。マクドナルドは、ナンバーズUSAを全国の各地方ティーパーティー組織に「移民問題専門家」の配置を計画している組織であると述べた。また、彼は、ティーパーティー参加者たちに親近感を覚えている、と告白した。彼は、2009年秋、カリフォルニア州パサデナで開催された「反特赦(anti-amnesty)」ティーパーティー集会でも演説を行ったのである。

本報告書でも触れたように、ティーパーティー・ネーションは、2010年10月中に、ネバダ州のラスベガスで「総(unity)」大会を計画していた。

6 ティーパーティー・パトリオッツ

ティーパーティー・パトリオッツのウェブサイトは、2009年3月10日に登録された。その信条は、建国の父祖たちと私有財産制の教義を含んでいる。「ティーパーティー・パトリオッツは、共和国の後継者として、わが国の父祖たちと同じ立場であり、彼らの遺産と我々自身を保護する我々の権利および義務を果たすことを求める。建国の父祖たちの時代もそうだったように、私有財産と成功とが自然法および個人の諸権利によって守られているとき、わが国に本来の恩恵がもたらされると、我々は考える」。2009年6月、ティーパーティー・パトリオッツは、連邦歳入法第501条(c)4項の非営利団体となった。2010年1月、連邦選挙委員会に「ティーパーティー・パトリオッツ社政治活動委員会(Tea Party Patriots Inc. PAC)」を登録した。しかしながら、本報告書で述べたように、当該PACには政治資金の収支報告書がまったく見られなかった。

すべてのティーパーティー分派の中で、ティーパーティー・パトリオッツは、最大の草の根組織であるということができる。2010年8月現在、ウェブ

サイトには2,200以上の地方ティーパーティー・パトリオッツ支部が掲載され、その数は、その他のすべての全国的分派の数を上回っている。2010年8月1日現在、その主要ウェブサイト上に11万5,311名の会員が存在し、7万4,779名がソーシャル・ネットワーキング・ウェブサイトに登録している。ティーパーティー・パトリオッツのオンライン会員は、全国のあらゆる地域に存在しており、会員数上位10都市は以下の通りである。すなわち、ニューヨーク州ニューヨーク、テキサス州ヒューストン、コロラド州コロラドスプリングス、ネバダ州ラスベガス、カリフォルニア州サンディエゴ、イリノイ州シカゴ、およびカリフォルニア州バーバリーヒルズである。ティーパーティー・パトリオッツはまた、男性会員が大半を占め、男性63％、女性31％、男女別を選択しない者が6％である。

　ティーパーティー・パトリオッツの運営費は、組織規模にもかかわらず、フリーダムワークス、ティーパーティー・エクスプレス、およびレジストネットよりもかなり少額である。ティーパーティー・パトリオッツの2010年5月31日現在の会計報告書によれば、寄付金総額は53万8,009ドル、総支出が44万596ドルであった（企画運営費に34万2,559ドル、組織運営費に5万8,037ドル）。

〈ティーパーティー・パトリオッツの設立者たち〉

　ティーパーティー・パトリオッツの当初の全国幹部たちは、組織のフェイスブックのページに掲載されているように、ジェニー・ベス・マーティン（Jenny Beth Martin）、マーク・メクラー（Mark Meckler）、およびエイミー・クレマー（Amy Kremer）であった。

　ジョージア州アトランタ出身で39歳のジェニー・ベス・マーティンは、かつて共和党の政治コンサルタントであった。彼女がティーパーティーに参加した経緯は、税金をめぐる収税官との衝突があった。裁判記録によれば、マーティンおよび彼女の夫が2008年8月に破産した際、夫妻には連邦歳入庁に対する50万ドル以上の額を含めて68万ドルを超える滞納税があった。マーティンの財政上の災難は共和党大統領ジョージ・W・ブッシュ政権時代に生じたもので、ティーパーティー・パトリオッツによる厳しい批判はオバマ大統領に向けられている。目下、マーティンはティーパーティー・パトリオッ

ツのCEO（最高経営責任者）として一ヶ月6,000ドルの報酬を得ている。彼女はまた、出身地の地方ティーパーティー組織の共同代表を務めている。

パンクロックDJから企業家へと転進した48歳のマーク・メクラーは、カリフォルニア州の南部に住んでいる。2007年、メクラーはインターネット会社オプト・イン・ムーブメント（Opt-In Movement）を立ち上げた。その業務は、政治家候補者のEメールリストを作成するものであった。その会社は、フリーダムワークスを含めて、共和党の候補者とその運動への支援業務を熱心に行った。メクラーはまた、公務員労組の投票権に関する住民提案に反対する請願署名を集めることで、カリフォルニア州共和党系の企業団体から報酬を得た。彼は、ティーパーティー・パトリオッツを共同で設立する前には、サクラメントでティーパーティー組織の幹部を、その後、カリフォルニア州ティーパーティー組織でも幹部となっていた。

ジョージア州ロズウェル出身のエイミー・クレマーが、ティーパーティー・パトリオッツの三番目の全国幹部であった。クレマーは、全国抗議運動の最初の段階において、その他の地方組織との協力を援助するとともに、ジョージア州ティーパーティーの参加者たちを組織した。クレマーは、ティーパーティー・エクスプレスで草の根および連合担当局長（Director of Grassroots & Coalitions）に就任するまで、ティーパーティー・パトリオッツの組織委員を務めた（以下の議論も参照せよ）。

ティーパーティー・パトリオッツの全国調整組織には、デビー・ドーレイ（Debbie Dooley）、マイク・ガスク（Mike Gaske）、ケレン・ガイダ（Kellen Guida）、ライアン・ヘッカー（Ryan Hecker）、サリー・オルジャー（Sally Oljar）、ディアナ・レイマー（Diana Reimaer）、ビリー・タッカー（Billie Tucker）、およびドーン・ワイルドマン（Dawn Wildman）が加わった。

その新たな組織的ネットワークは、規模拡大の後援を受けた。というのも、2009年4月、エリック・オドムが税の日ティーパーティーのウェブサイトに、「運動の勢いを移す場」がティーパーティー・パトリオッツであり、「ティーパーティー・パトリオッツは、草の根指向の私欲のない個人の集団で構成されている。彼らは当初から運動の一員であった。私は、我々がここに築いたもののために協力する環境が、最も整っている組織が彼らであると思う……」、という声明を掲載したからである。オドムは、「だから、あなたが

"2009年7月4日とそれ以降、私はどこに参加するべきか"と問うた時、その答えはきっとティーパーティー・パトリオッツとなるだろう」、と述べた。

地方で新組織が設立されるや、多くの人々がティーパーティー・パトリオッツに加わった。その全国的ネットワークは急激に成長をとげた。

2009年9月のワシントンD.C.での行進において、その他のティーパーティー分派との連携を成功させた後、ティーパーティー・パトリオッツは、その他の全国的組織と初めて深刻な対立を経験した。その契機は、クレマーがティーパーティー・エクスプレスに加わったことであった。ティーパーティー・パトリオッツは、10月15日、理事会の文書で、正式に彼女を指導部から解任した。そしてクレマーに対して訴訟を起こし、11月10日、彼女がパトリオッツの名称を使用することの差し止めが認められた。その時点で、その二つの組織は、お互いに協力することを止めたのでる。

二つ目の不和は、2010年2月、ティーパーティー・ネーションとの間で生じた（これはティーパーティー・ネーションの章で論じた）。ティーパーティー・パトリオッツは、5月、テネシー州ガトリンバーグで開かれた「テネシー・ティーパーティー連合大会発足大会(Tennessee Tea Party Coalition Convention Inaugural Convention)」の後援団体の一つとして続けて協力した。

〈2010年5月のガトリンバーグでの連合大会〉

この集会は、ティーパーティー・ネーションのイベントとはまったく対照的なものであった。入場料は35ドルで、ナッシュビルのイベントよりもかなり低額で多くの人々が参加可能なものであった。基調講演を行った著名人は、連邦下院議員のスティーブ・キング（共和党、アイオワ州）であった。彼は、サラ・ペイリン女史と比べるとメディアから詮索をまったく受けなかった。テネシー州の20以上の地方ティーパーティー組織がその集会の後援団体となった。後援団体側はそのイベントの前売りチケットを1,000枚販売したと述べ、また報道機関に多数の出席者を予想しているとを語った。しかしながら、その場に居合わせた観察者によれば、出席者は多く見積もっても300名にすぎなかった。

作業部会で注目されたのは、反イスラム教のアジテーターであるパム・ゲラー(Pam Geller)による報告、また、警察官と軍関係者を登用し、連邦憲

法の独自の解釈を擁護するために活動する、ある種の民兵組織「宣誓の守護者たち(Oath Keepers)」による報告であった。「スパイク連邦憲法の擁護者たち(Spike Constitution Defenders)」と共同で開かれた同様のある作業部会では、武装集団(Posse Comitatus)風のレトリックが、彼らのプロパガンダと組み合わされた。その他の作業部会では、報告者のサミュエル・ダック(Samuel Duck)が、連邦憲法修正第16条および第17条の撤廃を主張した。修正第16条について、これは連邦議会に所得税の徴収の権限を与えるもので、長年にわたって極右による攻撃の的となっていた。しかしながら、修正第17条に関しては、これは連邦上院議員を直接選挙により選出することを規定したもので、こちらは広く論争の的となっていなかった。その撤廃の支持者として、テキサス州選出の共和党下院議員ロン・ポール(Ron Paul)、保守派コラムニストのトニー・ブランクリー(Tony Blankley)が挙げられる。彼らは、その撤廃を州権の拡大と見なしている。ティーパーティーの内部に見られる修正第17条の撤廃が、反・民主主義の最大の提案の一つであるのは明白である。

この大会では、ティーパーティー・パトリオッツは、第一級の後援団体(2,500ドルの支援額)であった。ガトリンバーグ大会の後援団体の中では唯一の全国分派であり、その組織的拡大の顕著な特徴として、このような広範な、地域的に支援されたイベントの開催が挙げられる。実際、ティーパーティー・パトリオッツを支えているものは、連携する州および地方のティーパーティー支部からなるネットワークである。それら地方支部が最も強固な基盤である。しかしながら、その指導的立場の人々の中に、民兵会員、人種差別主義者、およびその支持者たちが存在することは、最大の政治的弱点である。

以前はテキサス・ティーパーティーのウィンズボロ支部(Winnsboro, Texas Tea Party)と知られていた「ウッド・カウンティ・ティーパーティー(Wood County Tea Party)」を見てみると、テキサス州ダラスとルイジアナ州シュリーブポートの中間に本拠地を置くこの団体が、2009年に設立され、2010年1月にそのウェブサイトを立ち上げたことが判明する。その信条として、「国家の最高法規、財政的責任、限定された連邦政府、自由市場社会としての連邦憲法」を掲げている。この団体はティーパーティー・パトリオッツとフリーダムワークス両者との連携を主張しているものの、彼らは「ティーパー

資　料　『ティーパーティー・ナショナリズム』　177

ティー・ネーション、あるいは全国ティーパーティー連合とは提携していない(ママ)」ことを表明している。当初から、この団体は、地域での集会、バーベキュー、および共同後援イベントを開催していた。

　ウッド・カウンティ・ティーパーティーはカレン・パック(Karen Pack)により指導されている。彼女は、自らを「キリスト教徒、ティーパーティー会員、立憲主義者、および愛国者」であると自負している。しかしながら、その記述から削除されてるのは、カレン・パックとクー・クラックス・クランとの関係の経歴である。IREHRが入手した文書によれば、ウィンズボロ出身のカレン・パックは、タブロイド紙『白人愛国者』の購読者であり、クー・クラックス・クランの「トム・ロブが率いる勇士たち(Thom Robb's Knights)」の「公式支援者」として名を連ねていた。1970年代中期にデビッド・デューク(David Duke)によって設立されたクー・クラックス・クランの勇士たちは、一連の派閥抗争の後、ロブの管理下に入り、彼は、数十年にもわたり、組織化を探っていた。1990年代には、ロブは、クランをより中間に位置する「キリスト教愛国者」として位置づけようとした。しかしながら、依然として、クランは、白人至上主義を掲げる諸組織と連携する暴力的な伝統を受け継ぐ団体であった。1996年におけるロブ率いるクランとパックとの関係を、すべてのティーパーティー運動がクー・クラックス・クランと同様の証拠として取り上げるべきではない。しかしながら、このことは、クランが示す明白な人種差別主義とティーパーティーの「我々は人種差別主義者ではない」という否定との間で、ある種重複する部分が存在するのを物語っている。

　パックは、「テキサスはもはや黙ってはいない」と題した論文の中で、「毎日懸命に働き、そしてこの国の屋台骨である我々は、権力を熱望する混血児たちにある反発を覚えた。悪態をつく人々は自らを表現する英語(english、原文ママ)能力を欠いている、と私の先生はよく言った。しかしながら、私はここで、彼が自分のルールに一つの例外を加えるよう望む。我々の反発は素朴なものであり、それは政治的に(Polically、ママ)正しいものでもなかったし、あるいは社会的に良いものでもなかった」と述べた。

　「切なる訴え(Ardent Plea)」と題した他の論文の中では、パックは、「教会と国家のいかなる分離(seperation、ママ)もない。今までも決して存在することはなかった。単に、歴史を知らない、もしくは破壊主義的な人々が、そ

の存在を主張するだけである。今日、我々の神を憎悪し、わが国を見下し、そしてキリスト教と米国双方を破壊するために何でもやりかねない人々がいる」、と記した。

パックの見解は、わが国の将来に現れる暴力的な衝突を予見させる。すなわち、「今日、道徳、キリスト教信仰、および神から与えられた権利が我々の前で抹殺されており、それなのに、キリスト教徒たちは、それを食い止めるために何も行っていない。今日の悪が跋扈すれば、必然的に暴政につながるであろう。歴史はそれを証明している。もし、この国のキリスト教徒たちが教会にこもり、生じているものを目撃しないふりをするならば、これはイエスおよびキリスト教信仰のあらゆる基盤を否定することではないか？ 我々は、この国の基礎をつくり、これを確立したキリスト教の重要な(fundemental、ママ)原則への忠実さ(allegence、ママ)を、堂々と表明できないほどの臆病者なのか？ キリスト教徒たちはどれほど長く待つのか？ 彼らはどれほど長く口をつぐむのか？ キリスト教徒たちの信教の自由を保障する(garantees、ママ)世界で唯一の法律が連邦憲法であると彼らが理解するまで、敵は連邦憲法をどれほど切り刻むのか？ キリスト教徒たちは、敵が学校での祈祷を禁止したように、彼らがキリスト教信仰を禁止するまで何もしないのか？ そのときまでには、流血の惨事が起こらずにわが国を守るのは遅すぎるであろう」。

5月、ウッド・カウンティ・ティーパーティーは、「テイラー・ティーパーティー(Tyler Tea Party)」と「東テキサス憲法連盟(East Texas Constitution Alliance)」とともに、民兵組織の著名人で宣誓の守護者に所属する保安官リチャード・マック(Richard Mack)の講演会を主催した。マックによる講演会の後援団体となったその他のティーパーティー・パトリオッツの支部として、アラバマ州プラットビル、テキサス州アマリロ、ニューメキシコ州シルバーシティ、オレゴン州プラインビル、およびミネソタ州ブルーミングトンの各組織が挙げられる。

ティーパーティー・パトリオッツの中の民兵組織は、リチャード・マックのような民兵組織に属する人物とは別に広がりを見せている。いくつかのティーパーティー・パトリオッツの組織は、自らが民兵組織、あるいは積極的な活動を行うため民兵的組織構造を持つ、と公表している。

ティーパーティー・パトリオッツの地方支部はまた、「民兵隊壮年団(Posse Comitatus)」と同様に、政治的暴力を助長する場でもある。2010年2月13日、ワシントン州アソティンで開かれた「ルイス・クラーク・ティーパーティー・パトリオッツ(Lewis and Clark Tea Party Patriots)」のイベントで、見知らぬ1人の女性演説者が、聴衆に叫んだ。すなわち、「あなた方のうち、どれくらいが"孤独な鳩(Lonesome Dove)"の映画を見たか。登場人物のジェイクが悪い仲間と付き合ったとき、彼はどうなったのか？　ジェイクに起こったこと、それは縛り首であった。そしてそれが、私がパティ・マーレー(Patty Murray)の身に生じてほしいことだ」。連邦上院議員であるパティ・マーレーを縛り首にする訴えに対して、拍手が起こった。

　ティーパーティー・パトリオッツの他の地方支部は、様々な傾向を持つキリスト教愛国主義的見解に訴えかけている。彼らは、「共和制対民主制」、市民権、および1990年代の民兵運動の中心的テーマであった連邦憲法修正第10条のようなトピックを取り上げた作業部会を設けている。

　例を挙げれば、州全体にわたるネットワークを有する「ノースカロライナ・フリーダム・プロジェクト(North Carolina Freedom Project、あるいはNC Freedom)」は、ティーパーティー・パトリオッツとして登録されている。NCフリーダムの指導者たちはまた、ティーパーティー・ネーションとも緊密に活動している。NCフリーダムに所属する講演者たちは、2010年2月にナッシュビルで開催されたティーパーティー・ネーションの大会で人気を博した部会の講演者であった。彼らはさらに、10月にラスベガスで開かれるティーパーティー・ネーションの大会でも講演することになっている。

　NCフリーダムはまた、「ノースカロライナ・アメリカン・リパブリック(North-Carolina Republic)」と称する外部グループが取り仕切る一連のセミナー開催を公表した。「我々の共和国を復興する」と題された作業部会は、個人が自らをノースカロライナ共和国―南北戦争後の再建法によって奪われた「真の政府」―の市民であると宣言できるという考え方を奨励した。これらの考えによれば、連邦憲法修正第14条は違憲であると見なされる。これらの見解は、1980年代の民兵壮年団による曲解された立憲主義から引き出されたもので、しかも、1990年代の「自由民とテキサス共和国(Freemen and Republic of Texas)」などの組織が提示したものである。いずれにせよ、そのプロパガ

ンダは、財政と税金への素朴な懸念によりも、はるかに白人ナショナリズムに通じている。

ティーパーティー・パトリオッツの周辺でこれらの作業部会が開かれているという事実が物語っているのは、NCフリーダムもまた、連邦からの脱退の考えを奨励しているという重要な事実に他ならない。2010年2月、その組織は「連邦政府の専制への解決策」と題された論文を内容とするニューズレターを、会員たちに送信した。その論文は二つの解決策の概略を述べている。すなわち、「漸進的な」アプローチは、度を越した連邦政府を食い止めるために、州権および州の主権を擁護する連邦憲法修正第10条の立場をとることである。二つ目の解決策、すなわち連邦脱退は、「おそらく大多数の市民の満足度を越えるものであるが、しかし、依然として真剣な考慮に値する"跳躍"である、と説明する。

ちょうどティーパーティー・パトリオッツのいくつかの地方組織が武装民兵とキリスト教愛国主義を取り込んでいるように、その他の地方支部は、移民排外主義および厳格な反移民政策を奨励している。ティーパーティー・パトリオッツの地方支部「メリーランド救済支援(Help Save Maryland)」は、移民の権利擁護団体CASAの州本部の外で、抗議行動を行っている。メリーランド救済支援は、明確な反移民の立場の組織として、2005年に設立され、現在は、ティーパーティー組織の一つである。

ワシントン州では、ティーパーティー・パトリオッツの組織は、コビントン、ケント、およびレントンの支持者たちに向けて、州と地方政府機関に連邦移民諸法の執行を支援することを求めるアリゾナ州上院提出1070号法案と同様の住民提案第1056号への署名集めを主張した。この提案はまた、すべての民間企業と公的機関の雇用主に、従業員の移民資格の「電子認証」、また多くの公共サービスの受給の申請に移民資格の認証を求めるものであった。非営利団体は移民資格の証明書類なしに就業支援を申請することが禁止されていた。運転免許については、移民資格の証明書類なしに公布することが禁止されていた。

ジョージア州ティーパーティーのコロンバス支部は、過酷な反移民法である第1070号法案が州議会で成立した後、アリゾナ州擁護の集会を開催した。ティーパーティー・パトリオッツが全国規模で行ったのと同じく、多くの他

資　料　『ティーパーティー・ナショナリズム』　181

の地方ティーパーティー・パトリオッツ組織もまた、アリゾナ州の反移民立法を擁護している。

　ティーパーティー運動の移民排外主義的側面については、「米国人とは誰のことか」の章でさらに論じる。

7　ティーパーティー・エクスプレス

　ティーパーティー・エクスプレスは、2009年、以前から存在した保守派の活動組織である「よりよいわが国に値する政治活動委員会 (Our Country Deserves Better Political Action Committee)」により創設された。この分派は、共和党候補者を支援する際の政治献金活動とともに、全国をめぐる政治宣伝バスツアーを行っている。それは会員制ではなく、ティーパーティー・エクスプレスとその他の全国分派との違いの一つとして、彼らが地方組織を創設あるいは支援をしないことが挙げられる。

　創設当初の代表マーク・ウィリアムズ (Mark Williams) は、市民的な政治演説から激しい暴言およびあからさまな人種差別主義へと、度を越えた発言を繰り返している。それに加えて、指導部は、他のティーパーティー組織と何度も衝突し、物議をかもし出していること、が主な特徴である。

　ティーパーティー・エクスプレスと、その母体団体である「よりよいわが国に値するPAC」には、その他のティーパーティー諸分派のようなオンライン上のソーシャル・ネットワークは存在しない。政治活動委員会として、その団体には政治献金を行う寄贈者はいるものの、単に登録だけを行うことができる会員は存在しない。この相違が、そのままその他の分派と比較することを困難にしている。

　「よりよいわが国に値するPAC」は、現在の選挙運動期間中に多額の政治資金を集めていた。だがそれは、2010年6月現在、連邦選挙委員会に1,508人の献金者を報告しているだけに過ぎない。

　献金者たちは全国に散らばっている一方で、当該団体の本拠地であるカリフォルニア州とテキサス州に多数の献金者たちが存在する。ティーパーティー・エクスプレスの献金者たちの数で上位10都市は以下の通りである。すなわち、テキサス州ヒューストン、テキサス州ダラス、テキサス州サンア

ントニオ、メリーランド州ベセスダ、ニューヨーク州ニューヨーク、カリフォルニア州ランチョサンタフェ、ネバダ州ラスベガス、アリゾナ州スコッツデール、グアム島ハガトナ、およびルイジアナ州ニューオーリンズである。

〈ルッソ・マーシュ＆ロジャース社(Russo Marsh and Rogers)〉

本報告書を執筆した時点で、「よりよいわが国に値するPAC」の委員長は、前のカリフォルニア州共和党下院議員ハワード・カルージアン(Howard Kaloogian)である。カルージアンは、2006年州下院に出馬し、対人殺傷銃器の禁止に反対して「米国政治勝利財団(America Political Victory Fund)」の「ラリー・プラットの銃所有者たち(Larry Pratt's Gun Owners)」から支持を集めたものの、落選した(プラットは1990年代中期における民兵運動の指導的人物の1人であった)。

当該PACの「選挙戦略担当主任」は、落選したカルージアンの選挙運動に携わったカリフォルニア州共和党政治顧問サル・ルッソ(Sal Russo)である。ルッソは、キングス・メディア・グループ(Kings Media Group)およびルッソ・マーシュ＆アソシエイツ社(Russo Marsh & Associates, Inc.)の名前でビジネスを行っている広告会社ルッソ・マーシュ＆ロジャース社の社長である。1996年、カリフォルニア州共和党が、反アファーマティブ・アクションに関する住民提案第209号の成立を支援するため、この会社を雇用した。その後、共和党に関連するその他の多くのキャンペーンに係るようになった。

2008年7月、2人の人物が、「減税、小さな政府、強固な国防、および強い米国の中核として家族の強さの重視を掲げるレーガン保守主義を擁護するために」、「よりよいわが国に値するPAC(OCDB)」を創設した、といわれている。

2009年4月、当該PACの責任者ジョー・ヴィルツビキ(Joe Wierzbicki)のメモにおいて、ティーパーティー・エクスプレスの計画の枠組みが明らかにされた。そのメモには、エクスプレスの組織とその他の新しいティーパーティー組織間との最初の溝を示唆している。ヴィルツビキは、「これは来るべき日に我々が議論する必要がある、慎重な取扱いを要する問題となるであろう」、「我々は、我々の中で"仲間の外"にいると称している人々について、

慎重に議論を進めなければならない。なぜなら、率直に言って、我々は、単に政治的主流派あるいは保守的主流派の一部分ではないだけでなく、我々はまた、現在、"ティーパーティー"主流派の一部分でもないわけである」、と記した。

　ティーパーティー・エクスプレスがその名を知らしめるようになったバスツアーは、実際には、よりよいわが国による2008年「ストップ・オバマ・バスツアー」を作り変えたものであった。オバマに打撃を与えた後、OCDBはペイリン支持の広告を担当することを含めて、サラ・ペイリン（Sarah Palin）の支援を続けた。ペイリンは後に、その返礼として、ティーパーティー・エクスプレスの第3回ツアーでの二つのイベントで看板役を務めた。

　ティーパーティー・エクスプレスは、スタッフ構成に関して何度かの再編成を行っている。本報告書で述べたように、組織の代表者として、マーク・ウィリアムズに代わってエイミー・クレマー（Amy Kremer）が就任した。彼女は、以前は、当該組織の草の根および連合部門（Grassroots & Coalition）の局長であった。ティーパーティー・エクスプレスに参加する以前、彼女は別の分派、すなわち、ティーパーティー・パトリオッツのスタッフであった。ティーパーティー・パトリオッツからクレマーを引き抜いたことは、その二つの組織間で緊張を高めたのは、いうまでもない。ティーパーティー・パトリオッツはクレマーに対して訴訟を起こし、また、ジョージア州裁判所は、被告に対して、パトリオッツのウェブサイト管理を返上し、メーリングリストの使用をやめ、その他に、彼女がティーパーティー・パトリオッツで勤務した期間に知り得たいかなる内部情報も利用しないことを求める判決を下した。

　クレマーはティーパーティー運動の中の人種差別主義の非難を断固として拒否したものの、医師のデイビッド・マクカリプ（David McKalip）が2009年7月、仲間のティーパーティー参加者たちに向けてオバマ大統領の人種差別的風刺画を描いたメールを送信した時、彼女はすぐに彼を擁護する立場をとった。神経外科医としてフロリダ州で開業しているマクカリプの行為は、後にフロリダ州医師会から非難された。しかしながら、気分を害するEメールの送信が明らかになり、論争が巻き起こった後も、クレマーは、ティーパーティーのEメールに、「デビッド、我々はあなたを全面的に支援し、あ

なたのためにここにおります。私は、一つのことを補償することができます。すなわち、我々はあなたを自分のこととして守る、ということです。あなたには我々すべてがついています！」と記した。その年の10月、ティーパーティー・エクスプレス・バスツアーがフロリダ州オーランドに立ち寄った際に、マクカリブは特別講演者となった。

クレマーのブログ『サザン・ベル・ポリティクス(Southern Belle Politics)』には、現大統領への中傷が多数記述されており、彼が米国生まれではなく、「彼の医療保険計画、税制、および大規模な増税と支出を伴う政策を通じて推進される大きな政府および社会主義的諸計画を含めて、私がバラク・オバマを嫌う理由は多数ある。しかしながら、上に挙げた理由よりもより重要なのは、バラク・オバマがこの偉大な国の大統領に就任する資格を持つとは、私にはまったく思えないことである。もし彼に資格があり、そして隠すことがまったくないのであれば、なぜ、彼は出生証明書をコピーして示し、その問題に決着をつけないのか？」、といった(誤った)非難を何度も繰り返している。

「よりよいわが国に値するPAC」のスタッフの「代弁者」で、かつティーパーティーのイベントに多数出席している人物として、フロリダ州デルトナ出身のロイド・マーカス(Lloyd Marcus)が挙げられる。余談であるが、マーカスは、彼のウェブサイトで、自らを「生粋の(黒人)米国人、シンガーソングライター、エンターティナー、作家、芸術家、およびティーパーティー・パトリオッツ」であると記している。そのアフリカ系米国人のエンターティナーは、2004年のジョージ・W・ブッシュの再選を支援した。彼はまた、「全国保守黒人地位向上協会(National Association for the Advancement of Conservative People of Color)」(後に「全国保守全黒人地位向上協会(National Association for Conservative People of ALL Colors)」に改名)の会長である。この団体は、わが国で最も古い最大の公民権団体である全国黒人地位向上協会(NAACP)をあざけり、反対することに焦点を当てている。連邦選挙委員会の記録によれば、マーカスは、2009年3月から2010年5月の間、よりよいわが国に値するPACから顧問料として2万1,000ドル以上の報酬を受け取った。マーク・ウィリアムズがティーパーティー・エクスプレスの代表であった時期を含めて、ティーパーティーの指導者の中に人種差別主義者が存在するといった非難

ついて、彼は一貫してティーパーティーを擁護している。

〈マーク・ウィリアムズ〉

「よりよいわが国に値するPAC」の初期の副委員長であり、ティーパーティー・エクスプレスの代表であったのが、ラジオトーク番組ホストで、「全国ラジオトーク番組ホスト協会(National Association of Talk Show Hosts)」の前責任者マーク・ウィリアムズ(Mark Williams)である。ウィリアムズによれば、ティーパーティーは「米国を信じ、連邦憲法を詳細に理解していないかもしれないものの、しかしながらその精神はよく鍛えられている人々の集まりであり、そして彼らは米国を取り戻すと同時に一つのティーパーティーへと結集している」。

マーク・ウィリアムズは、オバマ大統領を、ナチ、半白人の人種差別主義者、半黒人の人種差別主義者、および生活保護詐欺を行ったインドネシア人イスラム教徒であると言及した。彼は、「共和党支持者だけでなく、すべての米国人が我々自身による不意の一撃計画を再編し、実施するときである。そう、"不意の一撃(coup)"である」と述べている。ウィリアムズは、6月19日にティーパーティー・エクスプレスの代表の座を降りたことを突然公表した。

〈ティーパーティー・エクスプレス・バスツアー〉

その他の組織とは違って、ティーパーティー・エクスプレスは、当初から、「政治的に脆弱な」選挙候補者を攻撃する運動母体として形成された。さらに、ヴィルツビキが作成したメモでは、献金の呼びかけの中で、バスツアーを運営するOCDB-ティーパーティー・エクスプレスがどのようにして「ハリー・リード(Harry Reid)を敗北させる」か、さらに「クリス・ドッド(Chris Dodd)を敗北させる」か、および「アーレン・スペクター(Arlen Specter)を敗北させる」のか、を説明している。

ティーパーティー・エクスプレスの活動を促進するため、その組織は既存の右派組織のメーリングリストに頼った。上記のメモでは、ニューズマックス(News Max)、ヒューマン・イベンツ(Human Events)、タウンホール(Town Hall)、ワールドネットデイリー(World Net Daily)、その他の人物を含めた右

派組織のメーリングリストを借用することが議論されている。連邦選挙委員会(FEC)に提出されたOCDB/TPEの支出報告では、ニューズマックスに年俸18万7,340ドル、ヒューマンイベンツに9万3,800ドル、およびTownHall.comに3万6,206ドルを支出したことが確認できる。

メモの中ではさらに、地域の人々を活用することによって「我々の"信頼性"を高める」必要があることも議論された。

最初のティーパーティー・エクスプレス・バスツアーは、2009年8月28日、サクラメントにおいて開始された。バスツアーは全国をめぐり、ワシントンD.C.での9月12日行進に向けて、ワシントンD.C.に到着するまでの間、中西部と中南部の様々な場所とともに、ネバダ州およびテキサス州の都市でイベントを開いた。それらの集会は、政治活動委員会への新たな献金者たちを見出すと同時に、一般的にティーパーティー運動への支持を結集するものであった。最初のバスツアー開催の後、10月に入り、ティーパーティー・エクスプレスは、正式にFECに書類を提出し、そのPACの名称を「よりよいわが国に値するPAC(the Our Country Deserves Better PAC)」―ティーパーティーエクスプレス.org(TeaPartyExpress.org)へと変更した。

2度目のバスツアーは「ティーパーティー・エクスプレス Ⅱ：審判の日へのカウントダウン」と題され、10月25日、サンディエゴで開始された。それは再びネバダ州と中部の各地に立ち寄り、その後南部のテキサス、ルイジアナ、ミシシッピ、アラバマ、およびジョージアの各州を訪問した。最後の訪問地は11月12日のフロリダ州オーランドであった。

2度目のバスツアーが終了したとき、よりよいわが国に値するPAC―ティーパーティー・エクスプレスの関心事は、8月に連邦上院議員テッド・ケネディ(Ted Kennedy)の死去で空席となった議席を埋めるマサチューセッツ州の連邦上院議員の特別選挙に向けられた。よりよいわが国に値するPACは、その選挙を健康保険改革に反対する住民投票とすることを望み、知名度が相対的に低い共和党州上院議員のスコット・ブラウン(Scott Brown)を支援する際に34万8,670ドルも注ぎ込んだ。2010年1月20日、ブラウンは民主党候補のマーサ・コークリー(Martha Coakley)を破って当選した。ブラウンの選挙を支援する理由が何であれ、ティーパーティー参加者たちにとって、これによって「スコットの名が"世間に"知られるようになった」ことを意味した。

そして、選挙戦でのティーパーティー・エクスプレスの功績が直ちに認められたのである。

それに続いて、2月、ティーパーティー・エクスプレスは、ティーパーティー・ネーションが開催する大会への参加が予期されたものの、しかし大会からは手を引き、そのため両者の組織間で若干溝が生じた。

しかしながら、そのちょうど2週間後に、ティーパーティー・エクスプレスは、ワシントンD.C.で保守派政治活動委員会(the Conservative Political Action Committee)年次総会で集会を開いた。この「保守派政治活動会議(the Conservative Political Action Conference, CPAC)」は、保守派の活動家および政治家のために年1回開催される会議である。ティーパーティーの組織は2010年のCPAC総会で重要な役割を担い、それにはティーパーティー・エクスプレスのバスツアーによる訪問集会も含まれていた。また、2010年CPAC総会の出席団体として、極右で、陰謀に熱を上げるジョン・バーチ協会—37年の総会の歴史の中で後援団体として初めての参加—が挙げられる。

3度目のバスツアーは、3月27日、ネバダ州サーチライト(民主党連邦上院院内総務ハリー・リードの出身地)での大規模な集会で始まった。ティーパーティー・エクスプレスIIIは、全国各地を訪問する前に再びネバダ州の各都市を訪問し、リード上院議員への反対集会を開催した。

バスツアー中、ティーパーティー・エクスプレスは、さらに、ミネソタ州選出の女性連邦下院議員ミシェル・バックマン(Michele Bachmann)を含む候補者たちへの支援を公表した。(バックマンとテネシー州選出下院議員のマーシャ・ブラックバーン〔Marsha Blackburn〕は、ティーパーティー・エクスプレスの要請に従い、2月のティーパーティー・ネーション大会から手を引いた)。バスツアーは、2010年税の日ティーパーティー抗議運動と一緒に行動するため、4月15日、再びワシントンD.C.に到着した。

ティーパーティー・エクスプレスは、4月15日、ネバダ州の連邦上院議員の共和党予備選挙でシャロン・アングル(Sharron Angle)への支援を表明した。4月25日、彼らはアングル支持を内容とする2本のテレビ広告と一本のラジオスポット広告を流した。5月11日には、新聞にアングル支持の一面広告を打った。5月16日、ティーパーティー・エクスプレス.com(TeaPartyExpress.com)では、アングルを支援するため「ティーパーティー・エクスプレス15万

ドル集中献金(Money Bomb)」が宣伝された。1週間の間に、その額の半分以上の8万910ドルが集まった。シャロン・アングルは6月9日の予備選挙において逆転勝利を手にした。

2010年5月4日、ティーパーティー・エクスプレスは反移民の論争に加わり、オンライン署名活動を行って議論の的となっているアリゾナ州第1070号法案を支持した。

ティーパーティー・エクスプレスの公式パートナーの一つに、「自由共和国(Free Republic)」がある。それは自らを「無党派、草の根保守主義のためのオンライン上での集会場」と記述している。それはバーザーズおよび人種差別主義者にとって重要な(活動)領域である。彼らが自由共和国に掲示した資料には、オバマ大統領がいかなる出生証明書をも持ち合わせていないと主張するものがあり、それは2009年6月10日、ワシントンD.C.にあるホロコースト記念館で警備員を殺害した白人至上主義者ジェイムズ・フォン・ブラウン(James von Brown)により投稿されたものである。このウェブサイトではまた、オバマ大統領一家への人種差別的攻撃を掲示している。2009年7月、オバマの11歳になる娘マリアが、平和のシンボルの描かれたTシャツ姿を写真にとられた後、自由共和国の掲示板では、オバマ大統領夫人と子供たちに関する人種差別的な評論が取り上げられ、そこでは、「貧民街のゴミ」のような差別的表現と用語が使用されていた。掲示板にある「娘を喜ばせるために、ミシェル・オバマは好んでサルの鳴きまねをする」との説明が書かれた、マリアに話しかけるミシェル・オバマの写真が一緒に掲載されていた。

自由共和国は、そのウェブサイトの第一面に、ティーパーティー・エクスプレス・バスツアーを宣伝した(自由共和国のウェブページはまた、ティーパーティー・パトリオッツおよびレジストネットへのリンク先を掲示している)。自由共和国のクリスティン・テイラー(Kristin Taylor)は、自由共和国とティーパーティー・エクスプレスを支持する人々との橋渡しをする役割を果たしている。彼はまた、反移民の自警団組織ミニットマン・市民防衛隊(Minuteman Civil Defense Corps)のために働き、フロリダ州でのティーパーティーのイベントで講演している。しかしながら、彼は、ティーパーティー・エクスプレス以外の分派とうまく仕事をしているわけではない。

2010年3月22日、自由共和国に掲載された「フリーダムワークスは、民主

党、メディアに譲歩するためにバスツアー中のティーパーティーを放り出すことをいとわない」と題された論文の中で、テイラーは「昨年、ティーパーティー運動を自分のものとした……フリーダムワークスは、民主党およびメディアによるプロパガンダ的猛攻撃に直面し、今日、その草の根運動を放棄する様相を呈している」、と述べた。

〈他のティーパーティー分派との相互の影響〉

　いくつかのティーパーティー分派は、数回ティーパーティー・エクスプレスのバスツアーの公式後援団体となった。フリーダムワークスは一度目のティーパーティー・エクスプレス・バスツアーに参加した。しかし、三度目のバスツアーには参加しなかった。しかしながら、ディック・アーミー（Dick Armey）がバスツアーに参加しないことは事前に知らされていた。一部の分派がティーパーティー・エクスプレスに不満を抱いていたものの、フリーダムワークスのスタッフであるブランドン・スタインハウザーは、「バスツアーが本当によいものであると私は現に思っている」、と述べた。レジストネットはバスツアーを後援しただけではなく、組織の全国局長であるダーラ・ダワルド（Darla Dawald）はティーパーティー・エクスプレス「チーム」の一員として名簿に記載された。ティーパーティー・ネーションもバスツアーの後援団体となったものの、ティーパーティー・エクスプレスは、ナッシュビルでのティーパーティー・ネーションの大会にバスツアーでの訪問をとりやめた。

　ティーパーティー・エクスプレスが予備選挙前にシャロン・アングル候補支持を公表した事実をめぐって衝突が生じた後、ティーパーティー・ネーションから送信されたメールには、「ティーパーティー・エクスプレスの人々は我々の友人である。彼らは、ネバダ州サーチライトでの大規模なイベントへの参加をティーパーティー・ネーションに要請するほどである。また、彼らの戦略ではなく、彼らの精神が正しいことを我々は信じる」、と記されていた。ティーパーティー・エクスプレスのエイミー・クレマー（Amy Kremer）は、ナッシュビルでのティーパーティー・ネーション全国大会（Tea Party Nation National Convention）で司会を務めた。

　ティーパーティー・エクスプレスと1776ティーパーティーとの間で、相互

に後援団体の関係を正式に結んだことは一度もない。しかし、1776ティーパーティーの代表デール・ロバートソン（Dale Robertson）は、彼の組織の会員たちが、三度目のティーパーティー・エクスプレス・バスツアーの開催集会に出席するため、ネバダ州へ向かった、と述べた。

それに対して、ティーパーティー・パトリオッツは、ティーパーティー・エクスプレスを「人工芝のエクスプレス（Astroturf Express）」と命名し、その理由として、共和党主流派との結びつきと地方組織に対する支援の欠如をあげた。ティーパーティー・パトリオッツの全国責任者デビー・ドゥーリ（Debbie Dooley）は、「我々は、ティーパーティー・エクスプレスとは関係を結ばないよう尽力してきた。なぜなら、彼らは、共和党、共和党主流派、および彼らのPACと緊密に提携しているからである」と、『ポリティコ』紙に回答した。

二つの組織間の競合と衝突はまた、運動資金の調達をめぐる問題でも生じた。ティーパーティー・パトリオッツは、「人々がティーパーティー・エクスプレスに寄付する際、彼らはティーパーティーに寄付していると考える。なぜなら、彼らは、それがPACであると書かれたメールの一番下の細字部分を読まないからである。また、そのことは地方の草の根ティーパーティー参加者たちに被害を及ぼす。なぜなら、実際に、何度も彼らから資金を奪っているからである」、と指摘する。

それに加えて、ティーパーティー・パトリオッツの中では、ティーパーティー・エクスプレスの行動によりすべてのティーパーティー組織が悪評を受けているとの意見が広がった。さらに、ティーパーティー・パトリオッツは報道機関にむけて、「今年の8月28日から9月12日に行われた"ティーパーティー・エクスプレス"によるバスツアー、および最近公表された次のバスツアーの監督責任を有する政治活動委員会（PAC）、すなわち、「よりよいわが国（Our Country Deserves Better）」が行ういかなる活動にも、直接的あるいは間接的な支援を行わないことを確認したい」との異例の発表を行った。問題の核心には、当時ティーパーティー・エクスプレスの代表であったマーク・ウィリアムズ（Mark Williams）により繰り返された不快な発言があった。その発表は「ウィリアムズのふざけた行為が、ティーパーティー運動を人種差別主義者、過激派グループと表現しようとする主要なメディアの術中に陥

る」ことを指摘していた。

　NAACPの2010年大会の開催中に、ティーパーティー・パトリオッツによる予想は、具体的証拠を示す現実となった。

〈マーク・ウィリアムズの発言録〉

　2009年、ティーパーティー・エクスプレスのマーク・ウィリアムズ（Mark Williams）は、著作『右派と左派の戦いではなく、善悪の戦い―社会主義的政策課題を暴露する（*It's Not Right versus Left, It's Right versus Wrong; Exposing the Socialist Agenda*）』を自費出版した。2010年、彼はその著作の題を『アメリカを取り戻す：同時に一つのティーパーティー（*Taking Back America: One Tea Party At A Time*）』に変えて再び出版した。ウィリアムズの著書は、彼が2010年7月に「ティーパーティー連合（Tea Party Federation）」から追放されるずっと以前に、彼の人種差別主義と偏見を明らかにし、彼の見解がティーパーティーの幹部たちの中では周知のことであったことを示していた。単に、そのような内容が明らかにされるだけだとしても、彼の著作から得られる知識は、ティーパーティー運動を理解する上で欠かせない。

　「一部の人々は投票を行うべきでない」と題された章では、ウィリアムズは、投票は市民の権利でもなく義務でもないと主張する。それどころか彼は、「時に、我々の一部の人々が投票を行わないことが、我々にとって最もよい選択となることがある」、と記している。

　ウィリアムズは、「オバマ氏が米国生まれの米国民ではないことは公然の秘密」であると述べている。同様な見解を述べたいわゆるバーザーズの中には、ウィリアムズを明確に支持している記述もある。それに加えて、彼は、「概してオバマがその肌の色ゆえに当選を果たしたことから得られるものは、オバマの発言内容を伴わない空虚さの明白な帰結である」、とも断言している。

　いわく、「修正された奴隷制度を制定する可能性のある最初の黒人大統領というみごとな皮肉は、私には効かない。私が"修正された"と述べたのは、アフリカ系の黒人たちが綿農場で彼らの"仕事"を辞めることはできなかった一方で、我々には、少なくとも今のところ、依然として我々の仕事を辞める自由、また我々の選択に関与するかそれを渇望することを選んだ残りの愚か

者に助けてもらう自由がある」。

「いわゆるオバマケアは本質的に、優生学、ジェノサイドもしくは多分に民族浄化の―あるいは三つのすべての側面を有し、どのように実施され、展開するのか、誰が管理するのかによる」。

「指導者を選んだ集団は、彼らの親愛なる指導者と明らかに異なっている。彼は―副大統領候補時のジョー・バイデン（Joe Biden）の発言が有名であるが―「クリーンで明快に意見を述べる人物」である。クリーンでなく、ものが言えず、残忍な彼らは、自由な思想を抑圧した水晶の夜（Kristallnacht）の続きを行う際に用いられる、将来の親衛隊（Schutzstaffel）である。彼は人種間で、階級間で、米国の中で、争いを起こそうとする。（私は意図的にドイツ語を用いた）」。

「オバマ‐リード‐ペロシおよびその同僚たちは、食物連鎖を見るように、彼らの残飯を、計画で依存強制され、かつ隊員養成のために設けた重税負担を強制された人々へと送ってよこす、食客エリート集団である」。

「バラク・オバマと彼の仲間たちは、七つの大罪を体現する。すなわち、思い上がり、貪欲、嫉妬、怒り、肉欲、大食、および怠惰である。その男と周りにいる人々、そして彼と手を結んでいる人々を突き動かしているものは、彼の世界観が間違っていることに弁解を認めない自己中心的なうぬぼれであり、それは、彼が異論は許さないという、頻繁に抱く怒りの決意を阻止することも認めていない。彼のような人間は、彼の仲間たちの嫉妬、貪欲、怠惰、および大食を利用し、促すことによって力を得ている。いわゆる一般的なリベラリズムを逸脱し、独裁的な社会主義へと堕落するオバマ大統領は、怒りの罪に問われる」。

「私は、我々が"イスラム教"と呼ぶ7世紀に生まれた危険な教団の1300年以上もの痛ましい歴史とその経緯について、詳しく言及するつもりはない。その歴史には、数多くのバイセクシャルの人々―奇妙にも同性愛を嫌悪し、精神的に異常な幼児性愛をもつ人々が存在したと述べることで十分である。彼らは、砂漠に閉じ込められた生活の中で、この歪んだ、暴力的なイデオロギーをあらわにし、生まれつきの妄想と何世紀もの間にわたる無知によってその数を増やしたのであった。いかにして敵が私の敵となったのかを詳しく知ることに、私はほとんど関心がない。ただ私は彼に、自制すること、もし

くは消え去ることを望むだけである」。

マーク・ウィリアムズは、数ヶ月前、多くの仲間たちの前で、マンハッタン南端部にあるイスラムセンター問題に言及した。5月、その文化センターの問題を彼のブログに掲載した際、ウィリアムズはイスラム教徒が「テロリストの偽りの神」を崇拝していると断言した(そのばかげた内容が広く非難された後、彼は結局その見解についてヒンズー教徒たちに謝罪するはめになった。ただし、イスラム教徒に対する謝罪は一切なかった)。

それに加えて、彼は、「イスラム教は、我々の中で飼いならされるべき、あるいは地上の片隅に追いやられるべき危険で野蛮な文化である」とも述べている。

8 人種差別主義、反ユダヤ主義、および極右武装組織の影響

本章では、特別報告として、世論調査の結果を集め、ティーパーティーの一部の指導者たちによる主要な人種差別的発言の例を取り上げ、よく知られた反ユダヤ主義者および白人至上主義者たちにティーパーティー参加者が講演の機会を与えている事例を示し、その上で、白人愛国者組織がティーパーティーの幹部の中に新たな人材を求める試みを分析する。

ティーパーティーの指導者たちは、彼らの運動の一部である人種差別主義、キリスト教愛国主義、および白人至上主義に話が及ぶことに不快感を示している。いくつかの注目すべき事例では、ティーパーティー集会への講演者や芸能人たちの出席のように、まるで「これは、より多くの人種が加わることを望む人種的に多様な運動である」といわんばかりに、人種の多様性がとくに強調されている。このような主張を行う少数の指導者たちの中でとくに知られているのは、ティーパーティー・エクスプレスに顧問として雇われていると本報告書で触れたロイド・マーカス(Lloyd Marcus)である。

それにもかかわらず、ティーパーティーのイベントで掲げられる「米国はキリスト教国家である」と書かれた連合国軍旗、掲示カード、およびオバマ大統領への人種差別的な風刺画が、地方とワシントンD.C.の両会場で散見されることは否めない。医療保険法案をめぐる論争の中で、アフリカ系米国人の連邦下院議員に吐きかけられた悪意のこもった言葉(や唾)に、人種差別

主義的メッセージがこめられていたのは明らかである。すべてのティーパーティー参加者が意識的な人種差別主義者であるということが本報告書の主張ではない。しかしながら、上で述べたいくつかの証拠が雄弁に事実を物語っている、といわねばならない。

〈人種差別主義者へ講演の機会を与える〉

　ティーパーティーの指導者たちは、様々な集会で、名の知られた人種差別主義者および反ユダヤ主義者たちに講演することを促し、またその機会を提供している。例えば、恥ずべき「Nワード」を掲げた1776ティーパーティーの代表者デール・ロバートソン(Dale Robertson)は、ワシントン州で放送されているトーク番組ホストのローリー・ロス(Laurie Roth)博士とともにホストを務めるティーパーティー・ラジオの番組のゲストとして、マーティン・「レッド」・ベックマン(Martin "Red" Beckman)を招いた。ベックマンは25年以上にわたり、反ユダヤ主義の著作を執筆し、民兵組織を擁護する人物として知られている。1994年、ベックマンは、税金納入を拒否したかどで、IRSによってモンタナ州の彼の所有地から追い出された。彼は現在、ワシントン州の南西部に住んでいる。

　ベックマンを紹介する際、ロバートソンは「レッドはすばらしい人間だ。私が生まれるずっと以前から、彼は実際にこの戦いを指導してきている。レッドには数多くの著作があり、その一つが『心の壁(Walls in Our minds)』であり、他に『なぜ民兵か(Why the Militia)』がある。だから、ローリー、銃の所持が憲法上認められた権利であることについて、彼と君の意見がぴったりと一致するということがわかるだろう。また、彼は連邦憲法の大家であり、国民としての我々の権威を弱めるために連邦政府が行ってきたことを良く知っている。彼を番組で紹介できたことはうれしいことだ」、と述べた。

　番組のおわりに、ベックマンは彼の著作を宣伝し、また「デールが彼のウェブサイトに本について掲示を行うことを話しており、私はそれにまったく異論はない」ことを明らかにした。それに対して、ロバートソンは「私は彼が公刊した本を読んできた。それらを読むべきだ。一度読めば、まったく我々がわが国の政府にだまされており、そしてわが国を取り戻すために可能なことは何でも行う必要があることを理解するだろう」、とつけ加えた。

その他の事例として、ロバートソンは、1776ティーパーティー出会いの場(1776Tea Party Meet Up)というウェブサイトで、ジョン・ウィーバー(John Weaver)牧師を支持した点が挙げられる。ロバートソンによれば、「ジョン・ウィーバーは、優れた見識を持つキリスト教指導者で、彼は連邦憲法の権利に聖書の基礎的部分を見出している。それらの権利の行使を怠ってきた教会は、それゆえ衰退の道を歩んでいる。連邦憲法は、神および道徳的な人々の礎に築かれており、それらがなければ、わが国において、教会と国民は抑圧的な連邦政府の犠牲となるであろう」。ロバートソンはまた、2009年8月29日にテキサス州マグノリアで開かれたウィーバー牧師の修養会を宣伝するため、この出会いの場のサイトを活用した。そのサイトはまた、ロバートソンがその会に出席したことを記している。

　ジョージア州フィッツジェラルド出身のウィーバーは、超南部連合国主義者たちと、いわゆるクリスチャン・アイデンティティ(Christian Identity)の教義を伝道する人々とに幅広いつながりをもつ。彼は、「南部連合国軍退役軍人子孫の会(the Sons of Confederate Veterans)」の前司祭でもある。彼は、1998年と1999年に、ミズーリ州ブランソンで開催された「クリスチャン・アイデンティティ」集会で講演を行っている。彼独特の神学理論によれば、ユダヤ人たちは悪魔の勢力(あるいは悪魔それ自身の化身)であり、有色人種は人間以下だ、と見なされる。それとは対照的に、北ヨーロッパの白人たちは聖書に書かれたイスラエル王国の子孫であると見なされ、また米国は彼らの「約束の地」であるとする。この理論は、イギリス人イスラエル子孫説と知られる神学理論に由来する。ウィーバーは彼独自の見解を"自治領主義(Dominionism)"の一つの変種と説明するものの、彼の論文「神の主権と民政(The Sovereignty of God and Civil Government)」は、「イギリス・イスラエル世界連盟(British-Israel World Federation)」から出版された著作目録に掲載された。そのために、これは、キリスト教原理主義の最も過激な右派へとウィーバーを追いやるはめになった。

　ティーパーティーの講演で反ユダヤ主義をあからさまに打ち出したのは、2009年7月のイベントであった。ワシントンD.C.のアッパー・セネイト・パークで開催された集会には1,000名が集まった。講演者の顔ぶれは、いくつかの税制改革団体、フリーダムワークス、およびトーク番組ホストたちであっ

た。また、その日、バンドのポーカーフェイスが登壇し、聴衆からの拍手は別にして無報酬で曲を演奏した。ペンシルバニア州リーハイバレー出身のバンドは、反ユダヤ主義だとの評判であった。リーダーのポール・トペト(Paul Topete)は、公の場で、ホロコーストが捏造であると主張し、米国でホロコースト否定を唱える重鎮のウィリス・カート(Willis Carto)が出版する定期機関誌『アメリカ・フリー・プレス(*America Free Press*)』に寄稿している。トペトによれば、「ロスチャイルド家が、キリスト教を基礎とする文明を衰退させるため、1776年にイルミナティ教団(Illuminati)を創設した」。彼らが抱く偏見もあって、2006年、ラトガース大学で、また、2007年にはロン・ポールの選挙運動イベントで公演を断られた。しかし、彼らは、何ら疑問をもたれることなく、ティーパーティー集会において公演した。

より巧妙なのは、一般の活動家たちが、ウェブページに投稿する際、反ユダヤ主義的なレトリックの利用が普通になっていることである。例えば、カンザス州ハッチンソンのある女性は、最近、サルトホークママ(salthawkmom)という名前で、ティーパーティーのウェブサイトの掲示板にメッセージを投稿した。そこでは、「世界の金融を支配する、イルミナティ・ヘブライ神秘主義の銀行家たちおよびフリーメイソンたちと呼ばれる国際的カルトは、その目的として人類の堕落と奴隷化を指摘している」と。「イルミナティ・ヘブライ神秘主義」の用語はジョン・バーチ協会の支持者たちの間で広まっており、また、中西部および南部でのティーパーティーの中で活動しているより過激なキリスト教愛国主義的な人々の間でも広まっている。

その他の事例を挙げるなら、2009年4月、サン・マテオで、カリフォルニア州共和党委員長は、ティーパーティーのイベントを宣伝する際に使われた反ユダヤ主義的描写について、「我々は、近日行われるイベントの宣伝の際に、反ユダヤ主義的な表現を用いることを強く非難する」、との声明を発表したことである。

「この国はキリスト教国家である」と主張する掲示カードは、数多くのティーパーティーの抗議行動の一部で見られ、また、とくに、2009年9月、ワシントンD.C.で行われた大規模なデモ行進の中で数多く見られた。これは必ずしも驚くにあたらない。なぜなら、いわゆるキリスト教右派と常に連携する組織が、この運動の当初から参加していたからである。例えば、「ア

メリカ家族協議会(American Family Association)」は、2009年7月に彼らの出身地で抗議行動を行うために、1,500名以上の運動員を登録した。

ミシシッピ州トゥーペロで、ドン・ワイルドモン(Don Wildmon)師によって創設されたこの組織は、当初、「品位を求める全米連盟(National Federation for Decency)」として知られていた。それは、テレビ番組の登場人物が「反キリスト教的」であることに反対し、「サタデー・ナイト・ライブ(Saturday Night Live)」と「ロザンナ(Roseanne)」といったテレビ番組のスポンサー会社の不買運動を組織した。ディズニーへの不買運動も支援しており、その理由として、「米国の家族への攻撃」を挙げた。その他に、当該組織は、キリスト教の偏った解釈を法律に挿入しようとした。

この組織の会員たちは、2010年に入り、継続してティーパーティーのイベントに参加し、それらを指導している。とくに、ケンタッキー州アメリカ家族協議会の代表フランク・サイモン(Frank Simon)は、ケンタッキー・ティーパーティーの責任者に就任、また、地元の新聞によれば、ルイスビルでのティーパーティーのイベントが反同性愛を訴えるものになるよう計画した、といわれている。

〈白人国家主義者たちの参加〉

2009年4月15日に最初のイベントが開催された直後に、ティーパーティーの抗議行動は白人国家主義者組織およびそのネットワークの会員たち魅了した。一つの運動として白人愛国主義は、白人至上主義に関するわずかに異なった二つの見解を明らかにしている。一つは、米国の中で、白人、黒人、および有色人種は一緒に住む。しかし、白人の支配を確立し、有色人種のための公民権法と投票権は取り消す。他の一つの白人愛国主義の見解は、崩壊し、分断された米国から土地を分離して白人だけの共和国を作る、というものである。強硬な白人愛国主義者たちは、自らとこの国の大多数の白人たち、並びに単純に人種差別主義あるいは人種差別を主張する人々とを区別するため、「人種差別的現実主義者」および「自覚した白人たち」の類の用語を使用している。

2009年7月4日のティーパーティー抗議行動への参加準備をするにあたり、国家社会主義者たちとその他の白人至上主義者たちは、白人国家主義者によ

る数多くのウェブサイトの中で最も規模が大きく、最も幅広いアクセスを誇るストームフロント.org(Stormfront.org)において、討論スレッドを立ち上げた。彼ら自身と人種差別主義を意識しない大多数のティーパーティー参加者たちとの違いを強調するものの、その一方で、ある投稿者は、「我々には、一般大衆に向けて、その運動に関連するような暫定的に範囲を広げた跳躍が必要だ。ティーパーティーに参加するそれらの米国人の手を取って導き、彼らが人種差別主義へと向かって、這い歩くことから自分で立ち、そして歩いていくように手助けしようではないか」、と主張した。

このスレッドに投稿されたもののいくつかは、丹念に考えられたペンネームと挿絵―人種間での闘争の小説『ターナーの日記 (*Turner Diaries*)』の作者としてよく知られ、国民同盟 (National Alliance) の創設者故ウィリアム・ピアース (William Pierce) の挿絵が数多く掲げており、そこには、ほぼ漫画に似た画面が見られる。それにもかかわらず、その討論スレッドでは、参加者との接触について極めて明確な方法で話し合われた。ある組織は、彼らのイデオロギーを示すカギ十字あるいは他のシンボルをつけた道具を身につけないことを決めた。彼らは、白人の抗議者として南部連合国戦旗と、より一般的なその他のシンボルを携えていた。さらに、彼らは、政治的メッセージの調子を比較的抑えたリーフレットを配布する計画を立てた。その他の組織の考えは若干違っていた。一部の人々は、人種差別主義の強さをスライド式で分けた、様々な内容のプロパガンダ宣伝用紙を用意した。彼らは、相手のティーパーティー参加者一人ひとりを押し測り、それに応じて資料を手渡したのである。

これらを比較対照する中で、彼らの中に存在する政治性を隠す必要はまったくなくなったと主張する運動員も存在した。彼らは、「私は、前回フェニックスで開かれたティーパーティーでWN (白人国家主義) 的文学作品を配った」と述べた。「私は、7月にある集会でまた配るつもりだ。これは時期的にも場所的にも適切だ。予算が限られている人々には、グループあるいは組織の住所を記した名刺カードを作ることを薦める。常に笑顔で接しよう」。

このストームフロントのサイトでの議論の中で認められたことは、極右のネオナチと常に行動をともにしている白人国家主義者たちの一部が、「保守派市民評議会 (Council of Conservative Citizens, CofCC)」により一般的に採用さ

れている一連の戦術を採用したことである。

　保守派市民評議会は、南部と中南部における最も大規模な支部をセントルイスにかまえており、そしてこの国では最大規模の白人国家主義団体であり、また、ティーパーティー運動の中で最も積極的に活動を行っている。1950年代および1960年代に、ジム・クロウによる人種隔離を擁護するために戦った「白人市民協議会(White Citizens Councils)」直系団体である保守派市民評議会は、米国が白人キリスト教国家である、もしくはそうであるべきだ、バラク・オバマと黒人たちは、総じて白人たちを抑圧している、といった見解を奨励している。評議会の幹部指導者たちの中には強硬な反ユダヤ主義者が存在するものの、評議会自体は、ストームフロント.orgの人々と同じような国家社会主義者たちを鼓舞する露骨な反ユダヤ主義的陰謀論のようなものを主張していない。

　評議会によるティーパーティーへの慎重な接近方法が、白人国家主義者たちの間に強い影響を与えている兆候として、ある投稿者は、「私は、ナチの格好をした人種差別主義的民兵として描かれることなく、白人たちを表現する保守派市民評議会の方法が最も良い方法であると思う。私は保守派市民評議会の会員ではないが、彼らのやり方が最も効果的な接近方法の一つであると思う」、と述べている点などが挙げられる。

　評議会の定期タブロイド紙『市民情報者(Citizens Informer)』はまた、ウェブサイトwww.cofcc.orgを通じて保守派市民評議会が、ティーパーティーの抗議運動の指導と推進の両方を行った。ミシシッピ州では、その団体は、2010年3月9日にフロウッド市庁舎で開催された「ミシシッピ・ティーパーティー」、4月17日の州議会議事堂での「ミシシッピ自由行進(Mississippi for Liberty March)」、2009年10月31日、北東ミシシッピ支部が後援し、リプリーのティッパー郡裁判所で開催されたハロウィーン・ティーパーティーを宣伝した。

　フロリダ州では、フロリダ西海岸支部が、2009年9月12日に開催され、およそ1,500名が出席したクリスタルリバーでのティーパーティーの会場で、大量の会員申請書とともに3箱分のタブロイド紙を配布した。フロリダ州選出の共和党下院議員のジニー・ブラウン・ウェイト(Ginny Brown Waite)がその集会で演説を行った。2010年1月16日、4,500名が出席したシトラス郡の

ティーパーティー(集会)では、同支部は、「出席者たちを興奮させ」、そして2箱分のタブロイド紙と250枚の評議会の名が載った名刺を配布した。

これらの、あるいはその他の同様な活動にもかかわらず、保守派市民評議会は、ティーパーティーの最終的な目標について(語るのを)躊躇している。肯定的にみれば、団体の指導者の1人は、「何千数百という白人たちが勇気を奮って連邦政府に反対するという事実は驚くべきことだ」と述べた。その一方で、彼は、「人種差別的な勢いがその運動に政治性を与えることを拒否するため、ティーパーティーの活動を阻害する否定的な傾向」について記した。彼は、「この革命の将来は、それが何であれ、熱心な白人たちにかかっている」、と結論づけた。税制および財政赤字についてまったく触れられていないことは、すでに本章で分析したところである。

ティーパーティーの中で最も熱狂的な白人国家主義者の1人が、ビリー・ジョー・ローパー(Billy Joe Roper, Jr.)である。アーカンソー州のルッセルビル高校の元教師ローパーは、レジストネット・ティーパーティーの登録会員である。彼はまた、アーカンソー州知事選挙に向けて投票用紙記入候補として立候補している。

ローパーの見解はきわどい内容のものである。白人国家の創設に、またユダヤ人と有色人種の放逐と殺害の必要性を説くことに尽力した組織「国民同盟(National Alliance)」において一時期、指導者であった彼は、その創設者ウィリアム・ピアースへの崇拝を続けている。ピアースの人種間闘争のテロリズム小説『ターナーの日記』は、オクラホマ州連邦政府ビル爆破犯のティモシー・マクベイ(Timothy McVeigh)により世に知られた。ローパーは、2000年に、その組織の会員責任者代理に就任し、そしてウェストヴァージニア州の本部に勤務した。ピアースが2002年に死去した際、ローパーは以下の声明を発表した。すなわち、「私は、彼(ピアース)と、今後何百年、何千年後に、我々の人種の偉大な人物たちの1人として、ジョージ・ワシントン、アドルフ・ヒトラーと一緒に、白人の子供たちが彼の名前を教わるようになることを、私の人生を費やして最善を尽くすことを約束した」。

ローパーの決意は変化しなかった。だが、彼はアーカンソー州の故郷へ戻り、そして彼自身の組織「白人革命(White Revolution)」を設立した。2004年5月、白人革命による集会の一つが、カンザス州トペカで開催された。その集

資　料　『ティーパーティー・ナショナリズム』　201

会は、ブラウン対トペカ教育委員会事件、教育におけるジム・クロウによる分離差別を違憲とした1954年連邦最高裁判決の記念式典に抗議するために開催された。その抗議行動には、「アーリアの国民たち(Aryan Nations)」を設立したリチャード・バトラー(Richard Butler)も加わった。その際ローパーは、以下のような掲示カードを掲げたのである。すわなち「分離でもなく、依然として平等でもない」と。

　ローパーは、今でも白人革命の指導者であり、より多くの支持を集めるための試みとして知事選挙も利用している。ローパーが投稿した「選挙運動報告」によれば、彼は、5月、バクスター郡で週末にティーパーティー参加者たちと会合を持った。マウンテンビューでは、彼は、「伝統的な保守的価値観をもつ愛国的なアーカンソー人のための候補者として」、フォークコンサートで聴衆に紹介されたのである。

　2009年7月4日ルッセルビルで開催されたティーパーティーのイベントで、ローパーの仲間たちは「不法移民」に反対する掲示カードを掲げ、信条を包括的に述べたリーフレットを配布し、そしてティーパーティー解散後、自分の抗議行動のために戻っていった。ローパーのレジストネットの会員ページは、彼がティーパーティー組織のほかの会員たちとともに管理している持続的討論サイトであった。しかし、ティーパーティー参加者たちからの彼への反応は不明瞭である。ある場合には、彼は避けられ、またあるときは、彼が捜し求めているもの—彼の運動に加わる数名の若者を見つけている。

　ローパーによるティーパーティーの活動を取材した『カンザス・シティ・スター(*Kansas City Star*)』紙の報告、またリトルロック・テレビニュースの報告の後、その地域のティーパーティー参加者たちは、彼を知らないと述べた。レジストネットは、ローパーのウェブサイトを取り下げた。その結果、ローパーは選挙運動でティーパーティーを利用することができなくなった。しかしながら、彼は、投票用紙記入候補としてあきらめてはおらず、また、ティーパーティーの支持者たちの票獲得活動を続けるとしている。

　デビッド・デューク(David Duke)のティーパーティーへの関与は、ティーパーティーの内実というよりも、むしろ以前にクー・クラックス・クランの会員であった人物が用いた無意味な便宜主義を明らかにしている。彼は、「ティーパーティーへのメッセージ」という10分間のビデオメッセージをイン

ターネットで放送した。デュークは、ティーパーティー参加者たちと「建国の父祖たち」に敬意を表しながら「メッセージ」を話し始め、最後は彼がいつも行っている「シオニストたち(Zionists、ユダヤ人の意)」への強い非難を話して終わった。数十年以上、デュークは新たな機会が生まれるたびに、所属する組織を変えてきた。しかし、彼は、その国家社会主義的イデオロギーの中核部分を決して放棄することはなかった。

つい最近では、デュークは、世界を飛び回るために時間を費やしていた。すなわち、フランスでは、デュークは、反移民の立場を取る「国民戦線(Front National)」の指導者ジャンメール・ルペン(Jean-Marie Le Pen)と記念撮影をしている。ロシアでは、極右政党党首のジリノフスキーと1995年に会談し、その結果、2002年にモスクワで開かれた「反シオニスト」大会への出席の機会を得た。同年11月には、彼はバーレーンでの集会で講演した。2006年には、イランで行われたホロコースト否定大会に出席し、その会場で、彼は「勇敢」で「洞察力がある」アフマディネジャド大統領に礼を述べた。その後、2009年、デビッド・デュークは、チェコ共和国において、突然の国外退去を命令された（後に告訴は取り下げられた）。

デュークは、（2012年）大統領選挙の共和党予備選での選挙運動に向けて、潜在的な支持者の状況を検討するために、1年間の講演旅行を行うと発表した。この点について、今後、新しい支持者たちから献金を求めていくと宣言すること以上の何かを求めていると理解すべきでない。彼は、彼が過去に手にした成功―ルイジアナ州議会選挙において、2度、大多数の白人票を獲得したこと―に近いことを再び行うようには思われない。しかしながら、その行動が示していることは、熱心な白人国家主義者たちがティーパーティー運動を、人種差別主義者たちによる人材発掘の場であると見なし、しかもイデオロギーで洗脳された白人国家主義を支援する可能性のある人々だと見なす、一つの兆候であることだ。

このようなティーパーティー運動が有する多様な政治的性格の中で、保守派市民評議会の活動、ストームフロント.orgの掲示、および他の白人国家主義者たちは、包括的に、しかも一つの基準として理解される必要がある。それと同時に、多数のティーパーティー指導者はその事実を認めないという点も示されている。

〈リチャード・マックと民兵組織〉

「サウスイースト・ミシガン・ボランティア・ミリシア(Southeast Michigan Volunteer Militia)」、オクラホマ州の「ビリー・ヒル・ミリシア(Billy Hill Militia)」、および解散した「ノース・コースト・ミリシア(North Coast Militia)」を含む、自らを民兵組織であると称する地方の諸組織は、ティーパーティー・パトリオッツと提携していた。ティーパーティー・パトリオッツと提携するその他の組織は、積極的に民兵組織の拡大を試みた。例えば、「ポカテロ・ティーパーティー(Pocatello Tea Party)」は、「我々に国家民兵(the State Militia)が必要な10の理由」を宣伝した。それが掲げる理由とは、「文化的な崩壊、堕落、および解体」(「多元主義」と「多文化主義」を含む)、「不法移民の侵略」、「独立宣言を打倒することを目的とする陰謀」、および「連邦政府の過大な財政的責任」である。ミズーリ州スプリングフィールドでは、9.12ティーパーティー組織が参加者に向かって、「SWミズーリ・ミリシア」への加入を勧めていた。

民兵による影響のその他の兆候として、ティーパーティー関連イベントにリチャード・マック(Richard Mack)が常に参加している点が挙げられる。そのことは、ただ単にティーパーティー・パトリオッツ所属の人々が、以前に言及していたという理由からだけではない。

アリゾナ州グラハム郡で以前保安官を務めた(1987年-1997年)マックは、1995年、ブレディ法(Brady Bill)の施行に関して連邦政府を告訴した後、初めて注目を浴びるようになった。1990年代中ごろに、彼は、民兵の仲間内で人気のある講演者となった。実際、彼は、出身地以外の場所で多くの時間を過ごしたことも手伝って1996年の予備選挙に敗北し、その地位を失った。マックはその間に2冊の本を執筆あるいは共同執筆し、民兵式のやり方について「新しい世界秩序を支持する人々は身を隠しており、彼らの計画を実行するために積極的に活動している」、と述べた。マックの見解では、悪魔は毎日陰謀を実行に移している。また彼は他のキリスト教国家主義者たちと同様に、「裁判所が判断する教会と国家の分離は愚行であり、作り話であり、そして偽りである」、と主張した。それに加えて、彼は、1950年代の人種差別主義者を思い出させる言葉、あるいは、ティーパーティー・エクスプレスの前代表マーク・ウィリアムズがNAACPに言及した際に用いた言葉で、

「ジェシー・ジャクソン(Reverend Jesse Jackson)師のような人たちとNAACPは、アフリカ系米国人たちを奴隷にするために、すべての南部農園主が一緒に行った以上のことを実践している」、と述べた。

最近では、「宣誓の守護者たち(Oath Keepers)」の会員として、マックは自分を、1990年代と同じく、連邦憲法の擁護者とみなし、さらに郡保安官をすべての他の法執行機関の最高機関にすることを主張している。たしかに彼は、ティーパーティーのイベントでは財政政策、税制、および連邦政府の赤字の話には触れていない。だが、彼は、ティーパーティーの中では最も人気を集める講演者の1人である。

カリフォルニア州の四つの都市にあるティーパーティー組織の連合体「ノース・バレー・パトリオッツ(North Valley Patriots)」は、2010年1月の集会で、マックの参加を支援した。彼は、7月10日にそれに応じた。シルバーシティ・グラント郡・ティーパーティー・パトリオッツは、ニューメキシコ州シルバーシティで2010年3月1日に開催した集会へのマックの出席を支援した。5月29日、テキサス州テイラーで、「テイラー・ティーパーティー(Tyler Tea Party)」と「東テキサス憲法同盟(East Texas Constitutional Alliance)」が開催したイベントにおいても、彼は講演している。今年夏に開かれたその他のティーパーティー関連イベントについていえば、彼はフロリダ州サラソタでのイベントに出席している。

〈人種差別主義者と医療保険改革〉

健康保険改革法案は、ティーパーティーの参加者にとって一つの発火点であり、2009年8月の各地での「市庁舎」集会において、民主党連邦議員を沈黙させるための一致した行動で始まった。続く11月には、医療保険法案にねらいを定めたティーパーティーによる抗議行動の中で、連邦下院議長ナンシー・ペロシ(Nancy Pelosi)の事務所に不法に侵入しようとしたことを理由に、10名が逮捕された。2010年3月、法案が成立間近となるにつれて、強硬な勢力が暴力に訴えるようになった。1990年代に民兵の一員であったアラバマ州出身のマイク・バンダーボウ(Mike Vanderboegh)は、彼のブログを読んだ人は誰でもよいから民主党議員の家の窓を割るよう促し、「今すぐに割れ。石で割ってしまえ」、と述べた。この呼びかけの結果、数名の連邦下院議員

の事務所のガラスがレンガによって割られた。ワシントン州では、連邦上院議員のパトリシア・マーレー(Patricia Murray)への再三にわたる殺人脅迫を告発された男が、4月1日に開催されたあるティーパーティーのイベントに最低でも一度は出席していたことが明らかとなった。ただし、彼は、自分をティーパーティー支持者である、と述べてはいなかった。

　2010年3月20日、連邦下院議員の小さな一団が、医療保険法案の票決のために議事堂へと歩いていた時、そばにいたティーパーティーの抗議行動者が罵声を発した。「法案を葬れ」というシュプレヒコールが、人種差別主義的罵声に変わり、議員の名前を一斉に叫んだ。マサチューセッツ州選出の連邦下院議員バーニー・フランク(Barney Frank)は「ファゴット」と叫ばれた。ジョージア州選出の民主党下院議員ジョン・ルイス(John Lewis)は「Nワード」を浴びせられ、またミズーリ州の民主党下院議員エマニュエル・クレバー(Emanuel Cleaver)は、唾を吐きかけられた。クレバーは、自分の名を「一斉に」叫ばれたと述べた。その特定のイベントでの悪意と人種差別主義は、後に、いかなる類のそのような人種差別主義的で偏見に満ちた名前を浴びせたことはなかったと主張したティーパーティーの指導者たちなどによって一層広がった。その明白な出来事を否定した人々の中には、連邦議会でティーパーティー議員連盟を立ち上げたミネソタ州選出の共和党下院議員ミッシェル・バックマン(Michele Bachmann)もいた。

〈NAACPの決議に対する反応〉

　2010年7月に開催されたNAACPの全国大会の総会では、ティーパーティーの幹部たちの間でいかなる人種差別主義も容認しないことを、良識あるすべての人々に要請する決議文を採択した。その決議文の中では、一般の人々とティーパーティー参加者たちの間では人種差別的正義の争点に関して意見の相違が存在することを記しているものの、すべてのティーパーティー参加者たちが自覚した人種差別主義者である、とする分類が行われたわけではなかった。

　その決議文が採択された直後、NAACP全体および全国に存在する各支部には、匿名による殺人脅迫があり、NAACPのサイトに向けて大量の暴言メールが寄せられた。この決議文に対する様々なティーパーティー組織の様々な

反応は、この種の異議申し立てに反発する彼らのやり方を知る絶好の機会を提供した、といってよい。多くの事例の中で、すべてのティーパーティー参加者に向けられた大雑把な「攻撃」として、恐らく意図的に決議文を誤解していたものもあった。それらの事例の中では、ティーパーティーの幹部たちの中にはいかなる人種差別主義者も存在しないという反発が数多く存在した。いくつかの事例では、NAACPそれ自体が人種差別主義的であるとか、もしくは、「人種差別主義」の用語があらゆる真の意味を失った、と主張するものもあった。

　ティーパーティー・エクスプレスの指導者マーク・ウィリアムズの場合、彼は、より不快で人種差別主義的声明を自分のブログに掲載する機会を利用した。ウィリアムズにはすでに、オバマ大統領が「生活保護詐欺が明らかになったインドネシア人イスラム教徒」であると主張するなど、数々の前科があることに注意すべきである。NAACPによる決議文の後に書かれた、全体的に黒人を、とくにNAACPをけなした彼のいわゆる風刺は、目新しいものではなかった。それにもかかわらず、すでに本報告書で述べたように、彼の「風刺」により、結果的に、彼はティーパーティー・エクスプレスの指導者から除名されたのである。それにもかかわらず、エイミー・クラマーが後に行った声明の中では、その立場は不明確であった。すなわち、「……マーク・ウィリアムズは、状況や立場がなんであれ、そのつど我々の代表として発言したに違いない」と。

　それとは対照的に、ティーパーティー・ネーションは、以下のような声明を発表した。すなわち、「ティーパーティー運動は、人種差別主義的ではない。ティーパーティー・ネーションとその他の多くの組織は、人種差別主義および人種差別主義者たちを拒絶してきた」と。その声明はまた、マーク・ウィリアムズによる発言を「多くの人々が人種差別主義であると受け止めた、議論の的となるブログである」と述べたものの、ティーパーティー・ネーションの指導者たちが、実際にウィリアムズの発言が人種差別主義的であると思うか否かについては答えが寄せられなかった。おそらく、ティーパーティー・エクスプレスの指導者たちを明快な表現で評価することを躊躇したのは、つい前年の5月に、二つの組織が対立し、ティーパーティー・ネーションが「ティーパーティー・エクスプレスの人々は我々の友人である。

彼らは、ネバダ州サーチライトでの大規模なイベントへの参加をティーパーティー・ネーションに要請するほどである。また、彼らの戦略ではなく、彼らの精神が正しいことを我々は信じる」、と発表した事実に関連している。
　ティーパーティー・パトリオッツの代表ジェニー・ベス・マーティン(Jenny Beth Martin)は、「ある人物によるいくつかの気分を害する掲示、あるいは不快な発言は、ティーパーティー運動の意見もしくは行動を代弁するものではない」、と宣言した声明を直ちに発表した。実際、マーティン自身は、ティーパーティー・パトリオッツの幹部たちの中で多くを占めるバーザーズのうちの1人ではない。それにもかかわらず、彼女の声明が「NAACPは長きにわたって人種差別主義の歴史を持つ」と論じた部分では、彼女は、昔から人種差別主義者であったかのように、有色人種のための擁護と述べる幹部たちの立場に味方した。彼女が、明らかにNAACPの決議文を示して「すべてのそれらの攻撃は正しくない」と主張したことは、証拠として多く存在する明白な事実をあっさりと拒絶したことになる。
　「セントルイス・ティーパーティー(St. Louis Tea Party)」は、以下の文章を含む決議文を採択した。すなわち、「まさに"人種差別主義者"という用語は、NAACPの会員たちを含む政治的に党派心を強く抱く人々によって乱用されてきたために、用語の意味の重要性を薄めている」と。
　セントルイス・ティーパーティーとまったく同様の動きをした「保守派市民評議会(Council of Conservative Citizens)」は、その論争に答えて、『人種差別主義、シュマシズム(Racism, Schmacism)』と題したジェームズ・エドワーズ(James Edwards)の下りの一説を再版した。メンフィス地区出身でAMラジオのトーク番組ホストのエドワーズは、以前から白人愛国主義運動に参加している人物であり、デビッド・デュークおよびその他の人々に頻繁に発言の機会を提供している。エドワーズは、「人種差別主義」という用語は、単に「白人を意味する」と主張した。彼は、人種差別主義への非難に対してとくに、ティーパーティー参加者たちが「だから？」あるいは「もちろん我々は人種差別主義者である─我々は白人である」と返答すべきだと述べた。ここで、エドワーズと保守派市民評議会は、ティーパーティーの内部へ接近する白人国家主義者の方法全体を再び詳述していた。すなわち、この勃興期にある運動をさらに自覚的な白人人種差別主義へと向かわせることであった。

7月14日、「ティーパーティー連合(Tea Party Federation)」は、組織の会員としてマーク・ウィリアムズとティーパーティー・エクスプレスがいたが、NAACPの決議文に対して直ちに拒絶する旨を公表した。すなわち、「ティーパーティー連合(NTPF)は、今日、ティーパーティー運動における"人種差別主義的分子たち"を非難する、NAACPの根拠のない告発をはっきりと拒絶する」と。ちょうどその3日後、ティーパーティー・エクスプレスがその指導者を追放することを拒絶した後に、ティーパーティー連合は、二つ目の声明を公表した。この声明は、ティーパーティー・エクスプレスをその会員から除名することを示したものであった。注目されるのは、この二つ目の声明がNAACPの決議文、あるいは「人種差別主義」という用語に全く言及しなかったことである。その声明は、7月14日の声明が間違いであるとは言及しなかった。にもかかわらず、ティーパーティー連合は、適切な行動をとった。

ティーパーティーの中で行動する黒人保守主義者たちは、ティーパーティー・エクスプレスが後援し、2010年8月4日にワシントンD.C.で開催された集会において、NAACPの決議文に対する返答を披露した。この集会の講演者たちの多数は黒人であり、共和党または保守主義運動、もしくはその両方と長年にわたって強いつながりを持つ人々であった。いずれにせよ、それらの講演者たちにとって、NAACPを非難することは珍しことではなかった。しかしながら、その集会では、二つの相対立するようなことが同時に生じた。すなわち、一部のティーパーティー参加者にとって、人種差別は、イデオロギーよりも特に重要ではないということであった。それと同時に―本報告書で何度も言及したように―多くのティーパーティー参加者は、国家的アイデンティティへの明快な答えを人種差別と宗教に求めており、「自分」と「他者」の間に境界を置いている。

このように相違が明白であるにも関わらず、ティーパーティーの指導者たちは、彼らの運動の中で、人種差別主義者たちあるいは人種差別主義的信条がはびこってはいないと主張している。以下では、人種差別主義および人種差別的争点を伴う問題がティーパーティーの幹部たちに存在する証拠の中に、世論調査のデータも加えることにする。

〈世論調査データ〉

　世論調査データおよび確認できる証拠の両方に、ティーパーティーの出席者たちと彼らの支持者たちの大多数が白人であるという事実が見てとれる。重要なことは、それら白人ティーパーティー参加者たちが、とくに人種差別的だと議論を呼ぶ争点に関して、白人の一般的態度と比べて、著しく異なった態度を示していることである。ティーパーティー参加者たちは、白人全体よりも、黒人たちに係わる問題が近年「多すぎる」と信じている。その割合は、ティーパーティー参加者が52％、白人全体で39％である。

　ワシントン大学エスニシティ・人種・性別研究所が2010年3月に実施した複数州での世論調査では、黒人に対する肯定的な態度について、決定的な違いが示された。ティーパーティーを強く否定する人の中の55％は、黒人たちが「非常に熱心に働いて」いる設問に同意を示した。その一方で、ティーパーティーを強く支持する人のわずかに18％だけが、黒人たちが「非常に熱心に働いて」いるという設問に同意したに過ぎなかった。この24ポイントの差が示しているのは、ティーパーティー支持者たちが、黒人たちの労働倫理について否定的な感情を持つ傾向が一層強いことである。事実、ティーパーティーを「支持する人々」の68％は、黒人たちがより熱心に仕事に取り組めば、彼らは白人たちと同じようによい暮らしを送れると考えていた。その一方で、ティーパーティーを「否定する」人たちの場合、その割合は35％と、ほぼ半分に低下している。

　さらに、ティーパーティー支持者たちのほぼ四分の三（73％）が、貧しい人々のために社会的セーフティネットを提供することを目指す政府の計画が、実際には、彼らに貧しい状態でいることを促している、と回答した。事実、貧しい人々と彼らを支援するために作られた計画に対する敵意および不満には、逸話で語られるような不確かな証拠以上のものが存在する。それゆえに、前述のセントルイス・ティーパーティーの声明のような兆候が見られるのである。つまり、「他人の住宅ローンを支払っているのなら、異議を申し立てろ」と。もちろん、すべてのティーパーティー支持者たちがそのような感情をあらわにしているわけではないことは確かである。しかし、いくつかの世論調査が示すところでは、ティーパーティー組織が悪意を持ったものとして描かれることに十分に信憑性を与えている。

同様に、逸話で語られる不確かな証拠と世論調査データの両方は、大統領とティーパーティー参加者たちとの間に大きな齟齬があることを示している。ここでは、社会政策および立法への素朴な不同意以上のものが問題となっている。実際、ティーパーティー支持者たちの四分の一は、オバマ「政権が白人よりも黒人に好意的である」と回答している。バラク・オバマが「あなたのような人々の要望と問題を理解するか否か」との設問に対して、ティーパーティー参加者たちのほぼ四分の三(73%)が「否」と回答した。彼が「大多数の米国人が生活する上でよって立つ価値観を共有」していない、と回答したティーパーティー支持者たちの数は、上記の設問と同じく75%であった。

これらの数字が示唆していることは、移民、国家的アイデンティティ、および、このティーパーティー運動の中に現われた一つの問題―すなわち、誰が米国人なのか?―について、信条の対立へと直接向かう人種差別的および文化的差異である。

9 「米国人とは誰のことか」:ティーパーティー、排外主義、およびバーザーズ

独立戦争時のコスチューム、同時期の黄色の「私を踏みつけるな」と書かれたガズデン旗、忠誠の誓いを熱心に朗読すること、連邦憲法への崇拝、および世界での「米国例外主義」の擁護は、国境を越えた経済圏と地球規模での組織化へと向かった。すなわち、そのすべてが、ティーパーティー運動を定義する際の重要なナショナリズムの兆候である、といえる。

しかしながら、それは、あらゆる米国人を内包するアメリカン・ナショナリズムの一形態ではなく、それが不適切にも「真の米国人」とみなす人々から、それ自身を分離していることだ。この点に関して、「真の米国人はアリゾナ州を訴えない」と題された近年のティーパーティー・ネーションのニューズレターの論稿、あるいは、態度の明確さと熱心さを帯びるティーパーティー集会での、「わが国の大統領と違って、私は傲慢である。私は、我々の国、我々の自由、我々の寛大さ、および私が決して謝罪しないことを誇りに思う」と書かれた掲示カードを考えてみたい。

それは、大統領バラク・オバマが真の生来の米国人ではなく、彼が他の

資　料　『ティーパーティー・ナショナリズム』　211

国の人間であるという考えであり、まさに、ティーパーティーの幹部たちの多くが共有し、またこの運動をもはや後戻りできないところまで引きずり込む考えである。この考えの大部分は、ティーパーティーの組織を実際に形成する以前に生じていた。例えば、大統領選挙の前の2008年10月、エイミー・クレマーは、のちにティーパーティー・パトリオッツおよびティーパーティー・エクスプレスに所属する人物であるが、彼女は、上院議員のジョン・マケイン（John McCain）について、次のように記述している。すなわち、「……彼は、認められた出生証明書について議論するために、オバマはいらない（Nobama）と発言する必要がある。彼の原稿作成者たちが作った言葉にうんざりしている！　ジョニー・マック……、その核心をつくべきである！」と。この考えは、米国における既存の社会制度からの孤立とそれへの不信の深さと結びついている。2009年1月8日、彼女は、「私は、米国大統領となるオバマの資格に関するこの問題について、すべての希望を失っている。連邦議会が一つの異議もなしに大統領選挙人団の票を認めたのをCSPANで見て、私はまったく幻滅している」、と記した。

　2008年の大統領選挙の後、これらの見解を促進した人々の中には、ティーパーティー・ネーションのマーケティング担当責任者パム・ファンズワース（Pam Farnsworth）がいた。彼女は、2009年6月4日のツイッターにおいて、「出生証明書はどこにある？」とつぶやいた。彼女はまた、「新しい証明書がオバマを米国で生まれた市民にしたのであろう。連邦憲法は早くも、大統領に在職の資格を彼に与えていないか？」、とも述べた。

　ティーパーティー・ネーションのウェブサイトの討論掲示板で、ある一般会員の「探検者チャールズ（Charles the pathfinder）」は、非米国人としての大統領を目立たせる方法について記した。すなわち、「もしオバマ（obama、ママ）を阻止するべきであるなら、TPNはお互いに提案しあうことを止め、多少思い切った行動を採ったほうがよい。私は、すでに手遅れになることを恐れている。私の意見にあなた方は反対するかもしれないが、しかし、私は当初からオバマ（obama、ママ）を研究してきた。あらゆる人々が今、彼が真のイスラム教徒であることを確認することを望む。そして、イスラム教徒が、とくにあらゆる異教徒と米国人たちを殺害するように教えられていると、私は聞いたことがある。彼はいつ、彼のすべての背信的な行動に答えをだすべ

きなのか」と。バラク・オバマが真の米国人ではなく、「うそつきのアフリカ人」であるという考えや見解はまた、ティーパーティー運動全体にわたって散見される。それらの考えを繰り返す多数の投稿が、ティーパーティー・ネーションのウェブサイトに存在している。

2009年4月15日以降の多様なティーパーティーによる街頭行進において、オバマ大統領が生来の米国人であると信じない人々が広く見受けられる。彼らは、オバマがキリスト教徒ではなくイスラム教徒であり、ハワイではなく、ケニヤかインドネシアの生まれであり、陰謀を用いてホワイトハウスへ滑り込んだ、非・米国人社会主義者であると主張している。ティーパーティーは財政政策の問題にのみ限定すべきであるとするディック・アーミー (Dick Armey) およびフリーダムワークスによる呼びかけは、明らかにまれにしか見られない。

実際、このような主張が拡大したので、オバマ大統領が、公言されているようなキリスト教徒ではなく、イスラム教徒であると信じる米国人の数は増加した。彼が就任した直後の2009年3月には、彼がイスラム教徒であると信じる米国人の割合は11％であった。それが2010年8月の『ピュー・リサーチ・センター』による調査によると、その割合は18％になった。その割合は、大統領の政策に反対する保守的な共和党支持者たちの間で最も高かった (34％)。白人プロテスタントの福音派の間では、大統領がイスラム教徒であると信じる割合は、8月の調査では、なんと29％であった。

社会科学者たちは依然として、2009年3月から2010年8月間の割合の上昇が、ティーパーティー参加者たちによるプロパガンダによって生じたとは述べてはいないものの、しかしこの時期には、激しい抗議行動と市民の動員があった時期と重なっている。このように、ティーパーティーの組織は、特定のバクテリアが成長し、そして拡散することが可能な培養皿となった、といわざるを得ない。

〈パメラ・ゲラーとイスラム嫌悪〉

「イスラム嫌悪 (Islamophobia)」という用語は、1997年の「ラニミード・トラスト (Runnymede Trust)」の報告書において、「イスラム教徒たちに対する理由のない敵意、あらゆる、もしくは大部分のイスラム教徒たちへの恐れ、ま

たは嫌悪」、と定義された。その報告書の中では、以下のようなイスラム嫌悪の特徴的な要因が強調された。すなわち、「イスラム教徒は一枚岩的で、新たな現実に順応できない。イスラム教徒は、他の主要な宗教と共通の価値観を共有しない。宗教としてのイスラム教は、欧米の宗教に劣っている。原始的で、野蛮で、しかも不合理である。イスラム教は暴力の宗教であり、テロリズムを支持している。また、イスラム教は暴力的な政治イデオロギーである」、と。

実際、人種差別主義、反ユダヤ主義、および排外主義と並んで、イスラム嫌悪の要因は、ティーパーティー運動に深く潜入している。ティーパーティーの指導者たちおよび会員たちは反イスラム教的な言葉を使用している。この点に関して、ティーパーティー運動と強い結びつきをもつパメラ・ゲラー(Pamela Geller)の存在が際立っている。

前述のように、ゲラーは、5月にテネシー州ガトリンバーグで開催されたティーパーティー・パトリオッツが後援する大会の特別講演者であった。数週間にわたって、イスラム嫌悪にまつわる活動を行ったゲラーの経歴に懸念を持った地域の組織から圧力をうけたにもかかわらず、その大会の主催者たちはゲラーの招待再考を拒んだのである。

ゲラーはまた、2010年8月にアリゾナ州で開催されたティーパーティー・ネーションが後援する反移民集会でも講演した。彼女は、来る10月に開催されるラスベガスでの「ティーパーティー・ネーション統一大会(Tea Party Nation Unity Convention)」で講演する予定である。

ゲラーは、三つの組織の指導部と緊密な結びつきを維持している。すなわち、「アトラス・シュラッグス(Atlas Shrugs)」、「SIOA(Stop Islamization of America、アメリカのイスラム化を阻止する会、)」、および「自由擁護イニシアティブ(Freedom Defense Initiative)」である。これらすべては、レジストネット・ティーパーティー分派の公式「パートナー」組織である。彼女は、レジストネットの指導者ダーラ・ダワルド(Darla Dawald)が積極的に宣伝するレジストネットのラジオ番組にも出演している。

レジストネット・ティーパーティーのウェブサイトで、ゲラーのような指導者たちが、ある集団全体をその信条のゆえに侮辱する言葉を使用するのは特段驚くにあたらない。「我々は、すべてのイスラム教徒たちに反対の立場

をとらなければならない局面にある。いかなる正しい、もしくは悪いイスラム教徒もいない。ただイスラム教徒たちがいるだけであり、彼らはわが国の政府、軍隊、および他の機関に入り込んでいる。我々のこの国を取り戻すために、これ以上、何を待つ必要があるのか……」。

多くのティーパーティー参加者たちと同様に、ゲラーもまたバーザーズである。オバマの出生証明書が「捏造」であると主張することに加えて、彼女は、オバマ大統領を「彼のイスラム教徒としての重荷を軽くしようとしている、第三世界の人間で臆病者」であると呼んでいる。彼女は、オバマ大統領がイスラム教徒であるという偽りを語り続けているのだ。ゲラーはオバマを「イスラム教大統領」と言及している。「米国メディア問題(Media Matters for America)」によると、ゲラーのブログには、「ホワイトハウスにイスラム教徒？」との文章を含む投稿が267も存在する。彼女は、バラク・オバマがマルコムXの私生児であるとの主張を真剣に訴えている。

ゲラーが彼女のブログであるアトラス・シュラッグに投稿した多くの扇動的な声明の中には、以下のような記述がある。すなわち、「史上最も分裂を生み出す大統領が、内戦を望んでいることは一層明白である。そして、彼は着実にそこへ向かっていく―もし彼が米国の人々の意志を無視し続けるならば」、と。

〈排外主義とアリゾナ州上院提出1070号法案〉

米国人としてのオバマ大統領に関するこれらの疑念と拒絶は、多くの場合、ティーパーティー分派における草の根と指導者層両方からの、移民排外主義的な活動段階および気運の高まりにつながっている。

前述したように、ナッシュビルでのティーパーティー・ネーションの大会において、前下院議員のトム・タンクレド(Tom Tancredo)は、熱烈な反移民演説を行った。また、彼とともに他の人々も、同様の傾向の作業部会に参加した(タンクレドがコロラド州の州知事選挙に立候補することを決意した後、一部のティーパーティー参加者たちは後に、彼に狼狽したが)。実際、ティーパーティー・ネーションは、排外主義団体とのつながりと反移民の争点を促進することについて、1776ティーパーティーと同じ立場である。さらに、ティーパーティー・ネーションのウェブサイトへそのような投稿がなされる回数は

増加している。

　例えば、テネシー州ゲインズボロ出身のTPNの会員ドナ・ベーカー(Donna Baker)は、以下のように記述した。すなわち、「確かに、操られた下層階級の群れが我が国に押し寄せる以前は、ものごとは極めてうまくいっていた。もし彼らが故郷にとどまり、わが国の法律を施行すべきでないと要求して我が国の街頭で行進を行うのと同じく、彼らの国を変えるための活動を行っていたならば、彼らは自身の生活を変えることができたであろう。彼らは、他の勢力から巧みに利用され、操られている……。その勢力とは、巨大な、急成長している集票組織である」と。

　他の会員のロバート・マシソン(Robert Matheson)は、以下のように述べている。すなわち、「確かに、私はオバマにとても怒りを覚え、うんざりしている。私はデトロイトに住んでおり、この地区にはメキシコ人とアラブ人があふれている。彼らは、グランホルム州知事とカナダに面するわが国の国境の抜け穴のおかげで、認可された運転免許証、福祉、および建設業界での仕事を求めて、ここにやってくる」と。

　指導者から、メール受信者に向けて不法移民に関する新たなTPNの討論掲示板に投稿するよう求める2010年8月3日のメールも存在している。「もし、あなたが不法移民による犯罪の被害者であるならば、もしくは、商売敵が不法移民たちを雇用しているゆえにあなたの企業がうまくいっていないのならば、もしくは、あなたが不法移民たちに仕事を奪われたなら、我々はそれについて知りたい。もし、あなたが、無礼な(米国旗を焼く、我々の頭上にメキシコ国旗を掲げる、人種差別主義者のポスターを掲げてみせるような)ことをしている不法移民たち、あるいは支援者たちの写真とビデオを持っているのなら、それらも同様に投稿してください」。

　アリゾナ州議会が反移民法案(SB1070)を可決し、ジャン・ブリューワー(Jan Brewer)知事が署名した後、連邦判事は、当該法案の最も厳格な条項の多くの施行を一時差し止める命令を出した。その問題は最終的に、連邦最高裁へと持ち込まれそうである。それに対抗して、ティーパーティー参加者たちは、SB1070への支持を促進している。たとえば、ティーパーティー・ネーションは、8月15日にアリゾナ州で開かれた「統一国境連合ティーパーティー(United Border Coalition Tea Party)」の後援団体の一つであった。ティーパー

ティー・ネーションはまた、そのイベントを後援するために、「パトリオット・コーカス(Patriot Caucus)」と「統一我々は米国人の味方(United We Stand For Americans)」と連携した。

同じく、ティーパーティー・パトリオッツの全国指導者評議会(National Leadership Council)は、「SB1070が施行されるその日に、アリゾナの人々と州への彼らの支援」を示すため、7月29日の1時間の間に、イベント開始の合図を示す掲示カードを掲げるよう支部の会員へと要請することについて、圧倒的な賛成票を投じた。

1776ティーパーティーが所有する「譲歩できない核心的信条」のリストには、財政および税制に関する一般的な項目が並んでいる。また、「不法外国人は違法である」と「英語でのみ会話する」という項目も含まれている。この分派はさらに、アリゾナ州をかく乱する反移民法であるSB1070を支持している。この特異ともいえるティーパーティー組織が、その指導者に、反移民を訴えるミニットマン・プロジェクト出身の2人の指導者を引き入れたことを思い出してみてほしい。それゆえ、彼らの代表は、「ティーパーティー？ 我々はアリゾナ州の味方であり、どうしてそうでないのか。連邦政府は、我々がカネのなる木で、彼らが搾り取らなければならないことのほかには、我々について少しも気にしていないし、我々の何人かが殺され、メキシコへ連れ去られ、あるいは誘拐されたとしても、それは仕事を行う上での費用なのである！」と主張した。

1776ティーパーティー組織の運営責任者は、さらに、アリゾナ州の反移民法を支持する彼らの弁明を、以下のように明快に述べた。すなわち、「ティーパーティーは掲示カードを掲げて合図し、行進し、そして大きな政府に抗議している。しかし、アリゾナ州に住む人々が彼らの生活の静けさを脅かされた時、我々は市民たちに寄りそうであろうか？ アリゾナはティーパーティーと全米市民の支援を必要としている。他の(ティーパーティー)組織には、彼らの綱領にほんの一つもしくは二つの項目しかない一方で、我々には15の明白な項目がある。たった一つの項目でもって、どのように愛すべきわが国を元に戻すことができるか？ わが国の国境は破られてしまっており、我々の仕事は流出し、我々が持つ銃は徐々に没収されていることは、ほとんど話題にならない。わが国の市民たちが、不法侵入者の一群の侵略を恐れて

資　料　『ティーパーティー・ナショナリズム』　217

家に隠れる一方で、我々は世の中の生活の静寂を保証できるのか？　……我々は断じて身を引くことはないし、黙ったままでいることはない」と。

〈ディック・アーミーおよびフリーダムワークスとの対立〉

　排外主義者とバーザーズのこのような大げさな発言は、フリーダムワークスのディック・アーミー (Dick Armey) との亀裂を生じる結果を招くには十分すぎるものであった。テネシー州東部のティーパーティーの主催者ゲリー・アームストロング (Gary Armstrong) は、移民に関するアーミーの発言の記録を知った後に、フリーダムワークスのＥメール・リストへの登録を削除したと述べ、また、『ポリティコ』紙の取材に対して、「今すぐ、ディック・アーミーを強く非難すべきであると私は思う」、と答えた。移民に対するアーミーの立場は、多くのティーパーティー参加者たちを憤慨させたのは当然である。ティーパーティー支持者のミッシェル・マルキン (Michelle Malkin) は、アーミーを「恩赦を述べるあやつり人形」、さらに「債務者救済、大きな政府、共和党連邦上院議員ジョン・マケインを支持するばか者だ」と呼んだ。

　ノースカロライナ州の移民排外主義組織「合法移民を求める米国人の政治活動委員会 (Americans for Legal Immigration PAC、ALI-PAC)」は、ALI-PACの代表であるウィリアム・ギーン (William Gheen) が2010年3月、以下のようなメールを送信した時、争いに加わることとなった。つまり、「フリーダムワークス (ティーパーティー運動を支配しようと試みる組織) のディック・アーミーは、不法移民への恩赦を支持している」と述べ、そして「このことは、なぜワシントンのインサイダーがティーパーティー運動から不法移民の争点を取り除こうと試みているのかを説明することにならないか？」、と訴えた。

　もちろんALI-PACの非難は、縄張り争いに関するものである。ALI-PACの代表ウィリアム・ギーンは、ティーパーティーの中で、ALI-PACにふさわしい場所を見出そうとしていた。ALI-PACと同じく、反移民組織である「ナンバーズUSA (NumbersUSA)」は、ティーパーティー運動に深く食い込むことを試みている。その組織はまた、フリーダムワークスの身動きを取れなくさせ、ナンバーズUSAのような移民排外主義組織が入り込む余地を作り出すために、移民に関するディック・アーミーの立場を利用したのである。

　「ディック・アーミーが国境開放論者たちを支持してティーパーティー参

加者たちを唖然とさせる」と題されたブログの投稿で、ナンバーズUSAの代表者ロイ・ベック(Roy Beck)は、アーミーが「ティーパーティーの中では問題にされない社会的争点として、移民問題が取り扱われることを望んでいる」と非難し、フリーダムワークスが「外国人労働者が流入し続けることを望む企業の受益者たちの要請により、争点を回避するために、地方のティーパーティーを威嚇し」ようとしていることを示唆した。

〈連邦議会におけるティーパーティー議員連盟〉

　ティーパーティー、反移民をめぐる駆け引き、および生得的市民権の間のつながりは、連邦下院でのミシェル・バックマン(Michele Bachman)率いるティーパーティー議員連盟の中に現われている。2010年7月に結成されたティーパーティー議員連盟は51名からなり、全員が共和党であり、議員連盟へと急速に拡大した。ミネソタ州第6選挙区選出のバックマンは、議員連盟の所属議員として、ミネソタ州からはただ1人の下院議員である。テキサス州選出の所属議員は10名、ジョージア州からは5名、そしてカリフォルニア州からは4名、残りは全国各地からの議員たちである―北東部からの選出議員は1人もいない。

　注目すべきは、51名のうち42名が、連邦議会の下院移民法改革議員連盟―適切な書類を持たない人に市民権を与えるいかなる移民立法に対して、最も強硬に反対する議員連盟―の所属議員であることである。第二点は、ティーパーティー議員連盟の39名が、HR1868、2009年生得的市民権法案の共同提案者であることである。現在、下院委員会で審議中のこの法案は、適切な書類を持たない両親の間において米国で生まれた赤ん坊に、米国市民権を与えることを阻止することになる。それは、南北戦争後、新たな解放奴隷たちとその子供たちに市民権を保障するために加えられた連邦憲法修正第14条への明らかな異議申し立てである、といってよい。

　「生得的市民権」に対する反対は、ティーパーティー運動全体に拡大しており、多くの場合、米国内で進行する人口上の変化への不安のあらわれと関連づけられている。米国では、白人たちは、今後数十年の間に、少数派人種たちからなる国中で、少数派人種の一つとなることが予想されている。「ノー・アンカーズ(No Anchors)」と名乗るティーパーティー・パトリオッツの活動

家が行ったウェブサイトへの投稿は、そのことを明確に示していた。すなわち、「我々は、メキシコ人たちがここで子供を生むこと、また彼らに市民権を与えることをやめなければならない。今、我々がやめなければ、彼らは我々を追い抜くであろう。修正第14条は尊重される必要がある。それは不正確に解釈され、またこれについて誰も異議を述べない!! すべての政治家たちは、それを変えようとしないならば、それに同意したことになる」と。

レジストネット・ティーパーティーのアラバマ州代表ジェイソン・レブレット（Jason Leverette）が行った同様の投稿では、真の米国人が「多くの子供を作る」ことを主張した。レブレットは、「メキシコ人が米国を侵略する理由には、仕事と"アンカー・ベイビー"以上のものがある。誘拐、殺人、暴行、奴隷交易、銃の密輸は、米国人たちを阻害し、米国人たちよりも数を増し、そして米国を支配する多数派となるための、彼らの計画の別の面である！この潮流が続けば……、2050年までには、米国は、ホセ・ジェサス・デルガド・ゴンザレス・カルデロン（Hosea Jesus Delgado Gonzalez Calderon）、すなわち奴らに支配されるであろう！」と述べた。

以上で述べたように、ティーパーティーの内部に入り込んでいる説明できない人種差別主義として表面化してきていることは、移民排外主義とのつながり、生得的市民権への反対、オバマ大統領への侮辱、および米国の生活における新たな多数派への不安の中に如実に示されている、といわねばならない。

〔末次 俊之抄訳〕

220

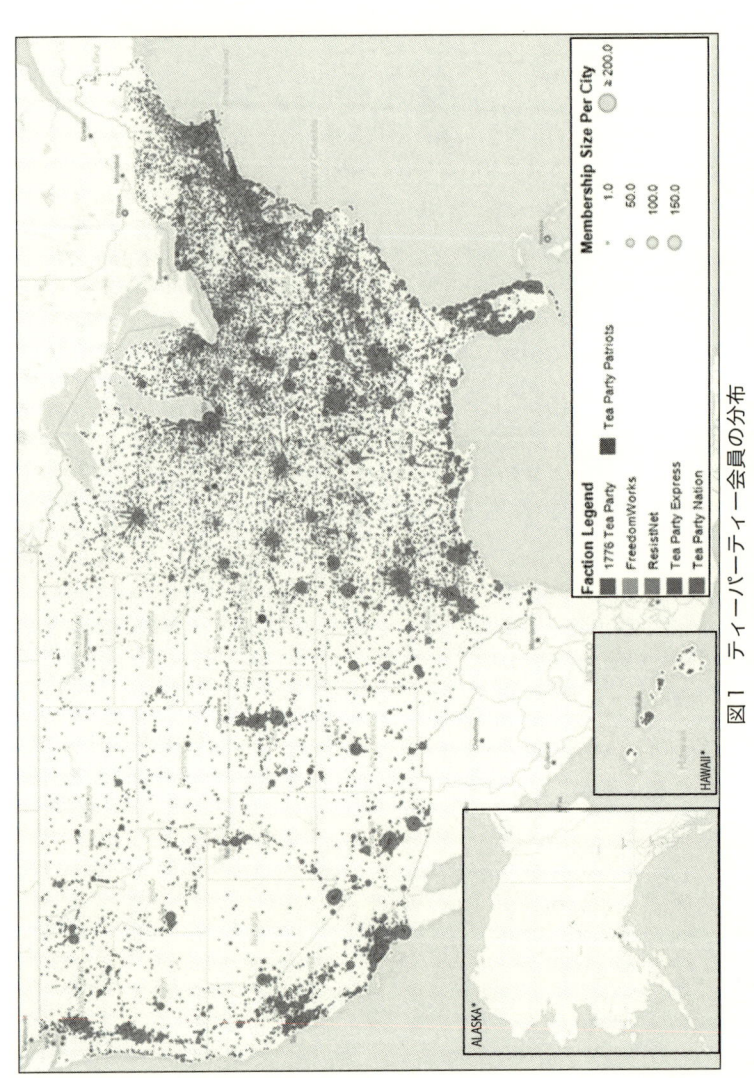

図1 ティーパーティー会員の分布

出典：http://teapartynationalism.com/pdf/TeaPartyNationalism.pdf#search='appendix B: Gender Analysis of Tea Party Membership'

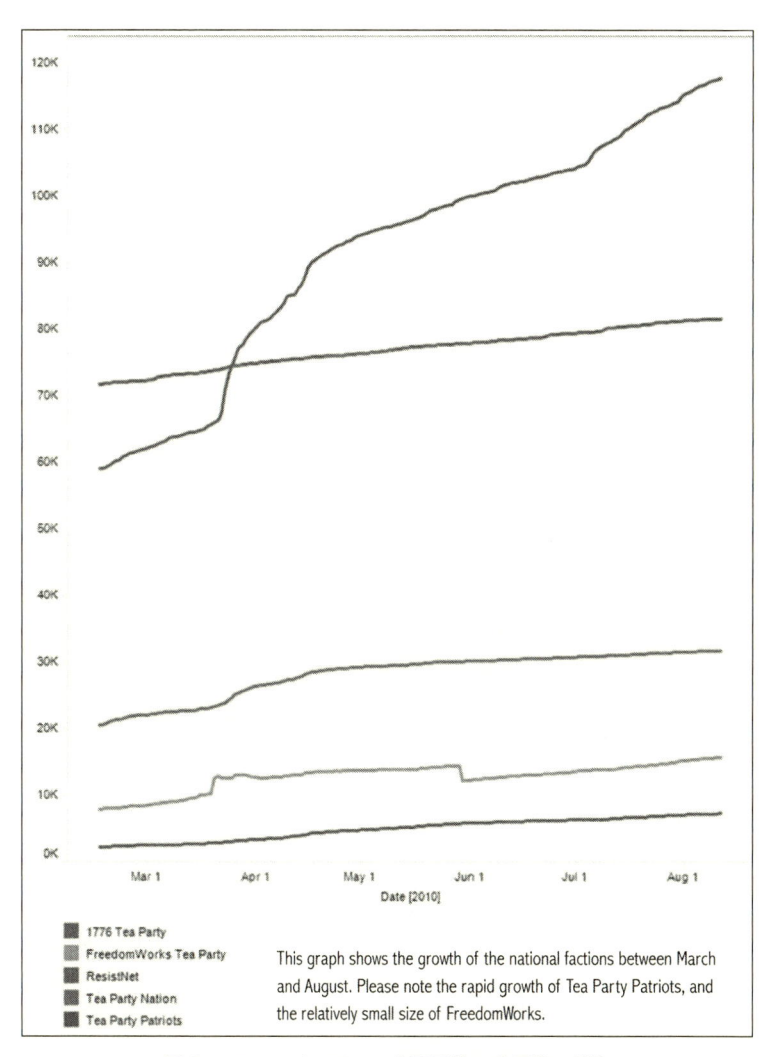

資　料　『ティーパーティー・ナショナリズム』　221

| 120K |
| 110K |
| 100K |
| 90K |
| 80K |
| 70K |
| 60K |
| 50K |
| 40K |
| 30K |
| 20K |
| 10K |
| 0K |
| Mar 1　Apr 1　May 1　Jun 1　Jul 1　Aug 1 |
| Date [2010] |

- 1776 Tea Party
- FreedomWorks Tea Party
- ResistNet
- Tea Party Nation
- Tea Party Patriots

This graph shows the growth of the national factions between March and August. Please note the rapid growth of Tea Party Patriots, and the relatively small size of FreedomWorks.

図2　ティーパーティー全国団体の会員数の増加

出典：http://teapartynationalism.com/pdf/TeaPartyNationalism.pdf#search='appendix B: Gender Analysis of Tea Party Membership'

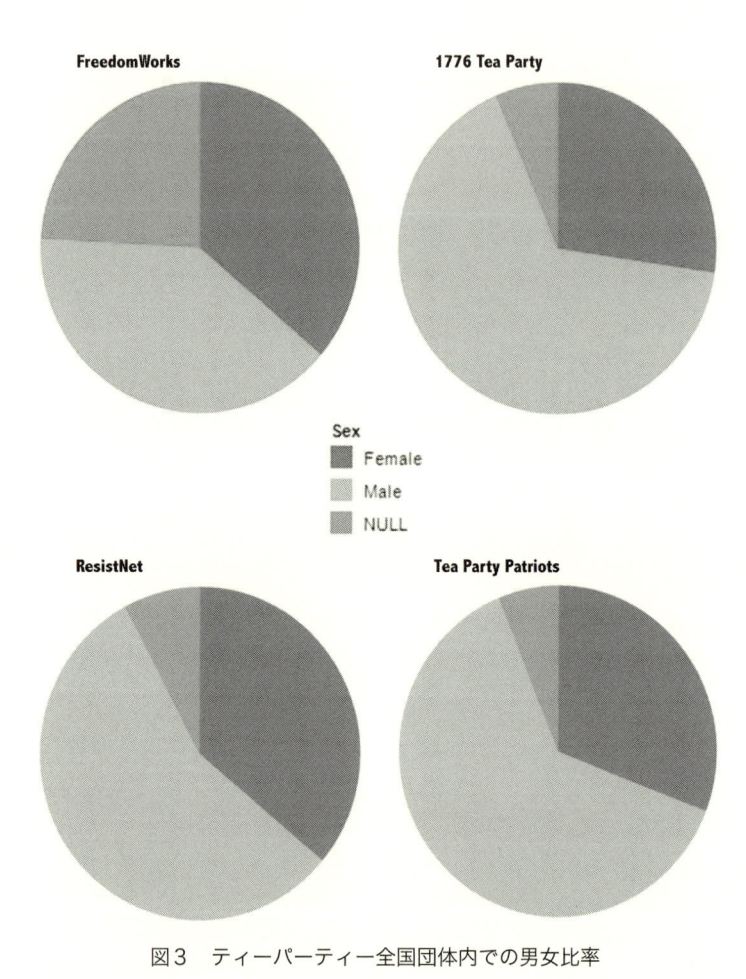

FreedomWorks　　　**1776 Tea Party**

Sex
- Female
- Male
- NULL

ResistNet　　　**Tea Party Patriots**

図3　ティーパーティー全国団体内での男女比率

出典：http://teapartynationalism.com/pdf/TeaPartyNationalism.pdf#search='appendix B: Gender Analysis of Tea Party Membership'

あとがき

　本書は、現在米国で保守的右派の草の根運動として進行中である、「ティーパーティー運動」に関する研究論文書である。これまで、主として現代米国政治の分析を手がけてきた2人の協同作品である。我々にとって、「ティーパーティー運動」を米国政治史の中でどのように位置づけるかは、極めて難しい課題であり、従来の第三政党や社会運動のように、やがて既成勢力に吸収されて消滅する運命にあるのではないかという危惧の念がないわけでない。ただ、我々は、この運動が今後の米国政治の新しい方向を示しているものと考え、その組織の拡大の実態に焦点をあてて、今後の研究のため"記録"しておくことも必要だと認識し、追跡を試みている。内容的には未だ不十分なものであるものの、わが国では「ティーパーティー運動」に関する本格的著作が存在していない現況に鑑み、現代米国政治分析の試論として世に問う次第である。本書に対して、多くの読者の批判を賜れば幸いである。

　最後に、本書を"現代臨床政治学シリーズ"の一巻として、加えてくださった東信堂社長の下田勝司氏及び編集部の松井哲郎氏に感謝の気持ちを示したい。

なお、各章の担当者と初掲誌一覧は以下の通りである。

序 章……藤本一美(書き下ろし)。
第2章……藤本一美(「ティーパーティー運動―米国政治の新方向？」『専修法学論集』第112号(2011年7月)。
第3章……末次俊之「2010年中間選挙と民主党敗退の政治過程」『ポリティーク』第13号(2010年12月)。
第4章……末次俊之「ティーパーティー運動の光と影」『専修大学社会科学研究所・月報』第225号(2011年8月)。
終 章……藤本一美(書き下ろし)。
資 料……末次俊之「ティーパーティー運動―米国政治の新方向？」『専修大学法学論集』第112号(2011年7月)。

末次 俊之

＊筆者紹介

藤本　一美（ふじもと　かずみ）

1944年、青森県生まれ。1973年、明治大学大学院政治経済学研究科・博士課程修了。現在、専修大学法学部教授。専攻：政治学、米国政治

［主要著作］『現代米国政治論―ブッシュJr.政権の光と影』（学文社、2009年）、『ネブラスカ州における一院制議会』（東信堂、2007年）他多数

末次　俊之（すえつぐ　としゆき）

1977年、山口県生まれ。2011年、専修大学大学院法学研究科・博士課程修了、博士（法学）。現在、専修大学法学部非常勤講師。専攻：政治学、米国政治

［主要著作］『L・B・ジョンソン大統領と「偉大な社会」計画』（専修大学出版局、近刊）

【現代臨床政治学シリーズ7】

ティーパーティー運動――現代米国政治分析

2011年10月10日　　初　版　第1刷発行　　　　　　　（検印省略）

＊定価はカバーに表示してあります

著者©藤本一美・末次俊之／発行者　下田勝司　　印刷・製本　中央精版印刷

東京都文京区向丘1-20-6　　郵便振替00110-6-37828
〒113-0023　TEL(03)3818-5521(代)　FAX(03)3818-5514
E-mail: tk203444@fsinet.or.jp
Published by TOSHINDO PUBLISHING CO., LTD.
1-20-6, Mukougaoka, Bunkyo-ku, Tokyo, 113-0023 Japan
http://www.toshindo.com/

発行所　株式会社　東信堂

ISBN978-4-7989-0083-4　C3031　©Kazumi Fujimoto, Toshiyuki Suetsugu

東信堂

グローバル企業法	井原宏	三八〇〇円
判例 ウィーン売買条約	井原宏編著	四二〇〇円
赤十字標章ハンドブック——標章の使用と管理の手引き 解説 赤十字の基本原則——人道機関の理念 条約・規則・解説集	井村寛治編 井上忠男編訳	六五〇〇円
医師・看護師の有事行動マニュアル〔第2版〕と行動規範 ——医療救護者の役割と権利義務	J・ピクテ著 井上忠男訳	一〇〇〇円 一二〇〇円
政治の品位——日本政治の新しい責任付けはいつ来るか	内田満	二〇〇〇円
帝国の国際政治学——冷戦後の国際システムとアメリカ	山本吉宣	四七〇〇円
イギリス債権法	幡新大実	三八〇〇円
オバマ政権はアメリカをどのように変えたのか	前嶋和弘編著	二六〇〇円
2008年アメリカ大統領選挙	吉野孝・前嶋和弘編著	二八〇〇円
NPOの公共性と生涯学習のガバナンス	高橋満	二八〇〇円
NPO実践マネジメント入門	パブリックリソースセンター	一八〇〇円
実践 マニフェスト改革	松沢成文	二三〇〇円
実践 ザ・ローカル・マニフェスト	松沢成文	二三八〇円
〔現代臨床政治学シリーズ〕		
リーダーシップの政治学	石井貫太郎	一六〇〇円
アジアと日本の未来秩序	伊藤重行	一八〇〇円
象徴君主制憲法の20世紀的展開	下條芳明	二〇〇〇円
ネブラスカ州の一院制議会	藤本一美	一六〇〇円
ルソーの政治思想	根本俊雄	二〇〇〇円
海外直接投資の誘致政策	邊牟木廣海	一八〇〇円
ティーパーティー運動	末次俊之著	二〇〇〇円
シリーズ〈制度のメカニズム〉		
アメリカ連邦最高裁判所	大越康夫	一八〇〇円
衆議院——そのシステムとメカニズム	向大野新治	一八〇〇円
フランスの政治制度	大山礼子	一八〇〇円
イギリスの司法制度	幡新大実	二〇〇〇円

〒113-0023　東京都文京区向丘1-20-6
TEL 03-3818-5521　FAX 03-3818-5514　振替 00110-6-37828
Email tk203444@fsinet.or.jp　URL:http://www.toshindo-pub.com/

※定価：表示価格（本体）＋税